Olaf Deininger | Hendrik Haase

FOOD CODE

Wie wir in der digitalen Welt die Kontrolle
über unser Essen behalten

Verlag Antje Kunstmann

© Verlag Antje Kunstmann GmbH, München 2021
Covergestaltung: Heidi Sorg & Christof Leistl
Satz und Typografie: frese-werkstatt.de
Druck und Bindung: Pustet, Regensburg
ISBN 978-3-95614-433-2

INHALT

VORWORT

Es war eine 10er-Packung Kaugummi: Geschmacksrichtung »fruchtig-süß«. Am 26. Juni 1974 um 8:01 Uhr scannte die Supermarktkassiererin Sharon Buchanan in der Kleinstadt Troy im US-Bundesstaat Ohio den ersten Strichcode auf einem Lebensmittelprodukt. In der Nacht zuvor hatten Techniker und Ingenieure den ersten Prototypen eines Barcode-Scanners in ihre Kasse eingebaut. Nach dem ersten Kassen-Piepton der Geschichte erschien der Preis: 69 Cent.

Heute, fast fünfzig Jahre später, erscheint vielen die Verbindung von Essen und digitaler Technologie auf den ersten Blick immer noch fremd. Dabei tauchen inzwischen selbst auf unverpackten Lebensmitteln kleine Codes auf, sei es auf den Eiern am Frühstückstisch oder auf den Bananen im Obstregal. Nach dem Smartphone-Scan versprechen uns kleine QR-Codes, mehr über die Herkunft und den Anbau unserer Lebensmittel zu verraten. Ganz selbstverständlich posten wir abends die vollen Teller in unserem Lieblingsrestaurant bei Instagram oder teilen an Weihnachten stolz das Festessen per Messenger in der größeren Familiengruppe.

Überall dort, wo heute die Technologie entwickelt wird, die viele Teile unserer Lebenswelt prägt – in den Konzernzentralen von IBM, Amazon, Google oder Alibaba –, interessiert man sich brennend für die digitale Zukunft unserer Lebensmittelwelt. Genauso wie in den Innovationsabteilungen großer Supermarkt- und Handelsketten. Tausende von Food-Start-ups, haben sich in den letzten zehn Jahren rund um den Globus gegründet – auch sie wollen die Food-Welt neu gestalten. Wir müssen uns fragen: Interessieren *wir* uns genauso brennend dafür, was dieser technologische Wandel mit unserem Essen macht?

Während wir diese Zeilen im Dezember 2020 schreiben, beginnt in Deutschland der zweite Lockdown. Und dieses Ausnahmejahr hat uns allen deutlich gemacht, wie eng die beiden Welten Lebensmittel und Technologie bereits miteinander verflochten sind. Millionen Bundesbürger stehen wieder öfter in der eigenen Küche und lernen Kochen mit den Tutorials auf YouTube. Die Zeit, die Menschen mit der Online-Suche nach Hofläden oder Lebensmittel-Lieferdiensten verbringen, ist sprunghaft angestiegen. Landwirte entwickelten in kürzester Zeit Onlineplattformen zur Erntehelfersuche. Gastronom*innen kreierten digital konfigurierbare Kochboxen, stiegen ins Online-Liefergeschäft ein und boten Unterstützung beim Kochen via Livestream. Viele von uns stellten fest, wie praktisch und einfach es ist, sich mithilfe von App und Laptop gut und nachhaltig zu versorgen.

Wir haben aber auch überlastete digitale Strukturen erlebt, die mit einer veränderten Nachfrage nicht mehr zurechtkamen. Wir sehen digital Benachteiligte, die an dieser »schönen neuen Welt« nicht teilhaben können, und Menschen, die im Liefergeschäft für unseren Komfort unverhältnismäßig schuften müssen. Viele Bürger*innen, aber auch Unternehmer*innen mussten feststellen, wie abhängig sie bereits von digitalen Giganten geworden sind, die als die Gewinner aus dieser Krise hervorgehen werden.

Es lohnt sich also, in den Motorraum der digitalen Maschinerie zu schauen, die den Wandel auf unseren Tellern antreibt. Der erste Computer der Welt, den Konrad Zuse 1941 in Berlin-Kreuzberg zum Laufen brachte, nahm mit seinen Schaltkreisen und Kabeln noch ein ganzes Zimmer seines Elternhauses ein. Damals war es noch offensichtlich, wenn man »im Computer« war. Er war begehbar. Im heutigen Smartphone-Zeitalter sind wir ständig online, umgeben von Daten, die permanent und überall erzeugt, verarbeitet, mit anderen Daten ergänzt und angereichert, zusammengesammelt und analysiert werden. Die Geräte verschmelzen mit unserem Alltag. Die Rechenoperationen dahinter werden dagegen immer unsichtbarer, passieren im Verborgenen und außerhalb unserer Wahrnehmung. Die Ergebnisse dieser mathematischen Berechnungen erscheinen auf den ersten Blick neutral. Doch sie bestimmen in Wahrheit unser Leben immer stärker.

Wir haben uns für dieses Buch umgeschaut: Wo sind entlang der Lebensmittelkette vom Acker bis auf unsere Teller schon heute künftige Technologien im Einsatz und wo werden sie erprobt? Wo stehen die Garagen, in denen Gründer*innen und Tüftler*innen an Zukunftstechnologien unserer Lebensmittelwelt arbeiten? Wie funktionieren diese neuen Algorithmen, wie arbeitet die künstliche Intelligenz der New-Food-Economy, und wie beeinflusst sie unseren Appetit und unsere Esskultur?

Was wir gesehen haben, ist ein grundlegender Wandel – in der Art, wie wir uns ernähren, wie wir Lebensmittel herstellen, verarbeiten, vertreiben und konsumieren. Neue Technologien, Digitalisierung, eine Gründungswelle und eine Generation von jungen Konsument*innen und Gründer*innen, die sich nicht mehr um alte Denkmuster scheren, prägen diesen Wandel. Vieles mag noch fern oder wie Science-Fiction erscheinen – obwohl es längst Realität ist. Anderes ist bereits unbemerkt in unseren Alltag gesickert und bedarf dringend unserer Aufmerksamkeit.

Es gibt viele Gründe zur Hoffnung: Wir sehen neue Technologien, neue Möglichkeiten, Chancen, unser Lebensmittelsystem nachhaltiger, fairer und leckerer zu machen.

Es gibt aber auch Gründe zur Sorge: Wir sehen neue Herausforderungen und Probleme, die wahrgenommen, besprochen, angegangen und gelöst werden müssen.

Wir glauben, dass man den tief greifenden Wandel, der in unserer Lebensmittelwelt geschieht, nur dann verstehen kann, wenn man im wahrsten Sinne des Wortes über den Tellerrand hinausschaut, die technologischen ›Zutaten‹ hinterfragt und mit denen spricht, die am bunten Zukunftsmenü mitkochen. Denn es betrifft uns am Ende alle.

Die tief greifenden Veränderungen können schneller auf unserer Gabel ankommen, als wir denken. Deshalb sehen wir jetzt den richtigen – und im ungünstigsten Fall vielleicht den letzten – Zeitpunkt, um über wegweisende Richtungsentscheidungen dieser Entwicklungen zu sprechen. Geht es um eine Dystopie vom Untergang? Geht es um die Utopie eines Schlaraffenlandes, das sich von selbst einstellt? Oder geht es um einen gemeinsamen, demokratischen Prozess? Vielerorts herrscht Sprachlosigkeit: Viele Institutionen wollen nicht aus ihren tradierten Denkmustern heraus, unterschätzen oder verkennen die neuen Möglichkeiten. Damit droht, dass wir in Deutschland vom internationalen Diskurs abgehängt werden und am Ende die Kontrolle über unser Essen verlieren. Dieses Buch ist daher ein Anfang. Für eine bessere und genießbare Zukunft, in der wir souverän bleiben und »gutes, nachhaltiges und faires Essen für alle« möglich wird.

Wir wünschen guten Appetit und eine anregende Lektüre.

Berlin, Bodensee, 15. Dezember 2020

HENDRIK HAASE | OLAF DEININGER

KAPITEL 1

AM TISCH

Abendessen mit Alexa # Satt machende Pulver aus dem Web # Wenn die DNA-App den Speiseplan bestimmt # Das Internet der Körper # Eine neue digitale Esskultur # Die kulinarische Kirche namens Instagram

»Bier vor vier« ist ein Skill von *Alexa Echo*. Man kann ihn auf der Website von Amazon aktivieren. Dann beantwortet der intelligente Lautsprecher die Frage, ob man heute schon ein Bier trinken kann. Das darf man – wenn es nach vier Uhr ist. Etwas komplexer ist dagegen der Skill »Noblego Zigarrenmatching«. Wer diesen Skill aktiviert, kann sich am Tisch sagen lassen, welche Zigarre zum jeweiligen Getränk im Glas passt. Auch »Superfood« ist ein Skill, den man laden kann. Dann erklärt *Alexa* die Vorzüge von Chia-Samen, Açaí-Beeren oder Moringa-Pulver. Vorausgesetzt man fragt. Wer dagegen wissen möchte, welcher Wein zum Essen vor einem auf dem Teller passt, kann sich ebenfalls bei *Alexa* erkundigen. Vorausgesetzt, er hat den Skill »Weinbegleitung« geladen.

Abendessen mit Alexa

Nicht nur die Entwickler von Apps für Sportlerernährung oder Rotwein arbeiten gerade daran, ihre Inhalte und Services auf digitalen und akustischen Plattformen wie *Alexa Echo* oder *Siri* von Apple verfügbar zu machen. Wer etwa auf der Suche nach dem perfekten Abendbrot ist, kann *Alexa* auch nach dem »besten Bäcker in der Nähe« fragen. Die Stimme aus der schwarzen Säule nennt dann drei

Bäckereien zur Auswahl und fragt, ob sie einen »hinbringen« darf. Wer antwortet, bekommt die genaue Wegbeschreibung zum gewünschten Bäcker auf sein Smartphone gesendet. Für diese Vorschläge greift *Alexa* auf die Daten des Empfehlungsportals *Yelp* zu und auf *Bing*, die Suchmaschine von Microsoft.

Auch die Lebensmittelindustrie, der Lebensmitteleinzelhandel, die Systemgastronomie, Restaurantketten und viele einzelne Gastronomen möchten auf *Alexa* verfügbar sein.

Noch nie haben wir so viel über unsere Nahrungsmittel gewusst. Und noch nie war es so einfach, mehr über das zu erfahren, was bei uns auf den Tellern liegt. Und diese Entwicklung hat erst begonnen. Denn künftig werden wir noch mehr über unser Essen wissen – und wissen können: Herkunft, Eigenschaften, Haltbarkeit, Herstellung, Zusatzstoffe, Verarbeitung, Transportwege, Transportmittel und deren Energieverbrauch. Diese Informationen stehen dann nicht etwa erst nach langwieriger und aufwendiger Recherche zur Verfügung, sondern praktisch sofort: per *Alexa*, *Siri*, mit dem Smartphone und einer Vielzahl von Apps.

Und auch unsere Lebensmittel selbst kommunizieren heute schon zunehmend untereinander, wie wir in diesem Buch zeigen werden. Auf dem Weg vom Acker bis zum Teller, in der Lebensmittelindustrie und in der Weiterverarbeitung, auf dem Laster oder Lieferwagen, im Laden, Kühlschrank und auf dem heimischen Esstisch hinterlassen die Lebensmittel digitale Spuren, geben Daten ab, nehmen Daten auf und verarbeiten Signale. Per RFID- oder mit anderen Funk-Chips, mit digitalisierter DNA, gesteuert und überwacht von Rechenverfahren wie etwa der sogenannten Blockchain, die heute schon viele Prozesse in der Herstellungs-, Verarbeitungs- und Lieferkette begleiten, und mit Systemen, welche den Verkauf mittlerweile erstaunlich präzise vorhersagen können.

Noch nie waren Essen und Ernährung aber auch so starken »Moden« unterworfen wie heutzutage. Vegetarisch, vegan oder doch lieber Fleisch? Und noch nie war die Ernährung ein so starkes Distinktionsmerkmal, wie die Soziologen sagen.

Auch das Wissen über unseren Körper, wie er funktioniert, was ihm guttut und was nicht, welche Folgen unsere Wahl der Nahrungsmittel und Ernährungsstile für ihn haben – all dieses Wissen stand den Menschen noch nie in so großem Umfang zur Verfügung. Und: Es war noch nie so allgemein verbreitet. Know-how über richtige oder falsche Ernährung ist heute Allgemeinwissen. Und auch dafür schufen digitale Hilfsmittel die Grundlage.

Was auf den Tisch kommt, was wann gegessen und wie es bewertet wird, was sich zum Trend entwickelt und was nicht, darüber lassen heute immer mehr Menschen elektronische Hilfsmittel entscheiden: Fitness-Apps regeln den Tagesablauf und die Essenszeiten, die Wahl der Lebensmittel und die Mengen auf dem Teller. Food-Tracker entscheiden, welches Nahrungsmittel gerade am besten zur aktuellen Lebens- und Leistungsphase passt. Instagram-Kanäle von Influencern präsentieren schicke Gerichte oder kulinarische Neuentdeckungen. Und Food-Blogs erklären, wo man außerhalb der eigenen vier Wände unbedingt gegessen haben muss.

Im Jahr 2018 kaufte Amazon die Online-Apotheke PillPack. Im Sommer 2020 brachte der eCommerce-Riese das Armband *Halo* auf den Markt, das seine Träger rund um die Uhr beobachtet. Wie die Konkurrenzprodukte von Xiaomi, Fitbit oder die *Apple-Watch* misst das Armband, das zur Produktgruppe der sogenannten Wearables (steht für »kann am Körper getragen werden«) zählt, Herzfrequenz, Hauttemperatur und Schritte. Wer einen Account erstellt und nicht widerspricht, dessen Daten werden automatisch ausgewertet.

Zusätzlich soll *Halo* den Körperfettanteil berechnen können. Für diese Bodyscan-Funktion muss man mit der *Halo*-App auf seinem Handy ein Ganzkörperbild in Unterwäsche oder ganz ohne aufnehmen, das die App dann auswertet. Dazu lädt das Programm die Bilder für die Körperfettanalyse auf den Server von Amazon hoch, wo sie aber nach Angaben des Unternehmens nach der Verarbeitung gleich wieder gelöscht werden. Inzwischen simuliert das Programm, wie man mit fünf oder zehn Kilogramm Körperfett weniger aussähe.

Ein Mikrofon erfasst außerdem die Stimme, eine Software analysiert beim Sprechen, in welcher Stimmung sich der Träger gerade befindet. Das kann entscheidend dafür sein, wann man etwa für Werbung empfänglich ist. Oder wann bestimmte Werbung besonders wirksam ist. Es lässt Rückschlüsse zu, ob man beim Genuss am Tisch wirklich Freude hat. Bisher gibt es *Halo* noch nicht frei zu kaufen. Interessierte müssen das Armband per E-Mail beantragen und eingeladen werden. Das geht bisher nur in den USA.

Über 368 Millionen Wearables sollen laut Statista, dem Onlineportal für Wirtschafts- und Marktdaten, im Jahr 2020 weltweit verkauft worden sein. Für das Jahr 2024 sagt das Portal einen Absatz von 527 Millionen Stück voraus. Der größte Umsatz wird in China erwartet. Ein Massengeschäft.

Als Fitness-Apps gelten dagegen kleine Programme, die entweder auf dem Smartphone oder eben auf dem Wearable installiert sind und Körperdaten einlesen und verarbeiten. Auch ohne direkten Kontakt zum Körper erkennen Fitness-Apps auf dem Handy etwa, ob gegangen, gerannt oder geradelt wird, ob der Nutzer gerade eine Treppe steigt oder im Wohnzimmer sitzt. Viele Wearables übertragen mit dem Mini-Funknetz Bluetooth ihre gemessenen Daten an die App auf dem Smartphone. Im Jahr 2019 nutzten in Europa laut Statista bereits rund 126 Millionen Menschen eine Fitness-App. In China waren es im gleichen Zeitraum 280 Millionen Menschen. In den USA, der Nation mit den weltweit meisten Übergewichtigen, immerhin 92 Millionen. Bis 2024 soll die Zahl der Nutzer in den USA auf 100 Millionen, in Europa auf 154 Millionen und in China auf 323 Millionen steigen, berichtet das Onlineportal für Wirtschafts- und Marktdaten Statista im Januar 2020.

»Studien haben gezeigt, dass Apps zur Ernährung und Gewichtsabnahme zusammen mit Fitnesstracking-Apps bei denjenigen, die Gesundheits-Apps verwenden, am beliebtesten sind. Ein Nielsen-Marktforschungsbericht über die Verwendung tragbarer Geräte zur Selbstkontrolle in den USA ergab, dass Frauen häufiger als Männer Diät- und Kalorienzähl-Apps verwenden«, schreibt die australische Soziologin Deborah Lupton in ihrer Veröffentlichung »›I Just Want It to Be Done, Done, Done!‹ Food-Tracking-Apps, Affects, and Agential Capacities«.

Die kleinen digitalen Helfer übernehmen immer mehr die Regie und versprechen mit dem richtigen Lebensmittel zur richtigen Zeit mehr Gesundheit, mehr Fitness, mehr Leistungsfähigkeit, besseres Aussehen, attraktivere Erscheinung, ein glücklicheres Leben.

Lebensmittelindustrie und Lebensmitteleinzelhandel haben erkannt, dass diese Programme künftig für ihr Geschäft wichtig werden können. Wenn die App schon sagt, was man essen sollte, warum Lebensmittel nicht gleich in der App an Ort und Stelle verkaufen? Wenn Ernährungs-Apps zum Massenmarkt werden, dann auch das Einkaufen im Fitness-Programm. Oder mit *Alexa* oder *Siri*. Denn die digitale Verarbeitung von gesprochenem Wort ist relativ simpel: eine Spracherkennung verwandelt die Töne in geschriebenen Text. Der wird verarbeitet. Als Ergebnis entsteht ebenfalls ein schriftlicher Text. Eine Sprachgenerierung liest diesen Text vor. Schon bald verfügt *Alexa* über alle Fähigkeiten und den gesamten Wortschatz, den sie braucht, um eine umfassend gebildete, wissende und vielleicht auch kluge, in jedem Fall aber geschäftstüchtige Gesprächspartnerin oder Assistentin abzugeben – mit einer hohen kommerziellen Eigeninitiative: »Soll ich das optimale Gemüse für dein Trainingsprogramm bestellen?«

Und da die Programme ein gutes Gedächtnis haben und praktisch kein Detail vergessen, fallen ihnen ganz automatisch Regelmäßigkeiten auf, die sie dann einfach in gut gemeinte Vorschläge umsetzen: »Soll ich dir eine Pizza bestellen? Du bekommst um 18:00 Uhr doch immer Hunger. Und ich habe mir gemerkt, dass ich dir in den letzten drei Jahren meistens am Dienstag eine Pizza bestellen durfte. Und heute ist Dienstag und es ist gleich 18:00 Uhr ...« Wer kann so ein Angebot schon abschlagen? Und je länger man das Werkzeug nutzt, desto besser kann es auch vorhersagen, was geschehen wird: »Deinen Daten nach zu urteilen, wirst du heute um 18:10 Uhr Hunger bekommen – also in zwei Stunden. Soll ich schon mal ...?«

Satt machende Pulver aus dem Web

Im Jahr 2013 beschloss der US-amerikanische Softwareentwickler Rob Rhinehart, keine normalen Lebensmittel mehr zu essen. Er wollte seine persönliche Ernährung als ein rein technisches Problem angehen und ein zeitsparendes Ernährungsprodukt für seinen Körper entwickeln. Eine Art Astronautennahrung, die alles enthält, was sein Organismus braucht. Als Grundlage dafür diente die offizielle Ernährungsempfehlung des Landwirtschaftsministeriums der Vereinigten Staaten (USDA). Nach diesen Vorgaben mischte er sich ein Pulver aus pflanzlichen Eiweißen wie etwa Sojamehl und Reisproteinen, aus Kohlenhydraten wie Maltodextrin, Vitamin-Präparaten und Ballaststoffen zusammen, das, mit Wasser zu einer Art Shake gemischt, seine einzige Nahrung sein sollte. Nach einigen Wochen stellte er fest, es reichte zum Leben und er fühlte sich gut dabei. Mit dieser Erfahrung, wonach er lediglich sein Konzentrat benötigte, um alle wichtigen Ernährungsbestandteile zu bekommen, gründete Rhinehart das Startup Soylent.

Rhineharts Pulvervollnahrung schuf damit nicht nur eine neue Produktgruppe, die heute Complete Food (CF) genannt wird. Er schuf damit auch einen neuen Massenmarkt und einen populären Lifestyle. Denn CF-Mahlzeiten sind im wahrsten Sinn des Wortes etwas für Erbsenzähler: Sie ermöglichen eine genaue Messung der jeweiligen Nährstoffe und damit eine genaue Kontrolle der Nahrungsaufnahme. Genau richtig für ihre Fans. CF-Mahlzeiten reduzieren außerdem die Komplexität der Auswahl, den Einkauf und die Zubereitung auf ein Minimum. Es genügt das Anrühren mit Wasser. Das findet gerade unter dauergestressten und am Computer arbeitenden Menschen großen Anklang. Complete Food ist das ultimative Fast Food: technologisch optimiert, zeitsparend, billig, unkompliziert. Getreu dem Motto: Ich muss mich um nichts mehr kümmern, denn es ist ja alles enthalten, was man braucht.

An Rhineharts Startup ist heute unter anderem die Firma GV, die

Risikokapitalgesellschaft von Googles Mutterkonzern Alphabet, als Investor beteiligt. Wettbewerb gibt es auch schon: das von dem Briten Julian Hearn gegründete Startup Huel (steht für »Human + Fuel«, also Mensch + Treibstoff), das französische Startup Feed und Yfood aus Deutschland.

Die Studie zu Complete Food von Markéta Dolejšová »From Silicon Valley to Table: Solving Food Problems by Making Food Disappear« sowie ein Selbstexperiment der tschechischen Forscherin kommen zu dem Ergebnis: »Complete Foods lehnen das als ungenau und emotional beeinflussbar betrachtete Bauchgefühl ab und folgen stattdessen der Idee, Brennstoff für den Verdauungstrakt zu sein, der auf exakten Daten basiert.« Diese Trinkmahlzeiten sind ein Beispiel für »Nutritionism«: die reduktionistische Sichtweise von Nahrung als eine Summe von Nährstoffen. Lebensmittel, Kochen, Essen sind aber komplexe Vorgänge, die soziale und kulturelle Bedeutung haben.

Auf Online-Vergleichsportalen wie etwa *Blend Runner* tauschen sich die Nutzer von CF über die ideale Zusammensetzung und Wirkung von Pulvernahrung aus. Man kann auf solchen Plattformen aufs Gramm genau die Rezepturen vergleichen und in Rankings nachvollziehen, welche Version derzeit als die beste von den Online-Fans bewertet wird. Ganz oben rangieren etwa »Plenny Shake v2.1« aus den Niederlanden und »Ruffood RTD v3.5« aus China.

Denn abgeglichen werden die Zusammensetzungen der Cocktails mit den persönlichen Selbstüberwachungsdaten der Fitness- und Gesundheits-Apps der Nutzer. Markéta Dolejšová stellt dazu fest: »Die Online-Weitergabe von persönlichen Körperdaten ist ein üblicher Bestandteil quantifizierter Ernährungspraktiken. Statt offizieller Lebensmittel- und Gesundheitsempfehlungen bevorzugten die Anhänger von CF datengestützte Nachweise, die durch ihre diätetischen Selbstversuche und Peer-to-Peer-Fehlersuche gewonnen wurden.«

Wenn die DNA-App den Speiseplan bestimmt

Die Analyse der Daten aus Tracking-Apps und aus Selbstversuchen mit unterschiedlichen Rezepturen sind dabei nur zwei Verfahren, um eine rationale und mathematisch quantifizierbare Rohstoff-Zusammenstellung für eine optimale, aber unkomplizierte Vollwerternährung zu erreichen. Eine Analyse der Darmflora und ihrer Mikroben bieten Startups wie etwa Viome, UBiome, DayTwo und MyMicrobes an. Zu Beginn des Abonnements dieser digitalen Dienste schickt man eine Stuhlprobe ein, die analysiert wird. Auf Basis dieser Daten erstellen die Algorithmen der Startups dann einen individuellen, an die Verdauung angepassten Ernährungsplan und senden diesen persönlichen Food Code dann an die zugehörige App.

Andere Startups, wie etwa Atmo Biosciences im australischen Melbourne, nehmen mit einer »Atmo Capsule« Messungen im Körperinneren vor: »Unsere schluckbare smarte Pille ist die weltweit erste patentierte Lösung zur genauen Profilierung der Gase im Darm«, sagt Geschäftsführer Malcolm Hebblewhite. Die Kapsel erkennt und meldet unterschiedliche Gaskonzentrationen in Echtzeit, die als Indikator für bestimmte Krankheiten dienen, in der Welt der Experten »Biomarker« genannt. Das autonome Diagnosewerkzeug soll etwa Reizdarmsyndrome, chronisch-entzündliche Darmerkrankungen, krankhafte Kohlenhydratabsorption und Kohlenhydratunverträglichkeiten erkennen können.

Auch die eigene DNA kann als Grundlage dienen, um eine optimale Ernährung zu definieren. Anbieter wie zum Beispiel 23andme, DNAfit oder Habit bieten »Lifestyle-DNA-Analysen« von eingesandten Speichelproben an. Wie tief die Analyse gehen soll, ob nur die Anfälligkeit für Übergewicht oder die Vitaminverträglichkeit getestet werden soll, hängt davon ab, wie viel der Kunde zu zahlen bereit ist. Die Ergebnisse kommen als digitale Daten direkt per App aufs Smartphone. Oder man bekommt von der Firma DNA Nudge gleich einen kompletten Einkaufsplan auf Genom-Basis: »Shop with your DNA«, lautet der

Slogan. Ende 2019 konnten interessierte Londoner im Pop-up-Store des Startups DNA Nudge gleich vor Ort einen DNA-Schnelltest machen lassen, mit dessen Daten ein digitales Armband gefüttert wurde. Scannt man mit dem Gerät am Arm den Barcode von Lebensmittelprodukten ein, leuchtet eine kleine personalisierte Lebensmittelampel am Handgelenk rot oder grün auf – je nachdem, ob es laut Software zur DNA des Trägers passt oder nicht.

Wer dagegen der Ansicht ist, dass für die optimale Gesundheit eher Wirkstoffe von Pflanzen förderlich sind, der ist bei Brightseed an der richtigen Adresse. Das selbst ernannte »Google für Pflanzeneigenschaften« analysiert sogenannte Phytonährstoffe. Diese sekundären Pflanzenstoffe sind chemische Verbindungen, welche die Pflanze für sich selbst nicht braucht, die aber eine große Bedeutung für die menschliche Ernährung haben könnten – wissenschaftlich ist das noch nicht genau nachgewiesen: »Brightseed entstand aus der Überzeugung heraus, dass wir einen natürlichen und proaktiven Ansatz für Gesundheit brauchen und dass die verborgenen Nährstoffe der Pflanzen, die wir in unsere Ernährung aufnehmen können, der erste Ort sind, an dem wir suchen sollten«, sagen die Gründer. Mithilfe von künstlicher Intelligenz und der Analyse von sehr großen Mengen von Gesundheitsdaten sucht Brightseed nach bislang unentdeckten Phytonährstoffen, die unsere Ernährung verbessern könnten.

Im Jahr 2007 gründeten die beiden amerikanischen Wired-Journalisten Gary Wolf und Kevin Kelly die Website *quantifiedself.com*. Zunächst fanden sich dort einige Gleichgesinnte aus der Region um San Francisco zusammen, um ihre Self-Tracking-Erfahrungen online auszutauschen. In den folgenden Jahren entstanden auf der ganzen Welt weitere Quantified-Self-Gruppen. Seit 2011 finden internationale Konferenzen mit Anwendern, Entwicklern, Journalisten und Unternehmensvertretern aus der Gesundheitsbranche statt. In Deutschland existieren mittlerweile Gruppen in Aachen, Berlin, Hamburg, Köln, München und Stuttgart. Heute beschreibt sich The Quantified Self als ein Netzwerk aus Anwendern und Anbietern von Methoden und von Hard- und Softwarelösungen, mit deren Hilfe umwelt- und personenbezogene Daten aufgezeichnet, analysiert und ausgewertet werden können: »Wir haben ein gemeinsames Interesse an der Selbsterkenntnis durch Zahlen«, lautet das Credo dieser Bewegung. Ihre Vorstellung ist, dass der Mensch eine Art Maschine sei. Ganz so, wie es etliche Illustrationen aus dem 19. Jahrhundert nahelegen. Darauf ist der Verdauungstrakt etwa als Fließband dargestellt, an dem Maschinen die Nahrung zerkleinern, andere Maschinen Nährstoffe aus dem Nahrungsbrei saugen, in Energie umwandeln und diese über ein Rohrsystem in den Kreislauf bringen, zu den Kraftzentren, den Muskeln.

Diese Vorstellung erlebte mit der Digitalisierung in technikaffinen Szenen und Communities ein Comeback – wenn auch in anderer Form: Der Körper ist zwar immer noch eine Maschine, aber eine intelligente, eine programmierbare und eine sensible, die optimiert werden müsse und durch das Betanken mit dem besten Treibstoff die effektivsten Ergebnisse liefert. Lebensmittel geben mehr oder weniger guten Brennstoff ab. Der Körper ist ein Überwachungs- und Optimierungsraum, den wir möglichst gut beobachten und einstellen müssen.

So versprechen viele neue digitale Produkte und auch etliche Web-Influencer Heilung oder zumindest einen »gesünderen Lebensstil«, einen Schutz vor Krankheit und eine Verlängerung des Lebens.

Nicht selten beinhaltet das Narrativ der neuen Digital-Unternehmer in diesem Bereich auch Heilungserlebnisse von mehr oder weniger schweren Krankheiten.

Der israelische Historiker Yuval Noah Harari spricht in seinem Buch *Eine kurze Geschichte der Menschheit* von einer »Silicon Valley Religion« und »Silicon Valley Gurus«, für die der »Tod nur ein technisches Problem ist«, das gelöst werden kann: »Auf kommerzieller Ebene ist die Gesundheit der ultimative Markt. Andere Märkte sind endlich, sie sind erschöpfbar. Es gibt beliebig viele Autos, Schuhe oder Lebensmittel, die man besitzen kann. Aber Gesundheit ist ein unendlicher Markt – man kann nie genug davon haben.«

So entsteht ein neues Körperbild, und die Zahl der Menschen wächst, die sich und ihre Körper mithilfe von Daten aus DNA- oder Darmflora-Analysen, vernetzten Armbändern, Smartphones und anderen Gadgets selbst überwachen. Und ganz gleich, ob Fitness-, Diät- und Gesundheits-Apps die Menschen tatsächlich gesünder oder zufriedener machen, sie wachsen bei vielen regelrecht »am Körper oder am Leben fest«.

Studien der englischen Wissenschaftlerin Rachael Kent zeigen, dass die ständige Selbstüberwachung durch Gesundheits-Software und Fitness-Gadgets Angst und Suchtverhalten, Scham- und Schuldgefühle auslösen kann: »Der eigene Selbstwert hängt an Leistungsdaten, welche die App permanent ermittelt.«

Die Soziologin Deborah Lupton vermutet, dass Gesundheits-Food-Apps eine »Mensch-App-Assemblage« schaffen. Apps und Wearables werden damit »aktive Teilnehmer an der Ausprägung des Körpergefühls und Selbst-Bewusstseins«. Die Handlungskompetenz, also die Fähigkeit, sich in der heutigen Lebensmittelwelt zurechtzufinden, werde dabei auf zwei Akteure verteilt: den Menschen und seine App. Das Körperbild verändere sich, der Mensch vertraue den eigenen Sinnen, dem eigenen Bauchgefühl immer weniger, denn das erledige die Technik für ihn. Er entfremde sich von sich selbst.

Zudem zeigen die Untersuchungen von Lupton, dass die Regelwerke, Normvorgaben und Zielwerte vieler Fitness-Apps auf den »Werten« der wohlhabenden weißen Ober- und Mittelschicht der westlichen Welt basieren. Diese Gruppe wolle abnehmen oder zumindest ihr Gewicht halten und körperlich fitter werden. Nur diese Menschen haben überhaupt Zeit, die existierenden Apps mit den nötigen Informationen zu füllen. Wer diesem Körperideal nicht entspricht, wie etwa andere Ethnien, Vorerkrankte, Menschen mit einem anderen Körperbau oder mit anderen Werten, ist als Nutzer schnell frustriert. Und fühlt sich ausgegrenzt, im schlimmsten Fall diskriminiert.

Das Internet der Körper

Immer mehr Fitness-Apps, Wearables und Gadgets erheben und produzieren Daten: Bewegungsprofile, Anzahl von Schritten, erklommene Treppen, Aufwach- und Einschlafzeitpunkte, Schlafdauer, Biorhythmus, Herz- und Atemfrequenz, Stimmmodulation, verzehrte Nahrungsmittel, Kalorien, Kohlenhydrate, Eiweiß und Fett. Angereichert werden sie um die digitalen Daten der Analysen unserer Darmflora und unserer DNA. Dazu kommt noch die Analyse dieser Daten: Das sind Zuwachs- und Schrumpfungsraten, Entwicklungen, Fortschritte. Außerdem Geodaten, Daten von Kontakten, Einkäufen, Transaktionen. So entstehen große Mengen vernetzter Gesundheitsdaten, die unsere digitalen Fitness-Helfer sammeln, ergänzen, verarbeiten und abgeben.

Im ersten Schritt unterstützen sie den Nutzer vielleicht lediglich bei seiner Selbstoptimierung. In einem zweiten Schritt dienen sie möglicherweise dazu, sich mit anderen Nutzern zu messen oder sich gegenseitig abzugleichen: virtuelle Wettbewerbe darüber abzuhalten, wer am schnellsten abnimmt oder am schnellsten Muskelmasse aufbaut. Wer am schnellsten, häufigsten, längsten joggt, schwimmt, geht, rudert. Oder wer auf seinem Trimmrad im heimischen Keller als Erster seiner Online-Gruppe beim virtuellen Straßenrennen auf den legendären 2.115 Meter hohen Col du Tourmalet strampelt, den Schicksalsberg der Tour de France. Die Geräte sprechen also miteinander – und tauschen die Körperdaten ihrer Eigentümer aus.

Bereits heute existieren Suchmaschinen wie etwa *Shodan.io*, mit denen Internetadressen und offene Schnittstellen von Maschinen, Lkws, Baugeräten, Videokameras auf öffentlichen Plätzen, Behörden und privaten Firmen, aber auch von Kraftwerken und anderen öffentlichen Anlagen der Infrastruktur gesucht und gefunden werden können. Leicht vorstellbar, dass es so etwas für Körper-, Fitness- und Ernährungsdaten demnächst auch geben könnte. Schließlich verfügt jedes Smartphone über eine individuelle IMAI-Nummer, über die es identifiziert werden kann. So könnten Daten durch Hackerangriffe auf unabgesicherte Einfallstore der Apps heruntergopiert werden. Oder ganz offiziell beim Hersteller oder einem seiner Partnerunternehmen landen – wie es bei Facebook und Cambridge Analytica der Fall war. Wer weiß außerdem schon genau, welche Daten seine Fitness-App selbstständig im Hintergrund und ohne zu fragen an Dritte weitergibt oder welche offenen Schnittstellen von außen problemlos angezapft werden können? Haben Sie etwa die Datenschutzerklärung Ihrer neuen Smartwatch vollständig gelesen, bevor Sie damit joggen gegangen sind?

So gesellt sich zum »Internet der Dinge«, dem Internet der Maschinen, Kameras und Sensoren, ein »Internet der Körper«, sagt Andrea M. Matwyshyn, Professorin an der Stanford University in Kalifornien und Co-Autorin der Studie der US-Denkfabrik RAND »Das Internet der Körper«. Daten, die nicht nur für den Hausarzt, Fitness-Berater, Personal-Trainer oder den Coach der Thekenfußballmannschaft interessant sind, sondern auch für Krankenversicherungen, Arbeitsämter, Personalchefs oder den direkten Konkurrenten um einen lukrativen Job auf dem Arbeitsmarkt. Und natürlich: für Lebensmittelhersteller und -händler, die ihre Produkte verkaufen wollen.

Doch für Matwyshyn ist das erst der Anfang: Das Internet der Körper verbindet in der ersten Generation Fitness-Tracker mit intelligenten Brillen, intelligenten Exoskeletten (das sind Apparaturen, die Menschen unterstützen, etwa schwere Lasten zu heben etc.), Herzschrittmachern und Gehirnsensor-Stirnbändern. In der zweiten Generation kommen Körperimplantate, digitale Pillen, Cochlea-Implantate (Hörprothesen), Geräte zum Management innerer Organe und Hirnimplantate (etwa für Epileptiker) hinzu. »Die Grenze zwischen der ersten und der zweiten Generation des Internets der Körper, zwischen gesundem Lebensstil und nicht-medizinischer Technologie beginnt bereits zu verschwimmen«, schreibt sie. Schätzungen gehen davon aus, dass derzeit etwa 50.000 bis 100.000 Menschen in den USA Mikrochips in ihren Körper implantiert haben.

In der dritten Generation entstehen Gehirnprothesen mit drahtlosen Komponenten, wie sie heute schon bei manchen Parkinson-Erkrankten eingesetzt werden. »Der menschliche Körper ist der nächste große Innovations-Raum«, prophezeit Geoffrey Woo, Gründer des Silicon-Valley-Start-ups HVMN, das einen leistungssteigernden »Ketose Ester«-Drink herstellt.

Damit entstehen jedoch neue Probleme: Software kann ausfallen oder eine Fehlfunktion haben. Neue Versionen könnten ohne ausreichende Erprobung oder Qualitätssicherung ausgeliefert werden. So wie Infrastruktur oder andere Netzwerke bereits heute regelmäßig Ziele von Hackerangriffen abgeben, gerät die Digitalplattform Mensch dann ebenfalls ins Visier. »Brainjacking« wird die böswillige Manipulation von digital vernetzten Hirnimplantaten genannt. »Gutjacking« ist die feindliche Übernahme des Magens. Computerviren könnten sich in Sonden ausbreiten, die sich im Darm von Menschen befinden und dort Darmgase messen. Dass dies gar nicht so weit hergeholt ist, zeigte sich bereits im Oktober 2013, als der ehemalige amerikanische Vizepräsident Dick Cheney in einem Fernsehinterview berichtete, seine Ärzte hätten während seiner Amtszeit darauf gedrängt, die »wireless«-Funktion seines Herzschrittmachers zu deaktivieren, da sie einen terroristischen Hackerangriff auf sein wichtigstes Organ befürchteten. Der Historiker Yuval Harari spricht von Menschen als »Hackable Animals«.

Im Körper befindliche oder mit dem Körper verschmolzene IoB-Geräte mögen zwar Ausnahmen sein – aber wie lange noch? Schon heute ist klar, dass für die Anwendung solcher Geräte ein verbindlicher rechtlicher Rahmen geschaffen werden muss. Wie werden etwa Garantien für das Funktionieren der Geräte geregelt? Wo liegen die Daten und wer kontrolliert sie?

Biologische und maschinelle Intelligenz werden verschmelzen. Facebook und Microsoft arbeiten bereits an Gehirnsteuerungs-Schnittstellen, die es den Benutzern ermöglichen sollen, Computer nur mit ihren Gedanken und mithilfe von externen Gedankenerfassungsgeräten zu bedienen. Durch diese Entwicklungen, sagt Matwyshyn, werde der Körper zur digitalen Plattform. »In einer Welt, in der unsere Körper und Gehirne mit einem einzigen zusammenhängenden technologischen Netzwerk verbunden sind, beginnen wir, die Grenzen zwischen der Freiheit des Denkens als physiologischem, autonomem und abgeschlossenem Akt und der Verbreitung von Ideen und Gedanken als bewusste Tat zu verwischen«, gibt Matwyshyn in der RAND-Studie »Das Internet der Körper« zu bedenken. Denken wird also öffentlich. Es entsteht eine Art Gruppengehirn.

Im Sommer 2020 holte der Tesla-Gründer Elon Musk bei einer Prä-

Für die Rechtswissenschaftlerin Matwyshyn existieren vier große Probleme bei vernetzten Geräten des Internet of Bodies:

1. **Das »Better with Bacon«-Problem**
   Der Zugang zum Internet wird – ob notwendig oder nicht – in sämtliche Geräte integriert. Damit können alle Geräte gehackt werden.

2. **Das »The Magic Gadget«-Problem**
   Die Möglichkeit des Versagens oder der Fehlfunktion von Geräten wird ignoriert – mit möglicherweise katastrophalen Folgen.

3. **Das »The Builder Bias«-Problem**
   Die Hersteller und Programmierer prüfen ihre Entwicklungen vor der Auslieferung nicht genügend auf Software-Stabilität oder auf einprogrammierte Vorurteile und Diskriminierungen. Letzteres entsteht etwa bei Minderheiten, deren spezielle Eigenheiten bei der Programmierung nicht berücksichtigt wurden. Wird alles an einem »Normalmaß« gemessen, gelten Abweichungen im wahrsten Sinn des Wortes als »nicht normal«.

4. **Das »The Mandatory Soup«-Problem**
   Es gibt nicht genügend Alternativen zum (vernetzten) Produkt. Nutzer sind gewissermaßen gezwungen, diese Produkte zu nutzen, auch wenn diese Geräte nicht optimal erscheinen oder sich eingebaute Teile oder Funktionen nicht ausschalten lassen.

sentation seiner Firma Neuralink das Schwein «Gertrude» auf die Bühne. Das muntere Tier trug »V.09«, den neuesten Chip von Neuralink, unter seiner Schädeldecke. Und zwar in dem Gehirnareal, das mit der Schnauze verbunden ist. Sobald das Schwein damit ein Objekt berührt, sagte Musk, sehen und hören die Neuralink-Forscher auf einem Computer, welche Neuronen im Schweinegehirn aktiv sind.

Der Gehirnchip funkte per Bluetooth aus dem Gehirn an einen Computer. Eintausend Elektroden, mit insgesamt nur fünf Mikrometer Durchmesser, sind mit Gehirnzellen verbunden. Diese »Verdrahtung« solle ausreichen, um wichtige Körperfunktionen wie Bewegung, das Sehen oder das Hören zu beeinflussen. Aufgeladen wird der Chip, der die Größe einer Knopfzellen-Batterie hat, drahtlos durch den Schädelknochen. Den Anschluss der Sensoren an die biologischen Nervenzellen übernehme ein eigens dafür entwickelter Roboter. Neuralink hoffe, die Kosten des Chips inklusive seiner Implantierung auf einige Tausend Dollar zu senken. Noch in 2021 soll der Chip bei Menschen getestet werden.

Die Mensch-Maschine-Schnittstelle soll dafür sorgen, dass Gehörlose wieder hören können, Menschen mit Rückenmarkverletzungen wieder laufen können, Depressionen und Sehstörungen der Vergangenheit angehören. Stellte man Gertrude auf ein Laufband, konnte per Software vorhergesagt werden, welcher Muskel wann aktiviert wird. Am Ende entstehe ein Fitnesstracker, so Musk ans Publikum gewandt, »nur mit feinen Drähten in Ihrem Kopf«.

Musks technologische Entwicklung – ganz gleich wie weit sie nun tatsächlich ist – führt direkt zum Thema »Gehirn im Tank«, das beispielsweise im Spielfilm *Matrix* aufgegriffen wurde: Wenn man feststellen kann, welche Sinneseindrücke welche Gehirnregionen oder Gehirnzellen stimulieren und auf welche Weise sie das tun, ist man gar nicht mehr weit davon entfernt, eigentlich gar keine echten Sinneseindrücke mehr zu benötigen. Man könnte Geruch, Geschmack und Emotionen direkt als Elektroimpuls per Chip ins Gehirn bringen.

»Was ist real? Wie definieren Sie real?«, fragt Andrea M. Matwyshyn. «Wenn es darum geht, was Sie fühlen, riechen, schmecken und sehen können, dann sind das einfach nur reale elektrische Signale, die von Ihrem Gehirn interpretiert werden.« John Cheney-Lippold, Professor an der Universität von Michigan, prophezeit aus diesem Grund: »Wir werden zu Daten.«

Was würde es für unsere Esskultur bedeuten, wenn unsere Lebensmittel, unser Appetit, unser Bauchgefühl von Computercodes bestimmt werden? Zerstört diese digitalisierte Esswelt mit ihrer Fixierung auf Berechenbarkeit, auf Effektivität, auf Mess- und Zählbarkeit das, was wir mit Essen verbinden, den Genuss, die Wertschätzung von Nahrungsmitteln, die Fähigkeiten der Zubereitung von Nahrungsmitteln, das soziale Miteinander?

Noch stecken einige der Forschungsprojekte und Startups in der experimentellen Phase. Andere Angebote, von denen man glaubte, dass sie erst in ferner Zukunft möglich würden, sind dagegen bereits auf dem Markt. Autonome schlaue Lieferketten, von künstlicher Intelligenz gesteuertes Empfehlungsmanagement und die Algorithmen der Social-Media-Plattformen beeinflussen unbemerkt in Form von Codes unsere Lebens- und Esswelt.

Eine neue digitale Esskultur

Die Kamera des Smartphones *Galaxy S8* verfügt über einen »Food Mode«. Wer diese Einstellung aktiviert, kann sich sicher sein, dass die dampfenden Schüsseln auf dem heimischen Tisch, die fetten Steaks auf dem Holzkohle-Grill oder das italienische Tellergericht so fotografiert werden, dass es auf Instagram oder Facebook so richtig lecker aussieht.

Was früher nur Profifotografen vorbehalten war, die oft Stunden damit verbrachten, die Speisen in das richtige Licht zu setzen und sie nicht selten lackierten, damit sie appetitlich wirkten, ist zum Massenphänomen geworden. Früher war Essen auf Familienfotos höchstens Teil der Szenerie. Heute ist es der »Star« und wird dank Smartphones, Messenger-Diensten, Foto-Plattformen und Social-Media-Profilen in die ganze Welt gepostet. Die digitale Kamera gehört zum Besteck.

Es ist auch – oder vielleicht deswegen – zentrales Gesprächsthema: die nicht einfach zu beschaffenden Koteletts vom Iberico-Schwein, das dry-aged Rib-Eye vom massierten Kobe-Rind, die durch den Darmdurchgang bei einer Ziege veredelten Kaffeebohnen aus Äthiopien, seltene Knollen, autochthone (nur in bestimmten Regionen vorkommende) Gemüsearten und Rebsorten, Salat von der kleinen biologisch-dynamischen Gärtnerei im Nachbarort, deren Inhaber man persönlich kennt, Olivenöl von der ligurischen Ölmühle, die man beim letzten Urlaub dort zufällig entdeckt hat, und so weiter.

Die Bilder und Videos von Speisen und Zutaten berichten über die Menschen, die sie online posten. Und sie sind nicht nur Teil der Darstellung des eigenen Lifestyles. Denn Essen oder besser gesagt kulinarisches Wissen ist – wie zu Beginn dieses Kapitels bereits angedeutet – auch zum Distinktionsmerkmal und zum Statussymbol geworden. Weltläufigkeit, Bildung, mitunter auch Überlegenheit drücken sich in der Kenntnis von Zutaten, Herkunft, Zubereitung und Trends beim Essen aus.

Angetrieben wird dieser Trend durch die jungen Millennials, die beim Essen gerade die Deutungshoheit übernehmen. An diesem Punkt sind sich die klassischen Marktforscher der ehrwürdigen GfK (Gesellschaft für Konsumforschung in Nürnberg), die eher modeorientierten Trendforscher, wie etwa die Wiener Food-Expertin Hanni Rützler, und Wissenschaftler wie beispielsweise Shyon Baumann, Professor für Soziologie an der Universität Toronto und Autor der 2015 veröffentlichten Analyse *Foodies: Democracy and Distinction in the Gourmet Foodscape*, oder der deutsche Soziologe Andreas Reckwitz, Autor von *Die Gesellschaft der Singularitäten – Zum Strukturwandel der Moderne*, einig. Menschen »performen« ihre Identität auf Plattformen. Sie werden zu kulinarischen Selbstdarstellern. Und wer seinen ethisch korrekten, gesunden und elaborierten Konsum auf Social Media nicht »performen« kann, hat kein Mitspracherecht. Auch Gesundheit wird auf Social Media «performt«, zeigt Dr. Karen Cross, Dozentin an der University of Roehampton in London, in ihrer Studie »Visioning food and community through the lens of social media« (veröffentlicht in: *Digital Food Cultures (Critical Food Studies)*). Für den französischen Soziologen Pierre Bourdieu, der in den 1970er- und 1980er-Jahren die Zusammenhänge zwischen sozialem Status und Lebensstilen untersuchte, sind Tischmanieren und das Wissen über Nahrungsmittel eine Art »kulinarisches Kapital«, das sich etwa bei Aufstieg und Karriere gesellschaftlich fruchtbar machen lässt. Ein Wissen, das damals ausschließlich durch die Vorstellungen und Lebensweisen der Oberschicht geprägt war.

Das Postulat, dass Essen im Netz gut aussehen muss, um gut anzukommen, kann zu einer Verunsicherung führen und zur Orientierung des eigenen Konsums an dem, was auf Social Media »funktioniert«, was also viele Likes und Reaktionen von Followern erzeugt »☹☺☺☺«.

Sozialforscher wie Colin Campbell sehen hier »Craft-Consumer« am Werk: Menschen, die für die erfolgreiche Auswahl und Präsentation ihrer alltäglichen Konsumentscheidungen einiges an (unbezahlter) kreativer Arbeit leisten. Durch die intensive Nutzung von Social Media und die »Instagramisierung« der Gerichte wird mitunter nur für das Foto gekocht, die Gerichte werden danach gar nicht gegessen. Damit tragen die jungen Foodies auch zur Lebensmittelverschwendung bei, schreibt der britische *Guardian* in seinem 2017 veröffentlichten Bericht »Instagram generation is fuelling UK food waste mountain, study finds«. Ob die Influencer auf ihren Kanälen einen perfekten und gesunden Lebensstil nur vorgeben und statt dem üppigen geposteten Salat nicht doch Pommes essen, weiß sowieso niemand.

Über Jahrhunderte wurden Rezepte, das Wissen über Ernährung oder die Zubereitung von Essen mündlich oder über Handschriften und Kochbücher weitergegeben. *Ein Köstlich new Kochbuch* aus dem Jahr 1598, geschrieben von Anna Wecker aus Nürnberg, gilt als das erste gedruckte deutsche Kochbuch. Lange Zeit waren Bücher, Zeitschriften und Magazine die esskulturellen Leitmedien, Mitte des 20. Jahrhunderts kam das Fernsehen dazu.

Mit dem Web 1.0 beginnt die digitale Esskultur, wie Deborah Lupton, Professorin am Zentrum für Sozialforschung im Gesundheitswesen an der University of New South Wales in Sydney, in ihrem Aufsatz »Cooking, Eating, Uploading: Digital Food Cultures« feststellt.

Mitte der 90er-Jahre entstehen erste Webseiten und Blogs, auf denen Menschen digital Rezepte publizieren, sammeln und über persönliche kulinarische Eindrücke und Erfahrungen beim Kochen schreiben. Gleichzeitig entstehen erste Diskussionsforen im Netz; Kochportale wie Chefkoch.de werden aus der Taufe gehoben. Menschen können dort nicht nur ihre Rezepte teilen, sondern auch untereinander diskutieren. Suchmaschinen wie Google ermöglichen erste globale Suchen nach Rezepten und das Kochbuch wird digital durchsuchbar.

Mit der Mobilwerdung des Internets Ende der 2000er-Jahre wird Food »shareable«, mit jedem im Handumdrehen per Smartphone teilbar. Soziale Food-Netzwerke entstehen. Dienste wie Foursquare oder Google-Maps werden zum Entdeckungsort der »lokalen« Food-Suche. Lebensmittelkonsum, Erfahrungen beim Einkaufen oder Essengehen werden ebenfalls lokalisierbar. Die Smartphone-Kamera ist beim Essen, beim Einkaufen oder Kochen obligatorisch dabei.

In den 2010er-Jahren werden in Deutschland die ersten kommerziell erfolgreichen Koch-Apps entwickelt. Gleichzeitig entstehen kulinarische Communities, wie zum Beispiel *Foodboom, KitchenStories* und *KptnCook*. Allergie-Communities und Diät-Communities finden sich weltweit durch Hashtags über unterschiedliche Kanäle hinweg. Food-Blogger und Influencer erreichen Millionen Leser und Zuschauer über ihre Blogs, Videos und Foto-Kanäle.

Influencerinnen wie etwa die Amerikanerin Vani Deva Hari bieten Foodwatch 2.0: Im Instagram-Livestream kann man Hari beim Einkaufen im Supermarkt begleiten. Mit dem Smartphone durchstöbert sie dann live die Zutatenlisten auf Packungen und kritisiert Lebensmittelhersteller für zu viele und ihrer Meinung nach gefährliche Zusatzstoffe in den Produkten. Die enorme Reichweite ihres Blogs »Foodbabe« bringt selbst Konzernriesen wie Kraft Foods zum Umdenken. So initiierte die Bloggerin eine Petition gegen die künstlichen Farbstoffe »Yellow 5 & Yellow 6«, die im Verdacht stehen, ADHS auszulösen, die von 365.000 Leuten unterzeichnet wurde. Kurz darauf ersetzte Kraft die künstlichen Farbstoffe durch natürliche Farbstoffe aus Paprika und Kurkuma.

Die 2020er-Jahre läuten die nächsten Phase der digitalen Esskultur ein: »Künstliche Kulinarische Intelligenz« lässt die online verfügbaren Rezeptdatenbanken »smart« werden. Das bedeutet: Nun sind sie personalisierbar, individualisierbar und »intelligent«. Der Computercode lernt aus vielen Datenspuren unsere Präferenzen kennen und kann daraus Vorschläge und Vorhersagen generieren. Durch künstliche Intelligenz entwickelt sich der personalisierte Food-Coach, Ernährungsberater oder Einkaufsführer.

Kulinarische Daten-Sammler wie Opentable, Instagram oder Foursquare können live Trends erkennen und Kulturunterschiede festmachen, auswerten und damit kommerzialisieren.

Deborah Lupton sieht im Zusammenschluss von »Big Food Data«, also der Auswertung vieler Daten über Lebensmittel und Ernährungsverhalten, eine Entwicklung zu immer umfassenderen und smarteren Funktionen und Services. Immer mehr Geräte wie etwa Magensensoren, das Fitnessarmband, der Sensor am Lebensmittel, die Allergie-App, KI-Emotionssensoren liefern ihre Daten, um das perfekte Gericht für den Kunden zum genau richtigen Zeitpunkt zu berechnen.

Die kulinarische Kirche namens Instagram

Essen bedeutet heute Identität – zumindest einen Teil davon. Menschen kommunizieren über das Essen indirekt auch ihre politische, regionale, ethische oder soziale Wertehaltung. Essen ist mehr als Nahrungsaufnahme. Durch das Bekenntnis zu einem klaren Ernährungsstil tritt man einer Community bei. Man sagt: »Ich bin Veganer«, »Ich bin Paleo«, »Ich bin Slow-Food-Mitglied«. Der Kulturanthropologe und Völkerkundler Gunther Hirschfelder stellt fest, dass in einer Zeit, in der Kirche und Religion an Bedeutung verlieren, das Essen »quasi religiöse Züge annimmt«.

Digitale Kommunikation ermöglicht der Generation Food heute, Kontakt zu ihren »Ess-Religionsgemeinschaften« zu halten und sich reformistischen oder orthodoxen Richtungen anzuschließen, egal ob Grillfans, Pulvernahrungsjünger oder Gemüseheilige. Wer wissen will, wie hart es heute ist, aus einem orthodoxen Veganerstamm auszutreten, muss sich nur mit Aussteigern unterhalten, die nach einer streng veganen Phase wieder Milch trinken oder sogar Fleisch essen. Digitale Selbstdarstellung in Social Media macht diesen Ausstieg schwer, ganz abgesehen von den bekannten labyrinthartigen Filterblasen oder sogenannten »Rabbit Holes«, in denen man sich in extreme Ernährungsformen verrennen kann. Der eine oder die andere findet sich dank algorithmischer Vorschläge »Das könnte dir auch gefallen« eher in einer Ernährungssekte als in einer fröhlichen Tischgesellschaft wieder.

Und das ist kein europäisches oder US-amerikanisches Phänomen, sondern ein weltweites. Auch in Südafrika gibt es geheime Dinnerclubs, in denen sich kleine verschworene Gruppen über Social-Media-Plattformen verabreden. Chinesische Foodies zeigen über ihre Expertise zu Tisch, wie kultiviert und smart sie sind. Food Litracy, also »die Fähigkeit, den Ernährungsalltag selbstbestimmt, verantwortungsbewusst und genussvoll zu bestimmen«, wie es Margareta Büning-Fesel, die Leiterin des Bundeszentrums für Ernährung, definiert, wird zum kulturellen Klassenmarker. Wer kochen kann und die Zeit hat, sich mit elaboriertem Lebensmittelkonsum zu beschäftigen, und dies in der digitalen Welt adäquat präsentieren kann, gehört zur gebildeten Klasse. Und wer ohne zu hinterfragen bei Lidl oder Aldi einkauft, Fertiggerichte konsumiert und kein Foto davon mit seinem Smartphone macht, kann nicht mehr mithalten. Die neue digitale Welt schafft nicht nur neues Wissen und neue Möglichkeiten, sondern auch neue soziale Trennlinien.

KAPITEL 2
IN DER KÜCHE

Die neuen vernetzten Küchengeräte # Wenn der Roboter kocht # Der Mixer macht Data-Mining # Die Pod-People und ihre Do-it-yourself-Machines # Künstliche kulinarische Intelligenz

Der Ehemann ist erschöpft. Und genervt. Widerwillig spült er das Geschirr. Die Kamera fährt auf sein schweißnasses Gesicht. Eine Stimme aus dem Off erklärt:»Wenn Vater spülen müsste, wäre noch heute ein Geschirrspüler von Miele im Haus.« Dann zeigt der Film den ultramodernen Vollautomaten:»Bequeme Frontalbeladung, doppeltes Breitstrahlsystem«.

Wer alte Fernsehwerbungen der 1960er-Jahre auf YouTube anschaut, blickt in eine Küche voll massiver Technik, die beim Kochen, Spülen und Kühlen hilft. In dieser »Hausfrauenwelt« stehen Qualitäten wie »solide gebaut« und »Zuverlässigkeit« ganz vorne. Den technischen Fortschritt bringt in dieser alten Werbewelt der Mann nach Hause – und zwar sobald er mit der anstrengenden Welt seiner Frau in der Küche konfrontiert ist.

Die neuen vernetzten Küchengeräte

Sechzig Jahre später sind spülende Väter in der Werbung keine Exoten mehr. Und auch die Zahl der kochenden Männer nimmt stetig zu. Noch immer bringen sie gerne technische Hilfsmittel mit nach Hause. Heute aber eher in Form von Smartphone-steuerbaren Bluetooth-Thermometern für den Steak-Abend. Die Küchen-Gadgets sind im

Vergleich zu früher feiner, kleiner, smarter und digitaler geworden. Mit einer Wachstumsrate von 23 Prozent ist dieser Teil der Elektronik im Haushalt ein vielversprechender Markt. Weltweit soll der Markt für smarte Küchengeräte laut den Analysen der englischen Beratungsfirma Technavio bis 2023 um gut 16 Milliarden US-Dollar wachsen.

In Gütersloh ist seit 1907 der Hauptsitz der Firma Miele. Hier fingen die Gründer um die Jahrhundertwende an, Milchzentrifugen und Buttermaschinen für die Landwirtschaft zu fertigen, bevor ihnen mit den ersten motorbetriebenen Waschmaschinen der Durchbruch zum Massenmarkt gelang. Heute arbeiten weltweit über 20.000 Menschen bei dem Konzern, davon 5.000 in Gütersloh. Auf zwei Stockwerken der Firmenzentrale wurde ein »Open Space« eingerichtet – ein offenes Innovationslabor. Hier arbeiten Designstrategen, UX-und UI-Developer und Manager für »Digital Solutions« mit dem Ziel, das Unternehmen transformativ zu verändern und Ideen für die digitale Zukunft zu entwickeln. UX steht für »User-Experience« und befasst sich mit den Erfahrungen, die ein Kunde über die verschiedenen Berührungspunkte mit dem Unternehmen macht. Beispiele sind die Nutzung der Smart Home App, der Kontakt mit der Service-Hotline und in anderen Unternehmensbereichen auch die Gestaltung von Webseiten und Anzeigen. UI bedeutet »User-Interface« und fokussiert die Oberflächen, wie etwa das Design der Miele-Website oder das der Miele-App.

Die meisten Mitarbeiter im Innovationslabor »Smart Home« beschäftigen sich mit den unterschiedlichsten Elementen des vernetzten Haushalts, erzählt Henrik Holkenbrink, Strategic Concepter für UI und UX bei Miele Smart Home. Sie suchen Antworten auf Fragen wie: Wie sieht der Mixer der Zukunft aus? Wie gestaltet sich die Oberfläche der App, die den Backofen steuert?

In der Abteilung arbeiten Designer, Entwickler und Data Engineers zusammen, um smarte Kameras in Küchengeräte einbauen, sodass der Ofen mithilfe von lernenden Algorithmen immer mehr Gerichte automatisch beim Einschieben der Bleche erkennt.

Man dürfe aber nicht am »Peak of Perfection« hängen bleiben, warnt Roland Napierala, Business Designer bei Miele. Bedeutet: Es dürfe bei Innovationen am Ende nicht nur um eine weitere Optimierung bereits ausgereifter Produkte gehen. Zum Beispiel den etwas verbesserten Klang einer Ofentür oder die noch gleichmäßigere Bräunung von Keksen. Das reiche nicht. Es gelte weiter zu denken, betont er, und zwar nicht mit Blick auf das technisch Machbare, sondern bezüglich Innovationen mit einem wirklichen Kundennutzen.

Sven Schneider, zuständig für strategisches Design und Innovation, ist für die Firma viel gereist und hat mit vielen Menschen darüber gesprochen, worum es ihnen in der Küche geht. Im Home-Office sitzt er vor einer riesigen Weltkarte. »Es ist egal, wo du fragst«, sagt er, »ob in den USA, Korea, Schweden oder Kanada, die Antworten sind alle ähnlich. Es geht allen um Gesundheit, Nachhaltigkeit und Convenience.« Kollege Napierala ergänzt: »Die drei Begriffe kann dir allerdings jeder nennen, aber klapp doch mal als Beispiel die Karte Gesundheit auf. Eine hochkomplexe Angelegenheit.«

Wichtig ist aus seiner Sicht – bei aller Faszination für praktische technologische Lösungen –, zu akzeptieren, dass gerade in der Küche viele verschiedene Prozesse ablaufen und diese für jeden ganz unterschiedlich funktionieren. Sein Ziel in der Innovationsentwicklung sei es daher nicht, einfache Antworten zu liefern, sondern diese Individualität und Komplexität zu akzeptieren und Lösungen dafür zu finden. Nicht alles kann man selbst erfinden. »Wir betrachten aus der Anwenderperspektive die vielen individuellen Situationen, in denen sich die Kunden rund ums Essen in Zukunft befinden.« Sein Kollege Sven Schneider ergänzt: »Aus dieser User-Experience Lösungen zu entwickeln, das ist es, was uns antreibt.« Daten sind dabei nur ein Teil des Spiels, betonen sie.

Schnell kommt man in der Smart-Kitchen-Szene auf »Moley« zu sprechen, die erste »Roboterküche der Welt«, wie das britische Start-up schon 2015 stolz verkündete. Der aus zwei Roboterarmen bestehende automatische Koch feierte damals als Prototyp auf der Hannover Messe Premiere. Moley Robotics wollte die futuristisch kochenden Roboter, die von über zwanzig Motoren angetrieben werden und über unzählige Sensoren verfügen, im Jahr 2020 für 14.000 Euro in den Handel bringen. Doch daraus wurde bislang nichts.

»Ich glaube nicht, dass da so ein Ding in der Küche stehen wird«, meint Roland Napierala. »Der Roboter wird die Zwiebel nicht schneiden.« Klar kann ein Algorithmus das beste Schneidevideo auf YouTube finden oder statt einer Zwiebel eine kleinere Schalotte vorschlagen, vielleicht sogar das richtige Messer auswählen. Aber es gäbe Dinge, die können Menschen einfach besser als Maschinen. »Du kannst mit Technologie ganz viel personalisieren und individualisieren, am Ende steht aber der Mensch in der Küche und muss eine Zwiebel schneiden, und dann ist es vorbei mit KI.«

Die koreanische Konkurrenz von Miele sieht dagegen durchaus einen Zukunftsmarkt für die Roboterkollegen in der Küche. Die Firma Samsung präsentierte die neueste Version ihres »Bot-Chef« auf der Elektronikmesse CES 2020 in Las Vegas. Die beiden weißen von der Küchenzeilendecke hängenden Roboterarme schnitten in der Showküche Feta, gossen Olivenöl in Pfannen, füllten die Kaffeekapsel-Maschine nach und wischten am Ende auch noch durch. Alles eher im Zeitlupentempo, aber mit durchaus viel Fingerspitzengefühl der jeweils drei mechanischen Roboterfinger am Ende der Arme. Die vorgestellte Zukunftsstudie wurde in Kalifornien dabei nicht als Ersatz für den Mensch in der Küche beworben, sondern als nützliche Hilfe – als sogenannter Ko-Bot, der mit dem Koch oder der Köchin zusammenarbeitet.

Der ebenfalls aus Südkorea stammende Mitspieler bei der digitalen Küchentechnik LG Electronics entwickelt für seine Roboterhelferschar im Haushalt, zu der auch ein Chef-Bot für die Küche gehört, bereits eigene KI-Chips, die mit künstlicher Intelligenz »physische und chemische Veränderungen in der Umwelt« erkennen sollen, um neben Staubsaugern und Wischgeräten auch Kochrobotern bessere Orientierung in der häuslichen Umgebung zu ermöglichen.

Dass einem kleinen Startup *die* Lösung für die Küche der Zukunft einfällt, glaubt man in der Innovationsabteilung von Miele nicht. Sie mögen die nötigen Innovationsspritzen für den smarten Haushalt der Zukunft bieten und Erfolg in einer bestimmten Nische haben, was ihnen allerdings fehle, sei der Gesamtblick. Nach den Großen der Tech-Szene gefragt, ist man in Gütersloh dagegen nachdenklicher. Wenn Amazon und Google für Kunden das Eingangstor in die digitale Welt darstellen, bestehe die Gefahr, dass Hersteller von Küchentechnik am Ende der Kette zum Lieferanten für die Datensammlung aus der Küche degradiert werden. Bei Miele setzt man deswegen auf das Qualitätsversprechen der Marke.

Gerade in der Küche wird aus Big Data schnell Long Data, also Daten, die lange Zeit gespeichert werden.

Momentan gehen viele Menschen noch eher sorglos mit ihren Daten um. Die Frage sei aber, sagt Napierala, wann sich das drehe. Seine Hypothese: Kunden denken immer mehr darüber nach, mit wem sie den Weg in die digitale Zukunft gehen wollen – auch in der Küche. Dann wird vielleicht am Ende aus »Made in Germany« »Safe in Germany« als neues digitales Qualitätsversprechen, prognostiziert er. Auch wenn andere »erst mal machen«, diese Ziele im Blick zu haben werde sich auszahlen, so Napierala.

Gerade arbeitet das Team des Innovation Lab an einer Vermarktungsplattform für regionale Bio-Lebensmittel (*freshtotable.de*). Ein Investment in die Berliner Startup-App *KptnCook* brachte die Entwickler auf die Idee. Die Koch-App des Startups von Eva Hoefer und Alex Reeg schlägt ihren Nutzern jeden Tag drei neue Rezepte inklusive Zutaten und Videoanleitung zum Nachkochen vor. 13,4 Millionen Koch-Sessions finden so, laut *KptnCook*, jeden Monat statt. Das sind rund 48.000 am Tag. Auf Wunsch übermittelt die App auch gleich die Einkaufsliste an den Supermarkt um die Ecke. Doch der hat nicht immer alles. Deshalb sei die Frage aufgetaucht: Wie bekomme ich die tollen Lebensmittel aus den Rezepten von *KptnCook* nach Hause?

Der Mixer macht Data-Mining

»Kühlschrank und Ofen waren früher einfach Boxen, die kalt oder heiß waren. Sie werden jetzt zu Computern, zu Daten-Zentren in der

Küche«, sagt Kevin Brown. Der Smart-Kitchen-Experte hält im Mai 2019 die Eröffnungsrede auf dem Global Food Innovation Summit in Mailand, der jährlich Tausende Innovator*innen aus der FoodTech-Welt in die norditalienische Metropole lockt, und präsentiert den Zuhörer*innen seine Plattform *Innit*, die er zusammen mit Eugenio Minvielle, dem vormaligen Geschäftsführer von Unilever in Nordamerika und Ex-CEO von Nestlé in Mexiko und Frankreich, gegründet hat. »Filme, Musik oder Mobilität – alles ist einfacher geworden«, stellt er in Hinblick auf neue digitale Möglichkeiten fest. Oft genüge nur noch das Drücken eines Knopfes und man komme an das gewünschte Ziel. »Doch was ist mit Essen?«, fragt er. »Da ist das nicht so einfach.« Oft muss man verschiedenste Apps öffnen, um an Rezepte zu kommen oder Zutaten zu bestellen. Hinzu kommt: »Früher rannte man durch die Gänge im Supermarkt, um Produkte mit dem richtigen Label zu finden. Jetzt gibt es Disruptoren wie Amazon oder Google, die die Handelswelt auf den Kopf stellen.« Und in der Küche? Um aus Küchengeräten Computer zu machen, reiche heute ein WiFi-Chip, der nicht mehr als fünf Dollar kostet, stellt Brown fest. »Die Frage ist, wie das alles zusammenkommt. Wie sieht das kulinarische GPS-System aus, das dich vom Einkaufen zum Kochen begleitet?« Seine Plattform soll genau das schaffen: Gerätehersteller und Händler vernetzen. Sie soll die Zusammenarbeit vom Einzelhändler über den Ofenhersteller bis zum Lebensmittelproduzenten möglich machen. »Bislang wurde viel über die smarte Küche geredet – jetzt kommt die Zeit, in der alles zusammenwächst«, gibt er sich am Ende seiner Rede hoffnungsfroh. Grundig, Google, Electrolux, Walmart und Phillips sind nur einige seiner Partner, die er stolz auf einer seiner letzten Präsentationsfolien zeigt.

Einer dieser neuen Küchencomputer, die Kevin Brown aufgrund ihrer Ausgereiftheit einiges an Respekt abverlangen, wurde in Deutschland hergestellt. Genauer gesagt in Laaken, einer kleinen Siedlung im Osten von Wuppertal. Hier wurde in den 1970er-Jahren von der Firma Vorwerk der erste Vorläufer des Thermomix hergestellt, damals noch Heizmixer genannt. Zu den scharfen Messern, einem starken Motor und dem Heizelement kamen in den Neunzigern eine integrierte Waage sowie Temperatursensoren hinzu. Seit 2014 können Kunden das Gerät per Touchscreen steuern. Das neueste Modell ist der TM6.

Neben Mixen, Rühren, Zerkleinern und Kochen beherrscht die aktuelle Version auch automatisches Fermentieren, Sous-vide- oder Dampfgaren und zwölf weitere Kochtechniken. Auch wenn das Gerät bislang keine Arme hat, wird der Themomix in einigen Onlineshops schon als »Küchenroboter« verkauft. Wenn man dem TM6 unter die Motorhaube schaut, versteht man, warum Experten wie Kevin Brown von neuen »Daten-Zentren« in der Küche sprechen.

Das Gerät verfügt über einen 16 Gigabyte großen Flashspeicher, so viel wie ein kleines iPhone besitzt, und einen 1 GB großen Arbeitsspeicher. Zum Vergleich: Die beliebten ALDI-Computer Ende der Neunziger hatten nur ein Viertel dieses Speicherplatzes und weder WLAN- noch Bluetooth-Empfänger, die man heute serienmäßig in dem Küchenmixer findet. Ganz zu schweigen von einem der modernen Vierkern-Prozessoren, die heute im Herzen eines Thermomix den Takt angeben. Wozu braucht ein Küchenmixer diese digitale Ausstattung?

»Thermomix macht dein Leben leichter und passt sich deinen Bedürfnissen an«, verspricht der Hersteller vollmundig. Dazu gehören 40.000 Rezepte, die per Werkseinstellung mit dabei sind. Für die Verwaltung und Planung von Frühstück, Mittag- und Abendessen existiert die App *Cookidoo 2.0*, die wie ein eigenes »Betriebssystem« für den Thermomix funktioniert. Sie zeichnet sämtliche Kochvorgänge und gekochten Gerichte auf. Mit ihr kann man die nächsten Wochen planen oder frühere Leibspeisen abrufen. Aus den Rezepten bastelt die App am Ende automatisch Einkaufslisten zum Abhaken. Sie zeigt auch an, welche Lebensmittel aus vorherigen Kochvorgängen noch in der Speisekammer vorhanden sein müssten.

Für Vorwerk hat es sich gerechnet, dass sie auf die digitale Revolution in der Küche gesetzt haben. Die Umsätze mit dem Küchencomputer haben sich seit Erscheinen des Vorgängers TM5 verdoppelt. 2019 erlöst Vorwerk mit dem Gerät 1,375 Milliarden Euro. Verkauft wird es derzeit in 14 Ländern. Zuletzt kamen China und die USA hinzu. Während in Deutschland der Absatz rückläufig ist, gelten Asien und besonders China als neuer Wachstumsmarkt. Im Juni 2019 wurde bekannt, dass die Produktion von Motoren und Messern noch am Wupperufer verbleibt, ein Großteil der Produktion aber ab 2020 nach Shanghai verlegt wird.

In China arbeitet das IoT-Start-up TecPal in Hongkong seit 2016 allerdings bereits an einer eigenen Version eines smarten Heizmixers. 2018 eröffnete man in Shenzhen eine Dependance auf dem chinesischen Festland. Ein Jahr später zeigte man das fertige Gerät *Cooking Pal* auf der weltweit größten Fachmesse für Unterhaltungselektronik, der CES in Las Vegas. 2020 gewann die neueste Version, vorgestellt als zentraler digitaler Knotenpunkt in der Küche, den »Innovation Award« der Messe in der Kategorie »Smart Home«. Eine rasante Entwicklung für Julia, so der Name der digitalen Assistentin im Inneren des Mixers von TecPal.

Zum chinesischen Modell, das dem deutschen Thermomix durchaus ähnlich sieht, gehört ein Tablet mit einem 22 Zentimeter großen Bildschirm. Auf ihm kann man nicht nur passende Zubereitungsvideos anschauen und die Zutatenliste einsehen. Das Gerät lässt sich auch während des Kochens herumtragen und beim Putzen oder Fernsehen steuern. Die eingebaute Kamera ermöglicht, das Gekochte beim Essen Instagram-würdig einzufangen. Aus Fotos von gerade herumliegenden Zutaten entwickelt *Cooking Pal Julia* dann per KI-Erkennung Vorschläge für passende Gerichte. Im Gegensatz zu *Cookidoo* kennt Julia momentan nur 500 Rezepte. Das Gerät hat allerdings Anbindung zum Amazon-Universum und kann per Sprache über Alexa oder den Google-Assistenten gesteuert und nach mehr Rezepten befragt werden. Anstatt wie bei der App des Thermomix nur abhakbare Einkaufslisten der Zutaten zusammenzustellen, verspricht das intelligente Kochsystem aus China die Lebensmittelbestellung gleich mit abzuwickeln. Das Gerät soll demnächst auf den Markt kommen und 450 Euro billiger sein als die deutsche Konkurrenz.

Auch bei Vorwerk hat man sich weiterentwickelt und Ende 2019 eine Kooperation mit Drop, einem Start-up aus Irland, bekannt gegeben, das wie eine Art Windows für die smarte Küche funktionieren soll. Über das gleichnamige Programm sollen sich nicht nur Backofen und Thermomix verstehen können, sondern auch das Einkaufen von Lebensmitteln möglich werden. Millionen von Thermomix-Geräten weltweit können so zu neuen Bestellterminals direkt in der häuslichen Küche werden. Firmen wie Bosch, Kenwood oder Electrolux sind ebenfalls Partner von Drop. Das Rennen um die Vorherrschaft des führenden digitalen Betriebssystems für die Küche der Zukunft ist eröffnet.

Diese Entwicklung weckt natürlich auch das Interesse von Händlern wie Amazon. »Alexa, taue das Gemüse auf« oder »Alexa, mach einen Becher Milch warm« sind Sprachbefehle, die vom *Amazon Basics Smart Oven* seit 2018 verstanden werden. Die nur 60 Dollar teure und 700 Watt starke Mikrowelle von Amazon hat serienmäßig den hauseigenen Sprachassistenten Alexa eingebaut, funktioniert ansonsten genauso wie ein normaler Mikrowellenherd. Einen Unterschied gibt es allerdings: Der Algorithmus überwacht auf Wunsch zum Beispiel die Zahl der verpoppten Popcorntüten und ordert sie automatisch über Amazon nach. Kunden, die das »Auto Popcorn Replenishment« nutzen, bekommen zehn Prozent Rabatt auf die gelieferten Maiskörner.

Auch an June, dem Startup des ehemaligen Apple-Ingenieurs Nikhil Bhogal, hat sich Amazon als Investor beteiligt. Der sprachgesteuerte Ofen für den Küchencounter ist etwas größer als eine Mikrowelle und verfügt im Inneren über eine Kamera, die Temperaturen von über 250 Grad aushalten kann. Damit kann man über das Smartphone dem Backhendl beim Bräunen zuschauen. Mithilfe der Kamera und künstlicher Intelligenz erkennt der Ofen auch automatisch eingeschobene Lebensmittel, zählt und überwacht die Kochvorgänge. Kunden des Lebensmittelhändlers Whole Foods, der ebenfalls Teil des Amazon-Imperiums ist, brauchen seit Oktober 2018 nicht mehr auf die Pizzapackung schauen. June erkennt die Pizza der Eigenmarke automatisch und weiß genau, welche Zubereitungszeit und Temperatur dafür perfekt ist. Diese neuen digitalen Allianzen zwischen Fertiggerichten und smarten Küchengeräten finden sich immer häufiger auf dem Markt. Zwei weitere Beispiele für diese Art von Systemlösungen bieten die Startups Suvie und Tovala. *Tovalas Smart Oven* ist ein Gerät, das ebenfalls auf der Küchentheke Platz hat und Teil eines »Mahlzeitenservice für wahnsinnig beschäftigte Menschen« ist, so das Werbeversprechen des Startups. Mehrmals die Woche bekommen die Tovala-Ofenbesitzer frisches Essen auf Rädern zum Fertigkochen nach Hause geschickt. Nach dem Scannen des QR-Codes auf den beigelegten Rezeptkarten startet der Ofen das passende Programm. Die Gerichte aus dem Tovala-Universum sind »frisch, international und aus echten Zutaten« – verspricht die Startup-eigene »Food-Philosophy«. Gerichte wie »Limonenkräuter-Risotto« oder »Gebratener Lachs aus der Chesapeake-Bucht mit Remouladensauce & Fingerling-Kartoffeln« stehen auf der Speisekarte. Kunden können sich direkt für ein Abo mit drei, vier, sechs oder mehr Gerichten pro Woche entscheiden. Beworben werden die Plan-Mahlzeiten mit der Aussicht auf »mehr Zeit, um mit deinem Hund spazieren zu gehen, die Kalorien wieder auszuschwitzen oder endlich Gitarre spielen zu lernen«. Dinge, die »wahnsinnig beschäftigte Menschen« eben so machen.

Die heute bereits in der Smart-Home-Ecke von Haushaltsgeschäften und Elektronikmärkten häufiger zu findenden Pfannen, Kochplatten oder Backöfen, die mit Apps steuerbar sind, schauen gegen solche Systemlösungen eher alt aus. Der Schlüssel zum Erfolg scheint für viele tatsächlich nicht mehr im Gerät selbst und dessen smarter Steuerung zu liegen, sondern in der Verbindung mit einem Zusatznutzen wie Einkaufen, Lieferung, Rezeptdatenbank oder Gesundheitsservices.

Das trieb zuweilen seltsame Blüten, wie vor acht Jahren im Gesundheitsbereich zum Beispiel *Hapifork*: Die »intelligente Gabel« zählte jeden Bissen und die Geschwindigkeit, mit der die Mahlzeiten verzehrt werden. Das bei zu schnellem Genuss vibrierende Essgerät mit Bluetooth-Funktion war Teil einer Produktfamilie der Firma Hapilabs, die aus Gabel, Waage und Armband zur smarten Gesundheitsüberwachung bestand. Auch *SmartPlate,* eine Mischung aus dreiteiligem Tellerset, Waage und Mahlzeitenerkennung per KI-Kamera, versucht sich an dieser neuen Art des digitalen Weight-Watchings. Das überwachende Essgeschirr ist allerdings noch nicht auf dem Markt. Die *Hapifork* dagegen schon fast wieder verschwunden. *Chip.de* verlieh ihr bereits 2016 einen Platz auf der Liste der »Dinge, die die Welt nicht braucht«. Die meisten Hersteller von vernetzter Küchentechnik versprechen überwiegend Vereinfachung der Zubereitung und Inspiration beim Kochen durch Zusatzangebote wie Rezept-Datenbanken.

Die Firma BSH Hausgeräte will ihren Kunden in der Küche zukünftig eine digitale Koch-Community an die Seite stellen. Das 1967 als Joint Venture von Robert Bosch und Siemens gegründete Unternehmen ist heute eine hundertprozentige Tochter der Bosch-Unternehmensgruppe mit Sitz in München. In vierzig Fabriken in Amerika, Asien und Europa werden Herde, Waschmaschinen oder Kühlschränke für Marken wie Bosch, Siemens oder Gaggenau hergestellt. Damit der smarte Gerätepark im Haushalt untereinander und mit einer App kommunizieren kann, wurde eine eigene digitale Plattform entwickelt. »Mit *Home Connect* können Sie jetzt Ihr Lieblingsrezept direkt von der App auf Ihren Backofen übertragen. Ihr Ofen wird seine Einstellungen entsprechend anpassen, sodass Sie sofort mit dem Kochen beginnen können.«

Um Kunden im *Home-Connect*-Kosmos beständig mit neuen Rezepten und praktischen Kochtipps zu versorgen, beteiligte sich die Bosch-Tochter Ende 2017 mit 65 Prozent bei dem Berliner Startup *Kitchen Stories.* Ursprünglich wollten die beiden jungen Gründerinnen Verena Hubertz und Mengting Gao ein eigenes Restaurant eröffnen, bevor sie auf die Idee einer neuen Koch-App kamen. Die App liefert nicht nur Rezepte, sondern Schritt-für-Schritt-Koch-Anleitungen, kurze Videos, die etwa auch erklären, wie Salat gewaschen oder Rosenkohl am besten geputzt wird. In den Filmen finden sich keine Intros, Abspänne oder weiß behütete Fernsehköche, die aufwendig in der Küche hantieren. Stattdessen sieht man in kurzen Videos Hände aus der

Vogelperspektive, die auf dem Küchenbrett schnibbeln, rühren oder kneten. Diese Art der Inhalte wurde anfangs gern belächelt. Warum so kurz? Wer schaut so was? Die Tatsache, dass heute die Weitergabe selbst rudimentärer Kochfertigkeiten innerhalb von Familien nicht mehr so wie früher funktioniert und die Zubereitung von Mahlzeiten oder die Kenntnis von Lebensmitteln weder in der Familie noch in der Schule vermittelt werden, Kochen als Alltagsbeschäftigung aber wieder an Popularität gewinnt, hat dazu geführt, dass Videos der Sorte »How to cook ...« und andere zu den Top-10-Suchbegriffen auf YouTube gehören. Die mit 107 Jahren älteste YouTuberin der Welt war eine indische Dorfköchin namens Mastanamma, die ihr Wissen mithilfe eines filmenden Enkels weitergab. Ihr »How to ...«-Video eines in der Wassermelone gegarten Hühnchens erreichte über 15 Millionen Aufrufe. Wer wie eine Million anderer Nutzer dem Kanal *Kdeb Cooking* folgt, kann einem thailändischen Kind dabei zuschauen, wie es in ländlicher Umgebung Entenherzen, knusprige Okra-Schoten oder Shrimps authentisch im Wok zubereitet. Google, zu dem die Videoplattform seit 2006 gehört, fand heraus, dass fast die Hälfte aller Erwachsenen heute Kochvideos auf YouTube schaut. Bei Jüngeren zwischen 18 bis 34 Jahren lag der Anteil im Vergleich sogar um 30 Prozent höher. Der smarte Videobildschirm gehört als «lebendiges« Kochbuch in vielen Küchen bereits zur Ausstattung. Mit zunehmender Smartphone-Nutzung und Küchengeräten, die mit immer mehr Bildschirmen und App-Anbindungen vernetzt sind, steigt die Nachfrage nach solchen Inhalten stetig.

Was vielen Herstellern von Öfen und Kühlschränken heute allerdings fehlt, sind hochwertige eigene Inhalte. Kochplattformen wie *Chefkoch.de* und der kulinarische Teil von YouTube mögen Millionen von Rezepten bieten, doch sind sie auch gut? Funktionieren sie auch in meinem Ofen? Und wie beginne ich, wenn ich vorher noch nie eine Sellerieknolle in der Hand hatte?

Das zuvor erwähnte Startup *Kitchen Stories* löst dieses Problem praktisch und schnell verständlich in Zeiten von immer geringer werdenden Aufmerksamkeitsspannen. Selbst Apple-Chef Tim Cook begeistert der Erfolg der Software aus Kreuzberg, die auch im App-Store zu finden ist. Bei seiner Europatour 2017 stand Cook freudestrahlend in der Berliner Küche von *Kitchen Stories* und lernte das Pfannkuchenwenden.

Mehr als 16 Millionen Mal wurde die Koch-App von *Kitchen Stories* nach Unternehmensangaben auf der ganzen Welt bereits heruntergeladen. 35 Prozent der Downloads, etwa 5,5 Millionen, kamen dabei aus China, verrieten die Gründerinnen dem Portal *Gründerszene*. Dort stieg beim Corona-Lockdown Anfang 2020 die Nutzung von Koch-Apps deutlich an. »Die Menschen kochen mehr denn je«, stellte Verena Hubertz im Corona-Fragebogen der *Gründerszene* im Juli 2020 fest. »Seit Februar dieses Jahres haben wir mehr als eine Million monatliche User organisch hinzugewonnen. Mittlerweile nutzen mehr als vier Millionen Menschen pro Monat aktiv unsere Koch-Plattform über die Webseite und unsere App.« Kooperationen mit anderen Firmen wollen sie weiter ausbauen. »Kochen ist für die Digitalisierung sehr gut geeignet, weil es ein alltagsrelevantes sowie sehr emotionales und positives Thema ist«, sagt Hubertz. Es scheint, als seien sie weltweit zunehmend auf Erfolgskurs.

Die Pod-People und ihre Do-it-yourself-Machines

Das Werkeln in der Küche, das Ausprobieren von Rezepten, inspiriert von einer weltweit vernetzten Koch-Community, hat Konjunktur. Dazu gehören neben dem klassischen Braten und Kochen auch immer mehr Do-it-yourself-Techniken wie Brotbacken, Bierbrauen oder der eigene Gemüseanbau im Minigewächshaus. Das Digitale ermöglicht dabei immer mehr Präzision und eine automatische Fernsteuerung, die Anwendung von Techniken in der häuslichen Küche möglich macht, die vorher der Lebensmittelindustrie, Profiköchen, dem spezialisierten Handwerk oder dem Profigärtner im Gewächshaus vorbehalten waren.

Eine dieser Techniken, die man noch vor wenigen Jahren nur in der gehobenen Gastronomie sehen konnte, ist das Garen von Gemüse oder Fleisch bei niedrigen Temperaturen im Wasserbad, eingeschweißt in einen Beutel. 2014 riefen die Gründer Stephen Svajian, Jeff Wu und Natalie Vaughn Foodies dazu auf, sie bei ihrer Idee eines neuen Präzisionskochers auf der Crowdfunding-Plattform *Kickstarter* zu unterstützen. Ihr Ziel war es, mithilfe von Technologie jedem diese Art der Zubereitung mit einfachsten Mitteln möglich zu machen. Der Name ihres Start-ups: *Anova*. Heraus kam ein mit Heizfunktion und Pumpe ausgestattetes, stabähnliches Gerät, das wie ein Tauchsieder in ein Wasserbad gehängt wird. Dort sorgt es dann für konstante Temperatur über viele Stunden oder Tage. Zum Konzept gehörte von Anfang an die Vernetzung des Gerätes mit einer Smartphone-App. Ambitionierte Hobbyköche können so den Kochvorgang, der bei diesen niedrigen Temperaturen oft sehr lange dauern kann, aus der Ferne starten, steuern und timen. Alles, was dazu notwendig ist: ein Smartphone und eine Internetverbindung. Wie bei vielen Apps können Nutzer ihre Sous-vide-Rezepte teilen oder sich von anderen inspirieren lassen. Gründer Stephen Svajian bezeichnet diese Art zu kochen als »Cloud Cooking«. Die *Anova*-Algorithmen registrierten bislang über 100 Millionen Kochvorgänge von Nutzern des Geräts. Der smarte Heizstab entwickelte sich zum Bestseller, und die Gründer verkauften ihr Startup Anfang 2017 für 250 Millionen Dollar an den schwedischen Küchengerätehersteller Electrolux.

Nicht nur neue ausgefeilte Kochtechniken der Sterneküche, sondern auch komplexe Fermentationstechniken können dank digitaler Steuerung in die Küche einziehen. Der Deutschen liebste Fermentationstechnik, das Brauen von Bier, gehört ebenfalls dazu.

Auf der Internationalen Funkausstellung 2019 in Berlin stellten die Koreaner von LG Electronics ihre Zukunftsvision des Bierbrauens für zu Hause vor. Mit dem »HomeBrew«-System sollen alle Schritte möglich werden, angefangen bei der Fermentation des Gerstenmalzes über die Kohlensäurebildung bis hin zur Reifung des Bieres in kompakter Form auf dem Küchenschrank. Temperatur, Zeit und Druck werden dabei durch den »LG-Algorithmus« kontrolliert und gesteuert. Das System, das am Ende des Brauvorgangs fünf Liter Bier zum Zapfen produziert, ist seit Sommer 2020 erhältlich und kostet 1.660 US-Dollar.

Ein ähnlicher Brauautomat ist schon mehrere Jahre am Markt: Der *Picobrew*, entwickelt von dem Startup des Ex-Vizepräsidenten von Microsoft, Bill Mitchell, hat das Format eines kleinen Backofens. Aus der Seite ragen zwei Schläuche, die mit einem kleinen Fass neben dem Hauptgerät verbunden sind. Um mit dem Bierbrauen zu starten, muss man den *Pico*, ähnlich wie das geplante LG-Electronics-Gerät, mit Startersets füttern, ganz so, wie man es von den Kapseln einer Espressomaschine kennt – nur größer. Die Packs enthalten vorgefertigte Mischungen aus Biermalz und Hopfen, die jeweils mit einem RFID-Chip auf der Oberseite versehen sind. Den Chip nutzt die Maschine, um das passende Braurezept aus dem *PicoBrew*-Katalog herunterzuladen und die richtigen Schritte des Brauvorgangs einzuleiten. Ein paar Tage später kann nach Hefezugabe und Reifung bereits das fertige Bier getrunken werden. Wer eigene Bierstile kreieren will, sein Bier etwas bitterer, dunkler oder anders gehopft haben möchte, kann sich auf der Homepage des Startups von Bill Mitchell eigene Starterpacks mit einfachen Reglern konfigurieren. Zum System gehört, wie bei vielen neuen Küchengeräten, eine Online-Community-Plattform, auf der sich die Heimbrauer vernetzen und Rezepturen austauschen können. An die 20.000 Hektoliter braute die *Pico*-Community bis jetzt. Das ist immerhin so viel, wie eine kleine deutsche Brauerei pro Jahr herstellt.

Systeme wie *Pico* und vergleichbare Produkte wie der *BeerDroid* oder *Brewbot* muten an wie digitale Enkel der in den Neunzigern aufgekommenen Brotbackautomaten. Neben Bier mischen diese vernetzten Geräte heute auch Drinks oder Smoothies aus fertig gelieferten Zutaten. Neu ist, dass die Hersteller ihre Geräte direkt mit einem Online-Lieferabo verknüpfen und die Kunden damit in ein praktisches, aber auch abhängig machendes System bringen. Beobachter der Szene sprechen bereits von »Pod People« in der Küche, also Menschen, die nur noch Nachfülldosen für ihre Geräte bestellen. Im Fall von *PicoBrew* begann im April 2020 das Zittern vieler Kunden mit der Ankündigung der Insolvenz der Firma und dem Verkauf an einen neuen Inhaber. Wer sorgt jetzt für die nächsten Updates von App und Gerät? Wird die digitale Plattform weitergeführt? Was stelle ich mit einem Gerät an, für das ich in Zukunft vielleicht keine Kapseln mehr bekomme?

Wie groß und begeisternd der Traum vom eigenen Butler in der Küche sein kann, zeigt das Beispiel einer Kaffeemaschine, die sich 2015 in Facebook-Anzeigen als »*Orenda* – your personal Barista« präsentiert. Das glänzend-silberne Gerät versprach, ein voll programmierbarer Teil des IoT (Internet der Dinge) zu sein, eine eigene App für verschiedene Rezepte direkt vom Kaffeeröster zu besitzen sowie eine eingebaute Kaffeemühle. Mit jeweils 424 US-Dollar sollten Interessenten das Projekt damals auf der Crowdfunding-Plattform *Kickstarter* unterstützen, um am Ende eine der fertigen Maschinen ihr Eigen nennen zu können.

Das machte der Programmierer Peter Naulls und erhielt nach endlosen Verschiebungen des Produktionsstarts und Verzögerungen bei der Auslieferung schließlich ein Gerät, aus dem nach Inbetriebnahme ein halber Becher unappetitlicher, brauner und lauwarmer Brühe tropfte. Die zum Gerät gehörige App stellte sich als praktisch unbrauchbar heraus, obwohl sie zur Steuerung des Gerätes notwendig war – einen An- und Ausschalter am Gerät gab es nicht. Nutzer eines Android-Smartphones konnten noch nicht einmal lauwarmen Kaffee produzieren. Für ihr Betriebssystem funktionierte die App und damit die gesamte Kaffeemaschine nicht.

Naulls berichtet auf seinem Blog von der abenteuerlichen Geschichte, die dann folgte. Nachdem Reklamation und Rücksendungen fehlschlugen, begann Peter Naulls das Gerät schließlich aufzuschrauben und Kabel, Pumpen und Computerchip-Wirrwarr zu begutachten. Als Programmierer konnte er auf zwanzig Jahre Erfahrung in Sachen Firmware zurückgreifen. Am Ende gelang es ihm durch Anzapfen und Hacking des fehlerhaften Betriebssystems, immerhin heißes Wasser von der Maschine produzieren zu lassen. Es schmecke allerdings nach Gummi. Die von ihm offengelegte und überarbeitete Software stellte er anschließend in ein Onlineforum zum freien Download.

Am Ende fand Naulls heraus, dass nicht nur die Likes auf der Facebook-Seite des Startups offensichtlich gekauft waren und negative Bewertungen bewusst verborgen wurden, sondern dass auch die gesamte Gründergeschichte hinter dem vielversprechenden Projekt mehr als fadenscheinig war. Schlussendlich begrub er seine Hoffnungen vom digitalen Barista in seiner Küche und kaufte sich eine Kaffeemaschine ohne WLAN im nächstgelegenen Supermarkt. »Ja, sie kann eine Sauerei machen, wenn man den Deckel nicht richtig aufgesetzt hat«, schreibt er, »aber sie macht extrem schnell Kaffee. Und habe ich erwähnt, dass sie 20 Dollar gekostet hat?«

Dieses Beispiel mag extrem sein, aber es zeigt, dass zur Hausarbeit der Zukunft auch das Aufräumen und Pflegen »des Digitalen« gehören könnten. Habe ich schon das neue Update für den Backofen heruntergeladen? Ist der Küchenmixer richtig mit meiner Liefer-App verbunden? Das sind mögliche Fragen, die das »digitale housekeeping« der Zukunft beantworten muss. Wir sollten also wachsam sein, um später nicht vor unliebsamen Herausforderungen durch digitale Störungen zu stehen, die den Spaß am Kochen, Brühen oder Brauen vermiesen.

Künstliche kulinarische Intelligenz

Es ist eine riesige Zahl: 6,1 Millionen Tonnen Lebensmittel landen jedes Jahr aus deutschen Küchen im Mülleimer. Pro Kopf sind es rund 75 Kilogramm, fanden die Forscher am Thünen-Institut Ende 2019 im Auftrag des Bundesernährungsministeriums heraus.

Mit einer groß angelegten Kampagne »Zu gut für die Tonne« versucht Ernährungsministerin Julia Klöckner daher, die Bürger zu »leckeren Restegerichten« aus übrig gebliebenen Lebensmitteln zu inspirieren, unter anderem mit einer »Beste Reste-App« fürs Smartphone, die mit Klassikern wie »Arme Ritter« und »neuen Kreationen und pfiffigen Beilagen aus wenigen Zutaten« aufwartet. 661 Rezepte finden sich in der App, unter anderem von prominenten Kochpaten wie Sarah Wiener, Johann Lafer oder dem Schauspieler Daniel Brühl.

Doch was tun mit einem halben Brokkoli und einer Pastinake, die noch im dunklen Kühlschrank vor sich hin dämmern? Die Reste-App der Ministerin bietet für dieses Problem genau 0 Rezeptvorschläge. Bei der Eingabe von übrig gebliebenen Bohnen gelangt man immerhin zu einem Rezept von Sternekoch Harald Wohlfahrt. Eine »Gemüseterrine mit Ziegenquark und Pesto« schlägt er vor. Dazu benötigt man neben den 150 g Bohnen 15 weitere Zutaten, darunter »5 EL Creme Double«, Mangoldblätter und »150 g Spargel«. Das ist keine Lösung der akuten Restelage in der Küche.

Für die lernenden Algorithmen, die ein junges Team rund um den dänischen Gründer Michael Haase in Kopenhagen entwickelt, wäre diese Situation dagegen ein gefundenes Fressen. Haase und sein Team haben mit ihrer App *Plantjammer* das Prinzip eines Kochbuchs quasi auf den Kopf gestellt. Nach der Eingabe übrig gebliebener Zutaten schlägt die App zunächst mehrere Basisrezepte vor. Die künstliche kulinarische Intelligenz aus Dänemark macht anschließend Vorschläge, wie man die vorhandene Gemüsekombination interessanter machen kann. Soll es knuspriger, würziger oder süßer werden? Erst nachdem die Vorlieben und Wünsche eingegeben sind, generiert der Algorithmus das passende Rezept aus der individuellen Kombination, inklusive aller nötigen Zutaten, der passenden Kochanleitung und einer Einkaufsliste. Alles jederzeit frei modulier- und anpassbar. Wer mit der finalen Einkaufsliste in den Supermarkt geht, um noch ergänzende Zutaten zu kaufen, bekommt von der App Sonderangebote von bald ablaufenden Lebensmitteln angezeigt. Um all das zu können, wurden die Algorithmen mit zahllosen Aromaprofilen von Zutaten, Rezepten und passenden Geschmackskombinationen trainiert. Das Ziel von Haase ist es, zu einem nachhaltigeren Lebensstil zu inspirieren. Dass dabei Ressourcen gespart und Lebensmittelabfälle reduziert werden, sind erfreuliche Mitnahmeeffekte. Seit 2018 ist der deutsche Küchenhersteller Miele an diesem Startup beteiligt.

Von künstlicher Intelligenz generierte Rezeptvorschläge aus bereits vorhandenen Zutaten macht auch die App *Wellio*. Als Basis dienen ihr dabei nicht nur Vorlieben und Gesundheitsziele der Nutzer, sondern gleich die gesamte Vorratskammer, die von der App digital mit Check-ins und Check-outs von gekauften oder gegessenen Lebensmitteln geführt wird. *Wellio* ist darüber hinaus direkt an einen Lieferservice angeschlossen, der – wenn etwas fehlen sollte – in zwei Stunden die entsprechenden Zutaten liefert. Wer danach Hilfe beim Zubereiten der Speisen braucht, findet in der App ein Assistenzsystem, das mit nützlichen Tipps und Videos weiterhilft. »Unsere Mission ist die Decodierung, wie Mahlzeiten zu Hause zubereitet und genossen werden«, heißt es auf der Webseite des Startups von Gründer Tjarko Leifer, der vor der Gründung von *Wellio* die globale Strategie der Monsanto-Tochter »The Climate Cooperation« verantwortete. 2018 schluckte der drittgrößte Lebensmittelhersteller der USA Kraft Heinz die *Wellio*-App und integrierte das Team anschließend in den eigenen Digital Hub in San Francisco.

Genau zu wissen, was in den Schränken der Kunden lagert – ob gekühlt oder nicht –, wird besonders für Küchengerätehersteller immer interessanter. Das gilt insbesondere, wenn sich diese private Lagerhaltung mit dem Online-Lebensmittelhandel und den Geräten zur Zubereitung verknüpfen lässt. *Chefling* ist ein weiterer digitaler Küchenassistent aus dem Silicon Valley, der Lebensmittelvorräte verwaltet und personalisierte Rezeptvorschläge liefert und seit 2019 zu einem Drittel der Bosch-Tochter BSH-Hausgeräte gehört.

Die Kühlschränke der Zukunft sind auf diese neue Welt und entsprechende Datenströme bereits bestens vorbereitet. Der Hersteller Whirlpool meldete schon 2018 ein Patent für ein »System zur Erkennung und Analyse von Interaktionen« in Kühlschränken an. Auf den zum Antrag gehörenden Skizzen sind Kameras zu sehen, die automatisch erkennen, welche Lebensmittel in den Kühlschrank gelegt oder entnommen werden. Auf der Elektronikmesse CES 2020 in Las Vegas präsentierte Samsung die neueste Generation ihres *Family Hubs*: einen Kühlschrank, ausgestattet mit großem Touchscreen und Kameras im Inneren, die mithilfe von KI Lebensmittel erkennen und »verbesserte, durchdachtere Essensplanung und Rezeptvorschläge« machen sollen, »die auf persönliche Vorlieben zugeschnitten sind«. Dabei soll die gesamte Planung der Mahlzeiten vom Supermarkt bis zur häuslichen Küche dank Samsung rationalisiert werden. Um die Lieferungen zu koordinieren und Mahlzeiten zu planen, bieten Samsung-Kühlschränke eine Anbindung an Googles Kalenderfunktion. 2015 gelang es den Cybersecurity-Experten Pen Test Partners, einen Vorgänger des *Family Hubs*, den *RF28HMELBSR Smart Fridge*, zu hacken und so an die Log-in-Daten der Google-Konten zu kommen. Samsung musste zähneknirschend bei der Datensicherheit nachbessern.

Um aus seinen Kühlschränken Einkaufszentren in der Küche zu machen, sucht Samsung den Austausch mit etablierten Firmen, aber auch mit Startups. 2016 verkündete der Konzern eine Partnerschaft mit Nestlé. 2019 kaufte man das Startup *Whisk* des 32-jährigen Gründers Nick Holzherr aus Birmingham. Seine App *Whisk* kann aus Rezepten praktisch jeder beliebigen Webseite automatisch Einkaufslisten generieren und diese inklusive der passenden Kochanleitungen speichern. Der Algorithmus von *Whisk* kennt Zutaten, ihre Verfallsdaten und auch die Verbindung zum passenden Händler, der die Zutaten liefern könnte. Mit Kooperationspartnern wie Mondelez, Kellog's, Unilever, AmazonFresh, Tesco und Walmart sieht sich *Whisk* inzwischen als Knotenpunkt der größten Player im Lebensmittelökosystem. »Wir arbeiten mit den weltweit führenden Marken, Lebensmitteleinzelhändlern, Verlagen, Gesundheitsunternehmen und Geräteherstellern zusammen, um alle Berührungspunkte der Reise entlang der Lebensmittelkette zu verbinden und so Erlebnisse zu schaffen, die für alle ansprechender, einfacher und besser sind«, verkündet man interessierten Businesskunden. Partner der App profitieren von angeblich 500 Millionen »Food-Interactions« pro Monat, 16 Millionen am Tag.

Das kann die digitale Küche in Zukunft:

Smarte Küchengeräte verfügen über immer mehr Rechenpower, Speicher und Sensoren. Sie können so präziser, individueller und mit größerem Rezeptwissen als digitalisierte Helfer in der Küche agieren.

Produktionsmethoden, die vorher großen Industrieanlagen, dem Lebensmittelhandwerk oder professionellen Gärtnereien vorbehalten waren, ziehen durch digitale Präzisionssteuerung in die Haushaltsküche ein.

Küchengeräte werden zu neuen Datenzentren im Haushalt, die jede Zutat, jedes Rezept, jeden Zubereitungs- oder Kochvorgang registrieren, verarbeiten und abspeichern.

Zur Steuerung, Vernetzung und Kontrolle von Geräten und Speisekammer entstehen neue Betriebssysteme.

Küchengeräte werden durch die umfassende Vernetzung zu neuen Einflugschneisen des Lebensmittelhandels direkt in die Küche.

Wenn man den Referenten und Teilnehmern der Podiumsdiskussionen auf Konferenzen wie der Seed & Chips in Mailand lauscht, gehört die Zukunft der Küche eindeutig den digitalen Geräten, die sich mit einem Lieferdienst verbinden. Wer es schafft, die Unterstützung bei der Arbeit in der Küche mit der Unterstützung beim Einkaufen und der Lieferung zu verbinden, wird der Gewinner in diesem neuen digitalen Markt sein. Dies mag für Lebensmitteleinzelhändler und Marken verlockend klingen, da sie über Millionen neuer, vernetzter Geräte einen direkten Zugang in die Küchen ihrer Kunden bekommen.

Die Frage ist allerdings, ob die neuen Betriebssysteme für die Küche den Supermarkt von nebenan, den regionalen Joghurt-Hersteller oder bäuerlichen Direktvermarkter noch mitspielen lassen. Die Marktmacht, die bereits existierende Betriebssysteme wie Windows oder Apple mit seinem App-Store ausüben, wird von den Kartellbehörden immer wieder beklagt und auf eine Klage hin geprüft. Händlern wie Amazon wird inzwischen vorgeworfen, neben Produkten, die auf ihrer Plattform angeboten werden, in dem Moment, in dem eine erhöhte Nachfrage besteht, ein vergleichbares Produkt der Eigenmarke AmazonBasics anzubieten und so den ursprünglichen Anbieter zu verdrängen.

Die Küche der Zukunft könnte der nächste Ort sein, in der ungeahnte Oligopole oder gar Monopole entstehen. »Küchen werden in Zukunft mehr über uns wissen als unser Partner oder wir selbst«, ließ Zalmi Duchman, der Gründer des Sous-vide-Garers *CookMellow,* die Zuhörer auf der Seed & Chips wissen. Die Frage ist, ob wir das wollen und was diese Entwicklung für unsere Freiheit in der Küche bedeutet.

Wer meint, dass diese Zukunft noch in weiter Ferne liegt, sollte einen Blick auf die Gefriertüten von Toppits werfen. Seit 2018 finden sich dort kleine Smartphone-Piktogramme und daneben ein individueller Code für jede Tüte. Noch werden diese nicht automatisch in die zugehörige *Foodsaver*-App des Folienherstellers eingepflegt, das muss jeder Kunde noch händisch tun. Mit dem Smartphone kann man so sein Gefrierfach verwalten und kontrollieren. Auf Wunsch erinnert einen die App daran, Eingefrorenes zu genießen, bevor es schlecht wird. Die Informationen über eingefrorene und registrierte Erbsen, Kuchenstücke oder Würste lagern höchstwahrscheinlich in Datenzentren in Frankfurt oder London. So genau weiß das keiner. Der verantwortliche Anbieter gilt als nicht besonders gesprächig, was diese Details angeht. Wer es dennoch genau wissen will, müsste in Mountain View in Kalifornien vorstellig werden. Die App der zur Melitta-Gruppe gehörenden Firma Toppits aus Minden basiert auf der Google-Technologieplattform *Firebase.*

KAPITEL 3
AUF DEM ACKER

\# Mit Terminator auf Schneckenjagd \# Acker-Tipps aus
dem Weltall \# Autonome Ernte: Wenn Roboter besser
pflücken können \# Das Fitness-Halsband für die Kuh
\# Ein Mehltau aus Daten

Mit Terminator auf Schneckenjagd

»Nacktschnecken sind Kannibalen«, sagt Christian Höing. Der Student steht auf einem Acker in der Nähe des Instituts für Agrarwissenschaften der Universität Kassel in Witzenhausen, etwa 15 Kilometer östlich der Documenta-Stadt. Er lehnt sich an ein Gefährt, das aussieht wie ein Aufsitzrasenmäher ohne Sitz. Doch das Fahrzeug, dem die Studenten den unscheinbaren Namen *MSR-bot* gegeben haben, ist ein moderner Roboter, der die Landwirtschaft verändern könnte. Denn das Gerät sucht, findet und eliminiert selbstständig den größten Feind von knackigem Salat auf dem Acker: Schnecken – und das nachts. Dazu fährt der Killer-Bot autonom durch die Pflanzreihen, drei Kameras tasten den Boden ab, unterstützt von einem Scheinwerfer.

Die Nacktschnecken erkennt *MSR-bot* mit einer Spektralanalyse. Dabei wird die Wellenlänge des Lichts gemessen, das die Haut der Tiere im Nah-Infrarotbereich reflektiert. Der Roboter erkennt auch, ob die Schnecke ein Gehäuse trägt, und kann so die unschädlichen und geschützten Gehäuseschnecken von den anderen unterscheiden.

Hat der Roboter ein Tier gefunden, tötet er es mit einer Art umgedrehtem Nagelbrett. Die darauf angebrachten acht Zentimeter langen Metallspieße rasen blitzschnell auf das Tier herunter. Im Gegensatz zu den auch bei Heimgärtnern beliebten Gift- oder Schneckenfallen, bei denen das Tier erst nach Tagen qualvoll verendet, stirbt es hier sofort. MSR-bot merkt sich den Standort und fährt weiter. Nach einem Tag fährt der Roboter selbstständig erneut zu dieser Stelle, weil ein Schneckenkadaver andere Schnecken anzieht, die MSR-bot nun ebenfalls erledigt.

MSR-bot merkt sich nicht nur, wo seine Jagd erfolgreich war. Er prägt sich auch Problemzonen auf dem Feld ein: Äcker mit tiefer liegenden Bereichen, die feuchter sind, oder höher liegenden, die dem Wind stärker ausgesetzt sind, und Äcker mit für Schädlinge und Unkräuter anfälligen Bodenstrukturen. »Hotspots« nennt das Höing. Und die fährt der rund drei Zentner schwere Prototyp regelmäßig an. Außerdem legt er eine Karte der Hotspots an. Das steigert die Effektivität, wenn MSR-bot dann später einmal große Flächen bearbeiten soll und sozusagen Prioritäten setzen muss.

Der Roboter navigiert mit GPS, acht Stunden kann er seiner Arbeit am Stück nachgehen, dann muss sein Akku geladen werden. Entwickelt wurde der Prototyp von drei Partnern: Das Fahrgestell stammt von einer serienmäßig hergestellten Mähraupe der Firma KommTek. Die Schneckenerkennung kommt von der Eidgenössischen Technischen Hochschule Zürich, die Kartierung wurde in der Hochschule in Koblenz entwickelt.

Auch an den Unis in Hannover, Stuttgart-Hohenheim und in Weihenstephan bei München wird zum Thema neue autonome und digitale Lösungen für die Landwirtschaft geforscht. An der Technischen Fakultät für autonome intelligente Systeme der Albert-Ludwigs-Universität in Freiburg gibt es eine eigene Maschinenhalle für Roboter-Prototypen. In Deutschland existieren im Augenblick mehrere Dutzend solcher Projekte. Sie sind überwiegend europaweit vernetzt und teilweise mit EU-Geldern finanziert. An dem europäischen Projekt »EIT Food Accelerator Network« sind beispielsweise über zwei Dutzend landwirtschaftliche Betriebe beteiligt, darunter Höfe in Portugal, Italien, Frankreich, Holland, Skandinavien und Deutschland, die zusammen mit Hochschulen an innovativen Entwicklungen und prototypischen Umgebungen arbeiten. Die *German-AgriFood-Society*, eine eher informelle Organisation aus progressiven Landwirten, die gegenüber den Chancen der neuen Technologie sehr aufgeschlossen sind, und Agrar-Start-ups, stellt sich gerade europaweit auf.

»Der *BoniRob* ist dazu gedacht, sowohl einzelne Pflanzen zu beobachten als auch Dünger auszubringen und Unkräuter zu vernichten«, erklärt Alexander Schaefer. Er ist Projektleiter für den Agrarroboter an der Technischen Fakultät für autonome intelligente Systeme der Uni Freiburg. Es geht um Zuckerrüben. »Das Roboter-System fährt regelmäßig über das Feld, schaut sich einzelne Pflanzen an, zeichnet für jede einzelne Pflanze den Wachstumszustand auf, misst den Mineralstoffgehalt in den Blättern. Der Prototyp ermittelt eigenständig, ob die Pflanze Dünger braucht oder ob sie von Unkräutern überwachsen ist, und führt dann automatisch die nötigen Aktionen aus.« Dazu trägt das über eine Tonne schwere Gerät eine Drohne auf dem Rücken. Bei Bedarf startet die Maschine ihr Fluggerät und lässt den Acker von oben vermessen und analysieren. Entdeckt die Drohne einen Unkrautbefall, schickt sie die Koordinaten per eigenem WLAN an das Bodengerät, das die befallene Stelle dann anfährt.

Damit die Roboter wissen, was Unkraut ist, das mit einem Laserstrahl oder dem Schlag eines Bolzens unschädlich gemacht werden muss, trainieren die Studenten die Maschinen. Bei Systemen, die auf Bilderkennung setzen, muss dem Rechner im Herz der Maschine beigebracht werden, was eine Zuckerrübenpflanze von einem Unkraut unterscheidet. Und zwar in allen Wachstumsstadien. Das ist gar nicht so einfach, selbst den meisten Menschen dürfte es schwerfallen, die kleinen grünen Pflänzchen nach dem ersten Sprießen von Unkraut zu unterscheiden. Besonders die frühen Stadien sind wichtig für den späteren Ernteertrag. »Drei Wochen lang habe ich auf den Bildern, die *BoniRob* von unserem Acker gemacht hat, zugeordnet, was jeweils die süße Rübe und was garstiges Unkraut ist«, erklärt Projektleiter Alexander Schaefer.

»Unser Roboter *Oz* kann bis zu einen Hektar pro Tag selbstständig jäten«, freut sich Caroline Vergne von Naïo-Technologies. *Oz* war einer der ersten serienreifen, selbstständig arbeitenden Jätroboter auf dem Markt. Die kleine Maschine besteht aus einem rund 150 Kilogramm leichten Geräteträger und einer Einheit, die Unkraut erkennt und vernichtet. Ein Laser ermöglicht die Steuerung. Bereits im Jahr 2017 seien fünfzig dieser Geräte im praktischen Einsatz gewesen, sagt der Hersteller. Das Problem sei gewesen: Übersteigen die Nutzpflanzen eine bestimmte Größe, kann man den kleinen *Oz* nicht mehr einsetzen. Dafür wurde jetzt ein großer Bruder namens »naïo dino« entwickelt: Der funktioniert wie eine fahrende Brücke über mehrere Pflanzreihen und kann daher im Beetanbau für Gemüse und Salat verwendet werden. Vier bis acht Hektar schafft das Gerät am Tag. Das sind zwischen fünfeinhalb und elf Fußballfelder. Anders gesagt: Er schafft es, 20 bis 40 Kilometer aneinandergereihter Salatköpfe von unliebsamen Gewächsen zu befreien.

Bereits drei autonome Landwirtschaftsroboter hat Naïo entwickelt. *Dino* und *Oz* lassen sich im Gartenbau einsetzen, das System *Ted* im Weinbau. Auch diese elektrischen Landarbeiter müssen wie der heimische Rasenmähroboter nach acht oder zehn Stunden an die Steckdose. Schon über hundert Exemplare jäten im Echtbetrieb Eichblattsalat oder hacken Radieschen. Während *Dino* und *Ted* auf Großbetrieben von mindestens 40 Hektar eingesetzt würden, lohne sich ein *Oz* bereits für kleine Gärtnereien bis zu 10 Hektar, verspricht der Hersteller.

Für Getreide wie Weizen oder Gerste existieren ebenfalls erste Roboter: Die Firma Small Robot Company im südwestenglischen Flecken West Dean südlich von Salisbury bietet ein System aus den drei Robotern *Tom*, *Wilma* und *Dick*. *Tom* scannt die Felder von bis zu 20 Hektar großen Betrieben, *Wilma* übernimmt die Daten von *Tom*, verarbeitet sie und übergibt an *Dick* die Standorte, an denen er mit einem Laserstrahl das Unkraut vernichtet. An der Harper Adams University in Edgmond arbeiten Studenten daran, dass Weizen automatisch geerntet wird. Mit ihrem *Handsfree Hectare Project* zeigen sie, wie autonome Mähdrescher selbstständig das Getreide einfahren.

In den letzten Jahren haben sich weltweit mehr als 500 Startups gegründet, welche die Landtechnik mit intelligenten und digital-vernetzten, autonomen Robotern auf ein neues Niveau heben wollen. Die Projekte umfassen dabei sämtliche Tätigkeiten der landwirtschaftlichen Wertschöpfungskette und Arbeitsbereiche. Sogar für empfindliche Gemüse wie Spargel: So hat das niederländische Startup Cerescon mit dem *Sparter* einen Spargelernte-Roboter entwickelt, dessen metallene Finger durch die oberste Erdschicht streichen. Mittels Sensoren erkennt das an einen Traktor angehängte Gerät dann den reifen Spargel. Wo vorher die Arbeit von unzähligen Erntearbeiter*innen erledigt wurde, erntet *Sparter* drei Reihen Spargel praktisch gleichzeitig. Allerdings: Die Felder müssen speziell für das Gerät präpariert werden, der Boden einen gewissen Sandgehalt haben. Und das Sandbett, in dem die Spargel wachsen, muss einen bestimmten elektrischen Leitwert aufweisen.

Auch die großen Landtechnik-Hersteller arbeiten fieberhaft an neuen Lösungen zur Feld- und Ackerbearbeitung. Auf einer der größten Landtechnikmessen der Welt, der Agritechnica, die alle zwei Jahre in der Hannoveraner Messe stattfindet und auf der es in der Vergangenheit überwiegend um PS-starke Traktoren ging, zeigten die großen Hersteller der Branche 2019 ihre Prototypen und Projektstudien. Die Botschaft: Die Landtechnik der Zukunft ist digital und autonom. Auch Unternehmen, die sich bislang gar nicht in der Agrartechnik engagierten, sind in die Entwicklung von Agrarrobotern eingestiegen: Der Bosch-Konzern, größter Automobilzulieferer der Welt, will mit dem neu gegründeten Tochterunternehmen Deep Field Robotics autonome Maschinen für die Landwirtschaft auf den Markt bringen. Und auch der Reifenhersteller Continental will mit dem vollautonomen Agrarroboter *contadino* in diesem Markt mitmischen.

Der Markt für Agrarroboter soll, laut einer im Februar 2020 veröffentlichten Studie von Markets and Markets, im Jahr 2025 etwas mehr als 20 Milliarden US-Dollar groß sein und sich mit einem Wachstum von jährlich rund 23 Prozent von 7,4 Milliarden US-Dollar 2020 bis zum Jahr 2025 praktisch knapp verdreifachen. Dazu kommt: Die Zukunft liegt aus Sicht der Hersteller nicht in Einzellösungen.

Firmen wie Bosch, der Chemiekonzern Bayer, Großhändler wie die BayWa und Raiffeisen oder Taktorenhersteller wie Fendt oder John Deere entwickeln gerade Produkte, die ganzheitlichen Zugang für den Landwirt versprechen – sogenannte Systemlösungen. Zur Hardware wie Robotern, Erntemaschinen oder Schleppern kommen dann digitale Analysewerkzeuge, eine Online-Wettervorhersage und ein Portal für das Management jedes einzelnen Ackers und – natürlich – eines zum Bestellen von Dünger, Pflanzenschutzmitteln und Futter. Das soll ähnlich funktionieren, wie bei Apple, wo zum Laptop das passende Handy und für beide dann das iTunes-Konto zum Musikhören etc. angeboten wird.

Für beinahe alle Arbeiten auf dem Acker oder auf der Plantage existieren im Augenblick Prototypen. Bei den meisten dieser neuen Maschinen werden vier Aspekte zusammengeführt:

1. Die Geräte sind autonom, können also selbstständig arbeiten und selbstständig navigieren.

2. Sie sind lernfähig und verfügen über ein gewisses Maß an künstlicher Intelligenz. Die Geräte wissen etwa, wo sie gestern eine Tätigkeit ausgeführt haben, und fahren diese Stelle nicht noch einmal oder gerade wieder an – wie beim Roboter für Schneckenbekämpfung. Sie funktionieren außerdem mit Algorithmen, die lernfähig sind, fahren also nicht starr immer dasselbe Programm ab, sondern können erfasste Daten aus erfolgten Jät-Touren oder Ernten in zukünftige Aktivitäten integrieren und bei der Abfertigung berücksichtigen.

3. Sie sind digital vernetzt, können in Echtzeit die Daten anderer Geräte übernehmen, interpretieren und weiterverarbeiten. Oder sie sind ständig in Datennetzwerke eingebunden, von denen sie praktisch gesteuert werden.

4. Schließlich nutzen fast alle Agrarroboter kein Diesel oder Benzin, sondern Strom als Energiequelle, den sie meist direkt von den Solaranlagen auf den Scheunendächern des Bauernhofes beziehen.

Acker-Tipps aus dem Weltall

Bei der Arbeit nutzen die Roboter schon heute hochauflösende Bilddaten von Satelliten. Drohnen liefern ebenfalls Bilder, Infrarotaufnah-
men, Spektralanalysen oder dreidimensionale Geländemodelle. Aus
all diesen Daten lassen sich nicht nur von Unkraut oder Schädlingen
befallene Zonen und Bereiche eines Ackers erkennen, es lässt sich
auch ersehen, wo Befall droht oder drohen könnte. Verbunden mit der
Wettervorhersage und dem Wissen um die Vorlieben bestimmter
Schädlinge, lassen sich ziemlich genaue Vorhersagen machen, wo
etwa der Maiszünsler, dessen Raupen weltweit etwa vier Prozent der
jährlichen Maisernte vernichten, bald vermehrt auftreten wird. So
bietet die Firma The Climate Corporation über ihre Web-Plattform
Climate FieldView Services an, mit denen Landwirte ihre Felddaten
auswerten können. The Climate Corporation wurde 2009 von den
ehemaligen Google-Mitarbeitern David Friedberg und Siraj Khaliq gegründet.

Das Startup onesoil analysiert mit Bilddaten von Satelliten in erd-
nahen Umlaufbahnen auch die Wachstumsverläufe auf sämtlichen
Ackerschlägen – das ist der landwirtschaftliche Fachbegriff für einen
Acker – der westlichen Welt. Auf Basis von Daten kann so jeder auf einer interaktiven Webseite erkennen, was auf den Feldern nebenan
beim Bauern wächst, wie der Wachstumsverlauf der letzten Monate
war und wie es dort um die Bodenqualität steht. Doch Satellitenbilder,
die technisch auf Faktoren wie Pflanzenstatus und Wachstumsraten
ausgelesen werden, sind nicht das Einzige, was zum Einsatz kommt:
Das kalifornische Start-up Arable entwickelte einen Universalsensor
für den Boden. Das Gerät *Arable Mark,* eine Art Stange, muss einfach
nur in die Erde gesteckt werden und analysiert sie sofort. Sie versieht
die Daten mit einem Geo-Tag, also einer geografischen Verortung,
und schickt sie an einen beliebigen Empfänger. Zusätzlich werden die
Informationen noch mit Wetterdaten aus der Vergangenheit und mit
Wetterprognosen angereichert. »Wir brauchen mehr anwender-

freundliche Daten, die der Landwirt sofort versteht und nutzen kann, ohne Programmierer werden zu müssen«, sagt Mark Jim Ethington, Geschäftsführer von Arable.

Eine preiswerte Sensorik im Acker, die Datenmaterial liefert, das mit den Informationen und Bilddaten von Drohnen und Satelliten, von anderen Datenbanken und der Wettervorhersage ergänzt, kombiniert und mit einfachen Werkzeugen schnell analysiert werden kann – und das alles in Echtzeit: Damit steht der Landwirtschaft ein integriertes System aus Millionen von Informationen zur Verfügung, aus dem sich mit entsprechender Rechenpower schnell relativ genaue Vorhersagen für die Erntezeit und den Ernteertrag treffen lassen. Darüber hinaus lassen sich auch Betriebe, ähnliche Ackerschläge und Pflanzkulturen miteinander vergleichen. Man kann so herausfinden, was die zehn Prozent der ertragsstärksten und nachhaltigsten Betriebe denn anders machen als die anderen, woran es liegt, dass ähnliche Bodenqualität und ähnliches Klima unterschiedliche Erträge liefern. Oder welche Pflanzenschutzmittel unter welchen Bedingungen den größten Effekt bei minimalstem Einsatz zeigen.

Zum Vergleich: Heute greift der Landwirt meist auf das Erfahrungswissen seines Großvaters und Vaters zurück, wenn sie den Hof bereits bewirtschaftet haben, auf neue wissenschaftliche Erkenntnisse, auf das Know-how der Agrarberater, auf die Erfahrung seiner Nachbarn und Kollegen und natürlich auf die eigene Erfahrung.

Doch das Wissen der Vorfahren ist heute nicht mehr unbedingt aussagekräftig. Nicht nur, weil sie mit anderer Technik und anderen Verfahren gearbeitet haben, auch weil anderes Saatgut und andere Düngemittel verwendet wurden. Als noch Pferde den Pflug zogen, wurde der Boden beispielsweise längst nicht so tief umgebrochen wie heute, und Pflanzenschutzmittel und deren großflächiger Einsatz sind ein relativ neues Phänomen. Eine systematische Dokumentation der Maßnahmen und Ernteerträge, saisonale oder betriebsspezifische Vergleichsdaten gab es nicht.

Die neuen Systeme werten dagegen die Acker- und Wachstumsdaten aus, und damit können Verbesserungspotenziale erkannt werden.

Besonders in Zeiten eines sich immer schneller wandelnden Klimas sind das wertvolle Informationen.

Mit dieser Entwicklung erfährt die mechanische Unkraut- und Schädlingsvernichtung eine Renaissance. Und die Digitalisierung macht die mechanischen Maßnahmen effektiver und hebt sie damit auf ein neues Niveau: Denn die Roboter arbeiten dann, wenn es nötig ist. Sie müssen keine Pausen machen. Werden sie von Akkus angetrieben, so nutzen sie die preisgünstige Solarenergie. Intelligente Steuerung sorgt dafür, dass gezielt Hotspots bearbeitet werden können oder das Verhalten von Schädlingen für ihre Bekämpfung genutzt werden kann. Mit dieser Technik kann umweltschonender und auch kostensparender gearbeitet werden, es bedeutet allerdings auch, dass noch weniger Menschen in der Landwirtschaft tätig sein werden als heute. Waren es in den 1950er-Jahren noch um die 25 Prozent der Gesamtbevölkerung, sind es heute schon weniger als zwei Prozent.

Wenn Roboter eine bis auf wenige Quadratzentimeter feine Auflösung eines Ackerschlags zur Verfügung haben, also praktisch jede Krume kennen, braucht es keine großen Pflüge oder Spritzen mehr, die auf einer Breite von knapp 50 Metern Insektizide ausbringen. Anstelle der Flächenbearbeitung tritt die Einzelpflanzenbearbeitung. So hat künftig etwa das insektizidsprühende Flugzeug oder die Ackerspritze, die ein Feld komplett mit Pestiziden bedeckt, ausgedient. Die Maschinen der Zukunft erkennen, an welchem Ort wirklich Bedarf an einer meist minimalen Dosis Pflanzenschutzmitteln ist, fahren an Ort und Stelle und bringen die nötige Menge dort aus. Diese gezielte Dosierung könnte vieles verändern, vielleicht sogar den Konflikt zwischen konventioneller und ökologischer Landwirtschaft lösen. Ackerbau, der auf diese digitale Technologie setzt, macht das flächendeckende Ausbringen von Chemie, von Gülle, Phosphor, Dünger u. a. überflüssig. Neuartige Lernkurven und Optimierungsmöglichkeiten durch Big Data könnten für eine präzisere und ressourcenschonendere Landwirtschaft sorgen. Aber auch wenn sich die konventionelle Landwirtschaft »ökologisieren« würde – industrielle Tierhaltung, Monokulturen, etc. verändern sich durch die Digitalisierung noch lange nicht ...

Auch stellt sich die Frage, wem diese neu erhobenen Daten gehören. Und wer sie auswerten kann und darf. Werden die Bauern die Herren des Verfahrens bleiben? Oder marginalisiert die digitale Landwirtschaft den Bauern, der möglicherweise nicht mehr nachvollziehen kann, was seine Maschinen gerade wo und aus welchem Grund machen?

Autonome Ernte: Wenn Roboter besser pflücken können

Auch auf den Plantagen der Obstbauern und in den Gewächshauskulturen der Gärtner hält die Robotik Einzug: Das aus den Niederlanden stammende Startup Pats entwickelte eine Drohne, die in Gewächshäusern auf Jagd nach Motten geht, deren hungrige Larven für erhebliche Ernteausfälle sorgen können. Haben die Sensoren das Fluginsekt erfasst, nimmt die Drohne die Verfolgung auf und bringt das Tier mit ihren Rotoren zum Absturz. »Wir nennen das dann Motten-Konfetti«, sagt der junge Gründer Bram Tijmons mit einem Augenzwinkern, als er die handtellergroßen Flugkörper aus dem 3-D-Drucker stolz in der Newcomer-Ecke der Fachmesse Fruit Logistica 2020 in Berlin präsentiert.

Die T&G Global, ein Tochterunternehmen des deutschen Agrarkonzerns BayWa, setzte bei der neuseeländischen Apfelernte im letzten Jahr erstmals einen Pflückroboter ein. Das Gerät ist eine Entwicklung des US-amerikanischen Startups Abundant Robotics, an dem der Münchner Konzern seit 2017 als Investor beteiligt ist. Es kann nicht nur Früchte pflücken, es erkennt auch selbstständig, ob sie schon reif dafür sind. Auch hier hat man die Systeme, die für die Interpretation der Kamerabilder verantwortlich sind, trainiert, einen reifen von einem unreifen Apfel zu unterscheiden. Doch die optische Charakterisierung wird künftig nur ein Aspekt von mehreren sein: denn reife Früchte riechen für digitale Sensoren auch anders als unreife.

Vier Jahre brauchten die Ingenieure von Abundant Robotics, um den ersten marktreifen Ernteroboter zu entwickeln. Gearbeitet wurde parallel in den USA und in Neuseeland, getestet dann schließlich in den Apfelplantagen des Erzeugers und Vermarkters T&G Global, dem BayWa-Tochterunternehmen in der neuseeländischen Region Hawkes Bay. Voraussetzung für den erfolgreichen Robotereinsatz war eine entsprechende Vorbereitung der Apfelplantagen durch eine dichtere Bepflanzung sowie spezielle Baumschnitt-Maßnahmen. »Die Anforderungen an den Roboter sind sehr komplex«, sagt Dan Steere, Geschäftsführer von Abundant Robotics. »Die künstliche Intelligenz muss die erntereifen Früchte visuell erkennen, sie anschließend ohne Beschädigungen pflücken sowie grundsätzlich sicher durch die Plantage navigieren können.«

T&G Global geht davon aus, dass der Einsatz weiterer Ernteroboter im Laufe der Zeit schrittweise erfolgen wird, je nachdem, wie sich die Technologie weiterentwickeln wird. Und auch die Bepflanzung in den Plantagen werde sich so entwickeln, dass sie den Einsatz weiterer Roboter ermöglicht. Das braucht Zeit.

Bei der BayWa AG hält man es grundsätzlich für möglich, dass in etwa zwei Jahren erstmals auch Äpfel in deutschen Plantagen mithilfe künstlicher Intelligenz geerntet werden könnten: »Falls die äußeren Bedingungen, zum Beispiel die Art und Weise der Anpflanzung sowie die Baumerziehung (das ist der Fachbegriff für gezieltes Schneiden, die Entfernung von Trieben und das Anbinden von Bäumen, um einen bestimmten Wuchs zu erzielen) in den Anbaugebieten, passen, ist das denkbar«, sagt Klaus Josef Lutz, Vorstandsvorsitzender der BayWa AG. Die Plantagen müssen also »roboter-kompatibel« werden, die Pflanzen müssen den Maschinen angepasst werden.

Der *Octinion* ist ein Roboter, der Erdbeeren pflückt. Entwickelt wurde er von einem gleichnamigen Startup aus dem belgischen Heverlee-Leuven. Auch er erkennt, ob die Beere bereits reif für den Markt und damit für die Ernte ist. »Unser Roboter verursacht weniger Schäden an den Früchten als menschliche Erntehelfer«, sagt Octinion-Geschäftsführer Tom Coen. Trotzdem gebe es ein Problem: Die Pick-Time, also die Zeit, die die Maschine braucht, um eine Beere von der Pflanze abzutrennen und sanft in den Korb zu legen, sei zu lang. Ihre Anforderung wäre: *Robot friendly Fruits,* also Früchte, die für die Verarbeitung durch Roboter optimiert sind. Auch bei der Erdbeere soll also die Pflanze, genauer gesagt die Anbaumethode und die Frucht selbst der Maschine angepasst werden.

Die gepflückten Äpfel kommen bei vielen Erzeugern, wie etwa beim Obstgroßmarkt Mittelbaden zwischen Freiburg und Baden-Baden, aber auch bei vielen Erzeugern in Österreich und Südtirol, zunächst ins Kühlhaus, wo sie bis zu einem Jahr gelagert werden. Sollen sie für den Handel aufbereitet werden, duscht man sie heiß ab und bringt sie in ein großes Becken. Maschinen versenken die einzelnen Kisten im Wasser. Die Äpfel schwimmen auf. Die Strömung befördert sie durch die einzelnen Stationen der Sortierung. Jeder einzelne Apfel wird dabei 20 bis 40 Mal fotografiert, auch mit Infrarot. Automatisch wird er nach Farbe, Größe und Handelsklasse sortiert. Auch eine Fäulnis im Kerngehäuse wird so erkannt. Beim größten Betrieb Österreichs erfolgt die Sortierung in 66 Bahnen. Die Sortierung wird erst nach der Lagerung vorgenommen, weil die Äpfel auch noch in der Lagerzelle faulen können. »Sortierung in der Wasserstraße« nennen das die Fachleute. Denn: Je ähnlicher sich die Äpfel im eingeschweißten Sechserpack sind, desto wahrscheinlicher werden sie gekauft. Also stellt man das farblich passende halbe Dutzend zusammen. All das macht die Maschine.

Diese Art der vollautomatischen Sortierarbeit findet sich inzwischen bei vielen Obst- oder Gemüsesorten. Teils mit gravierenden Folgen: Wer schon mal einem vollautomatischen Bohnensortierroboter bei der Arbeit zugeschaut hat, ist angesichts des riesigen Haufens an eigentlich verzehrfähigem Gemüse, das am Ende auf dem Kompost landet, bestürzt. 30 Prozent werden so schon mal vom digitalen Scanner aussortiert, weil er die Farbe des Gemüses als nicht grün genug eingeschätzt hat. Wie hoch die Lebensmittelverschwendung nach der Ernte ausfällt, bestimmt heute schon in vielen Fällen der Algorithmus.

Viele Anbaumethoden haben auch nichts mehr mit unserer klassi-

schen Vorstellung von Beet und Acker zu tun: Viele Erdbeer-, Toma-
ten- und Paprikakulturen wachsen in schmalen Rinnen auf Stellagen,
bei denen die Früchte ohne jeden Kontakt zur Erde in langen Reihen
von Blumenkästen in einem Substrat stehen. Erdbeeren werden häufig im beheizten Gewächshaus mit CO_2 »begast«, das als Wachstums-
beschleuniger wirkt. Fest installierte Robotersysteme, die sich auf
Schienen durch die Gewächshäuser bewegen und als automatisiertes
Gewächshaussystem fester Bestandteil der Anlage sind, ernten dann
mit einer Arbeitsbreite des gesamten Gebäudes. Die Pflanzen sind in
die Gerätschaften eingepasst.

Die Zukunft scheint, wenn es nach den Träumen der Entwickler
von KI in der Landwirtschaft geht, der roboterfreundlichen Plantage
zu gehören, in der die Dauerkulturen gleich von den autonomen Maschinen nach deren Kriterien angelegt werden. Das könnte – so etwa
die Einschätzung von Experten der BayWa – in etwa zehn Jahren so
praktiziert werden.

»Ich bin der einzige Bauer in Europa, der diese Drohne über dem
Acker fliegen lassen darf«, versucht ein hochgewachsener, fast hünen-
hafter Holländer seinen deutlich schmächtigeren chinesischen Ge-
sprächspartner auf der Agritechnica in Hannover zu beeindrucken. Jacob van den Borne ist Kartoffelbauer aus Reusel, einem Grenzdorf
zwischen Eindhoven und Turnhout im Süden der Niederlande. Er präsentiert sich auf seiner Webseite als hochmoderner Landwirt und
spricht auf internationalen Kongressen gerne über den Einsatz mo-
dernster Technik auf seinem Hof. Neben Sensoren und smarten Wet-
terstationen gehören auch Drohnen dazu, die er auf seinem Acker auf-
steigen lässt. Dafür hat er extra eine Flughafenlizenz beantragen
müssen, berichtet er, »inklusive der Tower-Rechte«. Europäische Bestimmungen lassen den Einsatz größerer Agrardrohnen sonst nicht zu.

Auf der »weltgrößten Leitmesse für Landtechnik« steht er im Jahr
2019 am Stand der Firma XAG aus Guangzhou, einer 14-Millionen-
Metropole rund 100 Kilometer nordwestlich von Hongkong. Die
Stadt im Süden Chinas war bis vor wenigen Jahren überwiegend für
billige Textilherstellung bekannt. Heute gilt Guangzhou zusammen

mit dem nahen Shenzhen als Technologie-Hotspot Chinas. Hier entwickeln junge, gut ausgebildete Computeringenieure Roboter und Drohnen, die auch die Landwirtschaft revolutionieren sollen.

Auf der Messe in Hannover präsentiert die Firma XAG zwei schnittige Drohnen auf schicken Podesten. Die kleinere namens *XAG® XMission® Multifunctional UAS* ist mit vielen Sensoren zur Terrainabmessung und Pflanzenerkennung ausgestattet. Ihre deutlich größere, aber etwas weniger »intelligente« Schwester *XAG® XPlanet® Agricultural UAS* wird anschließend mit den gewonnenen Daten gespeist. Das Fluggerät mit vier Rotoren ist mit Streben aus Karbonfasern verstärkt und kann so kleine Tanks für Saatgut oder Pflanzenschutzmittel schultern. Über feine steuerbare Düsen direkt unter den 30 Zentimeter großen Rotorblättern lassen sich dann Saatkörner, aber auch Insektizide oder Pestizide kontrolliert aus der Luft abwerfen oder gezielt versprühen.

In der präziseren Abgabe von Pestiziden und Ausbringung von Saatgut durch Drohnen sieht XAG die Zukunft einer nachhaltigeren Landwirtschaft. 2018 startete die Firma bereits ein »Sustainable Farming Program«. Neben dem chinesischen Technologiegiganten Alibaba war auch der deutsche Chemiekonzern Bayer Teil dieses Projektes. Im Februar 2020 wurde dieses Zukunftsvorhaben nochmals bestärkt und betont, dass nun auch Kleinbetriebe in Südostasien und Pakistan in den Genuss dieser neuen Technologien kommen sollen. Allein in China gibt es über 200 Millionen Kleinbauern, 90 Prozent der Höfe sind kleiner als ein Fußballfeld.

»In Zukunft müssen Bauern nur noch säen und ernten. Um den Rest kümmern wir uns«, verkündete Mathias Kremer, der Strategiechef und Portfoliomanager von Bayer CropScience, seine Zukunftsstrategie während der Vorstellung des Projekts in Peking. »Landwirte werden keine Produkte mehr von uns kaufen, sondern Ergebnisse bezahlen, also dafür, dass keine Schädlinge oder Krankheiten in ihren Kulturen auftreten.«

Auf einem Display zeigt der XAG-Mitarbeiter Jacob van den Borne, dem Kartoffelbauern aus den Niederlanden, wie einfach das Fliegen der großen Agrardrohne funktioniert. Mit dem Finger tippt er in der XAG-App eines handelsüblichen Smartphones auf eine interaktive Karte, die an Google Maps erinnert. Nach der Auswahl einer Parzelle auf dem Acker kann er mit einfachen Touch-Reglern die Menge des Saatgutes oder Pestizids einstellen, die ausgebracht werden soll. Auch deren Verteilungsdichte. Was jetzt noch fehlt, ist ein Tipp auf Start, und die Drohne kann mit ihrem Arbeitsauftrag beginnen.

Vom Start bis zur Landung funktioniert alles vollautomatisch, umständliche Flugmanöver braucht dafür kein Bauer zu erlernen. Am Ende teilt die App dem Landwirt mit, wie lange sie für den Auftrag braucht und wann sie zur Landung zurückkehrt. Die Flugzeit der großen Agrardrohne beträgt derzeit 15 Minuten pro Akkuladung, erklärt der XAG-Mitarbeiter, das Wiederaufladen der Batterien dauert noch mal genauso lange. Mit zwei Akkus kann die Drohne also in den Dauereinsatz gehen. »Jeder, der ein Smartphone bedienen kann, kann auch unsere Drohnen fliegen«, stellt der Mitarbeiter am Ende der Präsentation fest. Der Kartoffelbauer aus Europa schaut beeindruckt und schüttelt danach lächelnd und ungläubig den Kopf. Jacob van den Borne setzt Drohnen bislang nur zur Überwachung und Analyse seiner Äcker ein, noch nicht zum Ausbringen von Pflanzenschutzmitteln oder Saatgut.

Was ihn beeindruckt: Wie weit entwickelt die Fluggeräte von XAG im Hinblick auf Einsatzmöglichkeiten und Funktionsumfang schon heute sind.

»Über 56.000 Menschen hat XAG bereits zu Agrardrohnenpiloten geschult«, verrät der XAG-Mitarbeiter. Diese *Certified Operators* fliegen derzeit 42.000 Drohnen, viele davon in ländlichen Erzeugergemeinschaften, die sich eine Maschine teilen. Tendenz steigend.

Von dieser Zukunft, die laut XAG bereits 20 Millionen Hektar und 6,37 Millionen überwiegend familiengeführte Bauernhöfe in China erreicht hat, ist man im Landwirtschaftsministerium in Berlin noch weit entfernt. Während die Ministerin im Winter 2019 ihre *Ackerbaustrategie 2035* vorstellt, steht neben ihr auf einem Tisch eine kleine weiße Drohne. Sie soll an diesem Tag als Beispiel für die neue Präzisionslandwirtschaft herhalten. Bei genauerem Hinsehen entpuppt sie sich als Kameradrohne der Firma DJI. Auch dieser Hersteller stammt wie XAG aus dem Silicon Valley Südchinas und ist sogar weltweit Marktführer – allerdings bei Freizeitdrohnen. Das Gerät, das die Ministerin hier stolz als Zukunft präsentieren will, so erfährt man auf der Webseite des Herstellers, wird allerdings schon nicht mehr produziert. Auf Ebay findet man sie noch gebraucht. Längst gibt es modernere Varianten.

Das Fitness-Halsband für die Kuh

»Rund 80 Prozent der Kälber werden innerhalb ihrer ersten zehn Lebenstage krank, etwa zehn Prozent der Tiere sterben an Krankheiten«, sagt Daniel Kotter. Mit seinem Regensburger Startup Futurofarming will er für mehr Gesundheit im Stall sorgen: Ein Sensorsystem namens *Calf Monitoring System* überwacht die Tiere in Echtzeit, analysiert die gewonnenen Daten und soll so sogar Krankheiten vor Ausbruch erkennen. Den aktuellen Status und die Warnung gibt das System an eine App weiter, mit welcher der Landwirt sich ständig die aktuelle Situation anzeigen lassen kann. Zehn Testbauernhöfe prüfen die Anwendung zurzeit. Weitere Betriebe sollen dazukommen. Auf den Markt wollen die drei Gründer von Futurofarming erst, wenn das Produkt richtig ausgereift sei.

»Etwa 85 Prozent der Krankheiten werden erkannt«, sagt Kotter. Lungenerkankungen würden mittlerweile verlässlich drei Tage vor Ausbruch erkannt. Das System interpretiert auf Basis der Bewegungsdaten, wie bewegungsfreudig die Tiere sind. Denn kranke Tiere oder Tiere, bei denen eine Krankheit im Anmarsch ist, bewegen sich anders, meist langsamer, vorsichtiger, legen geringere Strecken zurück. Diese Bewegungsmuster können Sensoren für jedes einzelne Kalb feststellen und interpretieren. Die Algorithmen dafür haben die Gründer aus der Forschung. Das System rechnet sich bei Betrieben ab zehn Kälbern in Einzelhaltung und rund fünfzig Milchkühen, sagt Daniel Kotter.

Die chinesische IT-Firmengruppe Alibaba hat ebenfalls ein Produkt zur Früherkennung von Krankheiten in der Tierhaltung entwickelt. Das *ET-agricultural brain* detektiert die Laute von Ferkeln und Schweinen, ihre Bewegungsdaten und Körpertemperatur. Jedes Tier hat eine Nummer auf dem Rücken tätowiert, mit der das System die Schweine identifiziert. Kranke oder aggressive Tiere geben andere Töne von sich als gesunde, sie bewegen sich anders und können wie der Mensch Fieber bekommen. In der »modernen« konventionellen Schweinemast und Ferkelzucht sterben im Durchschnitt rund drei Prozent der Tiere. Nicht selten verletzen sie sich in der Enge der Ställe gegenseitig, manchmal mit tödlichen Folgen. Diese regelrechten Amokläufe kündigen sich vorher im Verhalten der Tiere an. Mit ihrem System, sagt Alibaba, könne man die Sterblichkeitsrate um die Hälfte reduzieren und damit den Umsatz eines typischen Mastbetriebs um bis zu zehn Prozent steigern.

Das von der EU geförderte holländische Startup Serket-Tech bietet ein marktreifes kamerabasiertes Management-System der Tierüberwachung, das nicht nur die Sterblichkeitsrate reduzieren und Krankheiten früher erkennen, sondern primär verhindern soll, dass Krankheiten von einem einzelnen betroffenen Tier auf die komplette Herde übergehen.

Das Ziel: Nicht mehr alle Tiere im Stall sollen präventiv mit Antibiotika behandelt werden, was in der konventionellen Tierhaltung durchaus üblich ist. Rund 80 Prozent der weltweit produzierten Antibiotika werden in der Landwirtschaft eingesetzt. Ein Teil davon landet dann im Boden, in Gewässern und im Grundwasser. Eine 2019 vom Umweltbundesamt durchgeführte Studie an elf ausgewählten Grundwasser-Messstellen in Niedersachsen, Schleswig-Holstein und Nordrhein-Westfalen ermittelte, dass die Antibiotika-Rückstände überwiegend aus der Landwirtschaft stammen.

Das Amsterdamer Startup Connecterra entwickelte mit *Ida* eine digitale Assistentin für Milchbauern, die auf Sensortechnologie, Cloud Computing und maschinellem Lernen basiert. Ein etwa handtellergroßer Sensor, den die Kühe wie eine Art Fitness-Halsband tragen, »misst sieben verschiedene Verhaltensweisen und damit mehr als jede bestehende konkurrierende Lösung«, sagt Chief-Technology-Officer und Gründer Saad Ansari stolz. Gemessen wird: Fressen, Wiederkäuen, Gehen, Stehen, Liegen, Anzahl der Kaubewegungen und Nichtstun.

Die Sensoren im Halsband sind über WLAN oder das Mobilnetz mit dem Router im Stall verbunden und der wiederum mit einem der Server des Herstellers. Das System ist in sechzehn Ländern verfügbar und sammelt die Daten seiner mehr als 10.000 Kunden. Geht man von rund fünfzig Tieren pro Kunde aus, kommen Daten von 500.000 Tieren zusammen. Daraus entwickeln Algorithmen und eine KI dann Prognosen. Und zwar nicht nur für das Herden-Management des jeweiligen Hofs, sondern für das Management jedes einzelnen Tiers. Die Software vergleicht etwa individuelle Krankheitsverläufe, kann Muster in der Vorgeschichte einzelner Erkrankungen, im Behandlungsverlauf und in der Genese erkennen. Das Unternehmen rühmt sich, die weltweit erste Firma für Telemedizin bei Milchkühen zu sein.

Auch hier wird wie im Ackerbau eine Tendenz deutlich: Der Landwirt oder »Herden-Manager« erhält eine »leicht verständliche Datenvisualisierung auf seinem Smartphone oder Tablet« – darauf legt der Hersteller wert. Denn kompliziert oder gar kryptisch darf die Technik und vor allem die Bedienoberfläche nicht sein. Auf dem Smartphone erscheinen einfache Tortendiagramme und interaktive Kurven wie bei einer Diät-App.

Die Algorithmen ihres Systems entwickelte Connecterra nur teilweise selbst. Denn damit Connecterra schnell zu Ergebnissen kommt, ist das kleine Startup aus Holland auf die Rechenpower von Google angewiesen. Google-Chef Sundar Pichai schwärmt bereits: »Die Hoffnung ist, dass selbst alte Industrien sich die neuen Technologien zunutze machen können. Connecterra nutzt *Google Artificial Intelligence*, um digitale Sensoren zu entwickeln, mit denen Landwirte die Bewegungen und Essgewohnheiten ihrer Tiere überwachen können.«

Firmen wie etwa das Startup Moonsyst aus Ungarn oder Dropnostix aus Potsdam gehen noch weiter. Beide haben eine Sonde entwickelt, kaum größer als die Spitze des kleinen Fingers, die von der Milchkuh verschluckt wird und dann aus dem Pansen Daten erhebt. Anders als eine Ohrmarke zur Temperaturmessung oder Funkhalsbänder und sogenannte Pedometer zur Messung der Bewegungsaktivität, misst der Sensor von Dropnostix auch die Verdauungsaktivität über die Kontraktion im Pansen.

»Die Wissenschaft ging lange davon aus, dass der pH-Wert im Magen ein aussagekräftiger Parameter für Leistungsfähigkeit und Gesundheit ist«, erklärt Lars Abraham, Gründer von Dropnostix. Dabei sei die Messung der Verdauungsaktivität über einen langen Zeitraum in Kombination mit der Temperatur und Bewegung viel sinnvoller. Nur einen Nachteil hat sein System noch: Der Magensensor wird durch die aggressiven Säuren schnell zersetzt. Doch Experten schätzen, dass diese Anfangsprobleme bald überwunden sein werden.

Drohnen überwachen inzwischen nicht nur weit verteilte Herden, sie sind auch die neuen Kuhhirten, die verirrte Tiere zurück in die Herde oder die Herden heim zur Farm treiben. Nebenbei analysieren die fliegenden Cowboys die Bewegung der Tiere, überwachen Wasserstellen und nehmen andere relevante Daten auf. Besonders im Mittleren Westen der USA, in Neuseeland und Australien arbeiten viele Landwirte bereits mit dieser Technik: In North Canterbury im Norden der Südinsel von Neuseeland treibt Schäfer Corey Lambeth beispielsweise seine Schafherden gerne vom heimischen Büro aus zusammen. Mit einer rund 3.500 Neuseeländische Dollar teuren Mavic Enterprise-Drohne des in Christchurch ansässigen Drohnenspezialisten Ferntech. Das Fluggerät kann bellen und imitiert damit Schäferhunde. »Damit können wir die Tiere besser zusammen- und vorwärtstreiben«, sagt Lambeth, »und stressen sie weniger als mit den Schäferhunden.« Das gelte auch für seine Rinder. Im Winter sei es ideal, meint der Landwirt, »wenn ich an einem kalten Tag nicht nach draußen gehen möchte und mich mit meiner Drohne vergewissere, dass alle meine Tiere auf ihren Weiden und hinter dem Zaun sind«. Mit dem Zoom der Kamera kann er die Tiere beim »Lammen« beobachten, ohne die Mutterschafe zu stören. »Die Drohne hat auch die Kontrolle von Wasser- und Futtermengen auf unseren weit auseinanderliegenden Weiden effizienter gemacht«, sagt Lambeth.

Die Firma Sunbirds mit Niederlassungen im französischen Toulouse und im australischen Brisbane entwickelte eine mit Solarzellen ausgestattete Drohne für »Langstreckenflüge«, mit der sich die entlegenen Wasserstellen der Viehzuchtstationen im australischen Outback überwachen lassen. Während der Trockenzeit oder in Dürreperioden werden die künstlichen Gewässer zweimal wöchentlich kontrolliert. Davor waren für diese Kontrollen stundenlange Fahrten mit dem Geländewagen durch die Trockensteppe nötig. Das Problem: Bei den meisten Kontrollen wurde gar kein Problem festgestellt, war weder Wartung noch Reparatur nötig. Die Monteure waren also umsonst zur Wasserstelle gefahren. Heute können durch Sunbirds-Drohnen über 90 Prozent dieser Fahrten eingespart werden.

Das im US-Bundesstaat Nebraska beheimatete Startup Barger Drone wurde von Farmern und Rinderzüchtern gegründet, um Geräte zu entwickeln und zu vermarkten, die auf die Anforderungen der Rinderhaltung optimiert sind: Die Drohnen arbeiten halb autonom und erledigen die meiste Arbeit automatisch. Sie fliegen festgelegte Routen ab, sie überwachen Herden, melden kranke oder kalbende Tiere, Streuner, leere Wassertanks, kaputte Zäune und senden Bilder oder Videos davon auf das Handy des Rinderzüchters. Außerdem können sie die Tiere zählen.

Umgeben sind diese Tier-Monitoring-Systeme von etlichen weiteren technologischen Helfern: Mit dem Internet verbundene Sensoren messen, wie viel Futter noch im Silo steckt, und bestellen selbstständig und automatisch Nachschub. Beim Lieferanten werden diese Daten nicht nur zur Bestellabwicklung genutzt, sondern auch zu einer wirtschaftlichen und damit ressourcensparenden Streckenplanung für die Auslieferung. Der Landwirt, der mit seinem Gummihammer gegen den Siloturm dengelt, um zu ermitteln, wie viel noch drin ist, gehört der Vergangenheit an.

Auch unter Wasser zieht bei Nutztieren die digitale Technik ein.

Weil Zuchtlachse häufig von Hautparasiten befallen werden und das Problem durch Gaben von Antibiotika für den gesamten Schwarm weder ökologisch noch gesundheitlich vertretbar gelöst werden kann, entwickelte das skandinavische Startup Stingray einen Laser, der den Tieren die Parasiten im Vorbeischwimmen im wahrsten Sinn des Wortes von der Haut schießt. Integriert ist die Laserkanone in ein Unterwassergerät, das im Zuchtbecken versenkt wird und wie ein U-Boot-Roboter schwimmend auf Schädlingsjagd geht. Nachts können die Fischer die Laserblitze im Fjord aufleuchten sehen.

Doch ganz gleich, ob Sensoren direkt aus dem Verdauungstrakt senden, von einem Gerät am Schweif oder einem, das um den Hals baumelt, von Kameras und Mikrofon an der Stalldecke, von einer Drohne oder von einer Unterwasserstation, Ziel ist, ähnlich wie beim Ackerbau, die Daten weltweit zusammenzuführen, zu vergleichen und zu analysieren: Was haben die Höfe, Herden oder Tiere gemeinsam, die von einer bestimmten Krankheit befallen werden? Und umgekehrt: Was machen die Landwirte richtig oder welche Eigenschaften weisen die Betriebe auf, deren Bestände überdurchschnittlich gesund sind, eine höhere Leistung, geringere Sterblichkeitsraten und eine höhere Lebensdauer aufweisen? Daraus wird das Wissen generiert, welche Methoden, Abläufe oder Futtermittel Erfolg versprechen, und die Tipps, was zu tun ist. Über die App, die dann nicht nur den Hof, sondern den Landwirt steuert, erfährt er, was er zu tun hat, um seine Tierhaltung zu verbessern.

Doch das System macht nicht nur intelligentes »Benchmarking«, also einen Vergleich guter und schlechter Haltungsbedingungen. Algorithmen verarbeiten diese äußere und innere 360-Grad-und 24/7-Beobachtung zu einem lernfähigen System: Sind die vorgeschlagenen Maßnahmen nicht überall so erfolgreich wie erwartet oder erhofft, suchen die digitalen Management-Systeme nach anderen Erfolgsfaktoren. Das System verbessert sich ständig selbst. Es hat nur leider einen Haken: Es funktioniert nur mit der Power großer Rechenzentren, die momentan nur Firmen wie Google, Microsoft oder Amazon bieten können. Eine europäische Alternative fehlt bislang.

Die überwachte Tierhaltung könnte heute bereits einen Eindruck davon vermitteln, wie wir künftig möglicherweise mit der Vermeidung und Früherkennung von Krankheiten bei Menschen sowie der Überwachung von Erkrankten umgehen. Drastische Krankheiten könnten aus Sicht des Gesetzgebers alle Überlegungen zum Datenschutz zweitrangig erscheinen lassen. Das erleben wir gerade in der Corona-Krise. Und die Corona-App ist hier ein erstes Wetterleuchten. Explodierende Gesundheitskosten, die eine immer weniger solidarische Gesellschaft nicht mehr so einfach zu kollektivieren bereit ist, könnten dazu führen, dass Erkrankte gezwungen werden, ihre Rekonvaleszenz viel stärker als in der Vergangenheit überwachen zu lassen – denn die teure Therapie muss beim ersten Mal wirken. Für einen zweiten Anlauf ist kein Geld da. Das gilt noch mehr für Suchterkrankungen und Wohlstandsleiden wie Übergewicht und Bluthochdruck. Möglicherweise wird die künftige Solidargemeinschaft beschließen, zur optimalen Krankheitsprävention bestimmte Lebensstile, Ernährungsarten und Fitness-Gewohnheiten einzufordern und die Zusagen der Betroffenen entsprechend elektronisch zu überwachen – ganz so, wie wir das heute bereits mit dem Tracking der Fahrstile durch Kfz-Versicherungen sehen. Nur eben dann im Bereich Ernährung. Allen, die dabei nicht mitmachen wollen, könnten etwa so hohe Krankenkassenbeiträge drohen, dass sie sich lieber von einem Magensensor der DAK tracken lassen. Das Monitoring der Tiere zeigt, was heute bereits technisch möglich ist. Landwirtschaft scheint dazu das Testfeld zu liefern. Denn Kühe verlangen nicht nach Datenschutz.

Ein Mehltau aus Daten

All diese digital vernetzten Maschinen und Geräte sorgen für einen permanenten Strom an Daten, die analysiert und ausgewertet werden und durch KI ein permanent sich selbst optimierendes System ergeben, durch das sich die Rolle des Landwirts grundlegend ändern könnte, ändern wird.

Der Landwirt wird sich entscheiden müssen, ob er diesen Technologiewandel mitgeht und die neuen Möglichkeiten des Direktvertriebs, der Selbstvermarktung, der Netzwerke und sozialen Medien nutzt, Möglichkeiten auch im Hinblick auf die Abhängigkeit von großen Handelsmonopolen. Will er erfolgreich bleiben, muss er wissen, welche neuen technologischen Möglichkeiten es gerade gibt und welche speziell für seine Bedürfnisse, seinen Hof, seine Produkte und seine Absatzmärkte sinnvoll sind. Und da sich Technologie permanent weiterentwickelt, wird er – ebenfalls eine neue Aufgabe – die Lernkurve seines Betriebs organisieren und managen müssen.

Kris Folland aus Halma in der nordwestlichen Ecke des US-Bundesstaats Minnesota mästet Rinder, baut Mais, Weizen und Soja an. Mit 800 Hektar ist sein Hof beleibe kein kleiner Betrieb. Die durchschnittliche Betriebsgröße bei bundesdeutschen Bauernhöfen liegt bei 62 Hektar.

Im Januar 2020 legte er sich einen gebrauchten Traktor zu, einen John Deere 4440, Baujahr: 1979, Kaufpreis: 18.000 US-Dollar. Zum Vergleich: Neue, moderne Modelle kosten locker das Zehnfache. »Das ist immer noch ein wirklich guter Traktor«, sagt Folland, der noch zwei weitere Traktoren besitzt, die genauso alt sind. Er habe die Traktoren gekauft, meint Folland, weil er sie selbst reparieren kann und die Anschaffung kostengünstig sei.

Man kann dieses Beispiel als letzten Versuch werten, in einer Welt die Kontrolle zu behalten, die sich immer weiter digitalisiert, in der immer weniger repariert wird und stattdessen der Computer die kaputte oder nicht mehr funktionierende Komponente ermittelt, die dann ausgetauscht wird.

Der Drang nach Autonomie ist bei vielen Landwirten groß, so gut wie jeder Bauer kann ein Schweißgerät bedienen und hat in seiner Scheune oder Garage eins stehen. Deswegen sind sie natürlich nicht gleich Digitalisierungsverweigerer, auch Ken Folland nicht. Seinen John Deere 4440 hat er mit einer automatischen, satellitengesteuerten Lenkung nachgerüstet.

Die Frage, wie weit und wie schnell sich die Digitalisierung in der

Landwirtschaft durchsetzen wird, ist noch offen. Aber die Steigerung der Erträge und die Anforderungen durch Umweltschutzvorgaben etc. dürften die neue Technik in Zukunft nicht nur attraktiv, sondern auch notwendig machen.

Nach allen Erfahrungen, die mit der Digitalisierung gemacht wurden und laufend gemacht werden, werden wir vermutlich künftig auch in der Landwirtschaft neue Probleme sehen. Etwa digital schlecht gepflegte Agrarroboter, die über die Felder irren, da ihnen wichtige Updates fehlen oder Daten falsch eingespielt wurden. Ernten könnten vernichtet werden, weil die Software fehlerhaft ist oder Sensoren verdreckt oder verklebt sind und falsche Werte ausgeben, die wiederum falsche Befehle auslösen. Und natürlich können Agrarroboter gehackt oder gehijackt werden, sich z. B. nachts still und heimlich auf den Weg zu einem neuen Besitzer machen. Oder Hackerangriffe darauf abzielen, die Algorithmen der Geräte und ihrer Sensoren, die Gaben von Dünger und Pflanzenschutzmitteln so zu manipulieren, dass nicht mehr der optimale Ertrag erzielt wird, sondern ein eher unterdurchschnittliches Ergebnis. So könnte man missliebige Konkurrenz ausschalten.

Digitale Kriegsszenarien könnten so aussehen, dass Russlands Geheimdiensthacker die neuronalen Netze US-amerikanischer Düngeroboter manipulieren und ganze Landstriche vergiften oder umgekehrt. Lagersensoren könnten von Terroristen gehackt werden und so weiter. War es früher der Kartoffelkäfer, der eingesetzt wurde, um die Lebensmittelversorgung des Gegners anzugreifen, könnten es in Zukunft die gekaperten Roboter sein. Die Maschinen würden dann weiter brav aufs Feld rollen und alles sähe aus wie immer. Doch anstatt die Schnecken ums Eck zu bringen, kontaminieren sie langsam, aber sicher die Böden. Etwa so, wie heute Chat-Bots unbemerkt unsere sozialen Netzwerke vergiften können.

KAPITEL 4
LEBENSMITTELPRODUKTION

Wenn Giganten wanken: Die New-Food-Economy der
Startups # Das Steak aus dem 3-D-Drucker und die
neue Welt der Proteine # Schmeckende Maschinen
Der Traum vom Ende des Einheitsbreis # Die Lebensmittel-
handwerker 2.0 – Teamwork mit Kollege Roboter

Maria Mascaraque steht am Pult und mustert ihre Zuhörer. Gerade
hat die zierliche Frau in der weißen Bluse den Vertretern der Lebensmittelkonzerne erklärt, dass sie sich auf neue und auf sehr harte Konkurrenz einstellen sollten.

Es ist ein heiterer Herbsttag auf der Anuga 2019 in Köln, der größten Fachmesse der Ernährungswirtschaft und Nahrungsmittelindus-
trie, und die Welt scheint in Ordnung. Doch Maria Mascaraque, Food
& Nutrition Senior Consultant bei Euromonitor International, einem
Marktforschungsunternehmen der Lebensmittelbranche und seit
vierzig Jahren führender Anbieter von globalen Wirtschaftsinforma-
tionen, hat beunruhigende Botschaften. Es geht um Disruptoren.
Food-Startups, die die Branche auf den Kopf stellen werden. Auf der
Anuga findet man die improvisierten Stände dieser Food-Startups zwischen den Hallen auf Europaletten. Die Gründer verteilen keine
Hochglanz-Imagebroschüren, auf Laptops und Tablets präsentieren
sie ihre Produkte und Lösungen. Interessierte kennen das eine oder
andere Startup schon aus dem Netz, von bunten Instagram-Accounts,
die Hunderttausende Fans haben.

Das sollen die neuen Giganten der Branche sein? Mancher schmun-
zelt. Und viele Vertreter der alten Lebensmittelkonzerne scheinen es
für unmöglich zu halten.

Doch so sicher ist das nicht mehr: Im Jahr 2015 erschien das US-Magazin *Fortune* mit dem Schwerpunkt »The war on big food«. Der Begriff Big Food steht in den USA für die großen Player der Lebensmittelindustrie, und diese schmelzen, wie es in einem Artikel eines Analysten der Credit Suisse angedeutet wird, wie Eisberge: »Die 25 größten US-Lebensmittelkonzerne haben seit 2009 rund 18 Milliarden US-Dollar Marktanteil verloren.«

2011 ergab eine Studie von Accenture, einer internationalen Marktforschungs- und Beratungsagentur, dass sich die Lebensmittelindustrie in den nächsten zehn Jahren stärker verändern wird als in den letzten fünfzig Jahren. Hauptfaktor dieses Wandels sei die Digitalisierung.

Anfang 2019 veröffentlichte der Bundesverband Informationswirtschaft, Telekommunikation und neue Medien e.V., kurz Bitkom, zusammen mit der Bundesvereinigung der Deutschen Ernährungsindustrie eine Studie mit dem Titel »Ernährung 4.0: Status quo, Chancen und Herausforderungen«, für die über dreihundert Unternehmen der Ernährungsindustrie befragt worden waren. Die Ergebnisse machen nachdenklich: Rund 84 Prozent der befragten Unternehmen sahen Digitalisierung als Chance, aber 30 Prozent fehle die Strategie dafür. Digitalisierungsteams würden kaum eingesetzt. Dabei betrifft die Digitalisierung alle Bereiche der Unternehmen, sagten die Unternehmer. Und der Verbraucher erwarte neue digitale Services, von Lieferdiensten bis zu Food-Abonnements nach dem Beispiel der Gemüsekisten der Solidarischen Landwirtschaft.

Die New-Food-Economy

In vielen Ländern sind junge Gründer*innen dabei, die »alte« Welt des vom »immer mehr, immer größer, immer billiger« geprägten Systems der Lebensmittelindustrie zu verändern, vielleicht sogar neu zu erfinden. Im Jahr 2018 haben Food-Startups rund sechs Milliarden US-Dollar eingesammelt, in den letzten fünf Jahren rund 24 Milliarden Dollar, schätzt das Marktforschungsunternehmen ForwardFooding.

Inzwischen existieren so viele Startups, dass man Navigatoren für die neue Szene braucht. ForwardFooding ist einer davon: Der britische Analyst und Informationsdienst beobachtet seit 2017 die neuen Food-Startups und veröffentlicht jedes Frühjahr eine Liste der fünfhundert größten und am stärksten kapitalisierten, also finanziell besonders gut ausgestatteten Food-Startups.

Insgesamt zählt der Analyst weltweit über 4.300 besonders erwähnenswerte Startups, die sich in den letzten zehn Jahren an der Schnittstelle zwischen Lebensmittelbranche und Technologie gegründet haben. Den Zugang zur digital aufbereiteten Weltkarte der Startups verkauft der smarte Dienst an diejenigen Investoren und die Lebensmittelindustrie, die Startups für die eigene Frischzellenkur brauchen.

Der Startup-Finanzierer AgFunder, der ebenfalls regelmäßig über die Startup-Szene bei Lebensmitteln und Landwirtschaft informiert und dessen Newsletter rund 75.000 Abonnenten verzeichnet, schätzt, dass Gründungen in den letzten zehn Jahren insgesamt mehr als 85 Milliarden US-Dollar an Risikokapital akquirieren konnten. Der Betrag entspricht in etwa dem Jahresumsatz des Schweizer Weltkonzerns Nestlé im Jahr 2019. Im selben Jahr kommt AgFunder auf den Betrag von 19,8 Milliarden US-Dollar, was einem doppelten Jahresgewinn von Nestlé entspricht.

Die Brutstätten der New Food Economy sind meist in Bürogebäuden oder Industriebrachen angesiedelt, in wenig begehrten Lagen, oft in Zwischennutzung bis zum Abriss, wo sich Gründer und junge Selbstständige preiswert einmieten können. Manche werden von den Kommunen gefördert, einige sogar von den Stadtverwaltungen initiiert. Einige Orte bieten nur Solo-Selbstständigen einen Schreibtisch, die sich als Gründer im Food-Kosmos ausprobieren wollen, oder Medienschaffenden, die Food-Startups bei der Vermarktung helfen. Andere Orte bieten darüber hinaus kleine Experimentier- und Produktionsküchen, in denen Prototypen erster Produkte entwickelt werden können.

Die Geschäftsmodelle der Food-Startups reichen heute von Produktentwicklern über experimentelle Babybrei-Mischer aus der heimischen Küche und reine Dienstleister bis zu hippen Markenmachern.

Allen Inkubatoren gemeinsam ist – wie auch in den Start-up-Szenen anderer Wirtschaftsbereiche: Sie sollen die Gründungstätigkeit anregen und sich möglichst gegenseitig inspirieren, beraten, coachen, Erfahrungen austauschen und anspornen. Und sich virtuell vernetzen. Das heißt, sie bieten den Zugang zu einem breiten Netzwerk aus anderen, bereits erfolgreichen Jungunternehmer*innen und erfahrenen Mentoren, die schnell für einen Videocall oder eine Frage per Messenger-Dienst erreichbar sind. Hinzu kommt der wachsende und äußerst diverse Wissensschatz an diesen Orten, aus dem sich die »Bewohner*innen« bedienen können. All das soll den jungen Gründer*innen die Voraussetzungen bieten, unter denen ihre Ideen gedeihen können. Während die etablierten Unternehmen für die Entwicklung von neuen Produkten oft Jahre brauchen, entstehen an diesen Orten mithilfe digitaler Technologie Prototypen für innovative Produkte oder Dienstleistungen in nur wenigen Wochen.

Ein solcher Food-Inkubator sitzt auch im New Yorker Stadtteil Manhattan. Gegründet wurde er von WeWork, einem mit 650 Standorten großen Anbieter von Co-Working-Spaces. Auf der Homepage wird das so beschrieben: »Die Zukunft der Lebensmittelindustrie: Wir bauen eine Community von Unternehmern, Branchenexperten und Investoren auf – für die Lebensmittelversorgung jetzt und in der Zukunft. Food Labs bietet neben Arbeitsbereichen eine weltweite Plattform für Startups im Bereich nachhaltiger Lebensmittellösungen.«

Ausschließlich Food-Startups beherbergen dagegen cph Food-Space in Kopenhagen, die Kitchenrepublic in Amsterdam und The Kitchen Hub in der israelischen Stadt Aschdod südlich von Tel Aviv. In Deutschland startete jüngst das FoodLab in Hamburg. Andere Foodlabs sind eher in der Hand von Industrie und Handel: Metro betreibt mit NX-Food ein Netzwerk-Programm aus der Konzernzentrale in

Düsseldorf. Seit 2018 gibt es in deren Großhandel-Shops spezielle Startup-Regale, in denen neue Produkte präsentiert und getestet werden. Bahlsen aus Hannover, der Bäcker des bekanntesten aller Butterkekse, holte 2019 mit Kitchen Town einen Ableger des erfolgreichsten Startup-Beschleunigers aus dem Silicon Valley nach Berlin.

Der schwedische Möbelkonzern Ikea betreibt mit SPACE10 ein Food Lab in Kopenhagen. Im angesagten Stadtteil Kødbyen, dem ehemaligen Schlachthofviertel, wird jetzt zum Thema »nachhaltiges Leben« geforscht. Ein Team aus jungen Frauen und Männern arbeitet dort an Köttbullar aus dem Labor, Fleischalternativen aus Insekten oder aus Pflanzen, aber auch an einer virtuellen Küchen-App und an neuen Lieferservices. Das Food-Lab SPACE10 gab 2019 mit *Future Food now* ein Kochbuch heraus, das unser Essen der Zukunft beschreiben soll: nachhaltig, vegan, saisonal und lokal, mit Rezepten für Algenchips und Käferburger. Es enthält aber auch einen einfachen Leitfaden zur lokalen und nachhaltigen Nahrungsmittelproduktion. Die schwedische Möbelkette stellt sich also bereits auf die New Food Economy ein.

Im Nestlé-Forschungszentrum in Lausanne hat Manager Mark Schneider auf 1.400 Quadratmetern einen Bereich eingerichtet, in dem der Nahrungsmittelkonzern für die digitale Zukunft fit gemacht werden soll. Gegenstände der Forschungen sind personalisierte Nahrungsmittel, ökologische Verpackungen und pflanzliche Alternativen zu Fleisch. Ins niederländische Food Valley in Wageningen, nordwestlich von Nimwegen, verlegte Unilever seine Forschungs- und Entwicklungsabteilung. Damit ist der Konzern nicht der einzige: Auch andere internationale Lebensmittelunternehmen haben in der Nähe der Universität und des staatlichen Forschungszentrums Wageningen ihre Vertretungen und Forschungsinstitute angesiedelt. Rund 15.000 Menschen arbeiten in der 40.000-Einwohner Stadt, die ein »dynamisches Wissenszentrum für die internationale Lebensmittelindustrie bilden« soll. Nach einer solchen Verbindung, Cluster genannt, aus Forschung, Startups und Kapital wie im Food-Valley sucht man in Deutschland bislang noch vergebens.

Während sich in den USA, Israel, den Niederlanden oder Skandinavien Kommunen und Politik am Aufbruch und der Unterstützung von Start-ups gezielt beteiligen, fehlen in Deutschland solche Bemühungen speziell im Food-Tech-Bereich. Manchmal wird die Lebensmittelbranche bei der öffentlichen Startup- und Digitalförderung schlicht vergessen. Die zwölf vom Bundesministerium für Wirtschaft und Energie installierten Digihubs sollen digitale Innovation in Deutschland unter anderem in den Bereichen Mobilität, Medizin oder Finanzdienstleistungen vorantreiben. Ein Hub zu der digitalen Zukunft der Lebensmittel- oder Landwirtschaft gibt es in diesem Programm bislang nicht.

Finanziert werden die Gründer*innen hierzulande von eigens darauf spezialisierten Risikokapitalgebern. Einer davon sind die 2016 in Berlin gegründeten Investor Atlantic Food Labs, die Gründer in der ersten Zeit unterstützt, in der sogenannten Seed-Phase. Rund zwanzig Projekte wurden hier bislang finanziert, mit einer thematischen Bandbreite von Agrartechnologie über alternative Proteinquellen, Wasserversorgung, Ernährungssicherheit, dezentralisierte Nahrungsmittelproduktion, vertikale Landwirtschaft, personalisierte Ernährung bis zu Lebensmittelverschwendung und Kohlenstoffreduzierung.

Die Investitionen in Deutschland erscheinen allerdings im internationalen Vergleich eher bescheiden. Während hierzulande über eine Finanzierung im Tausender-Bereich geredet wird, können Food-Startups in anderen Ländern Millionen, zuweilen Milliarden akquirieren.

»Wir sind der erste Food Impact Investor Europas, der die *#Food-Revolution* mitgestaltet«, verkündet man selbstbewusst bei Katjes Green Food. Das Tochterunternehmen des gleichnamigen Süßwarenherstellers investiert ausschließlich in pflanzenbasierte Lebensmittel-Startups. Auf der Anuga Messe 2019 baute das Investor*innenteam den Startups eine Art grünes Ufo aus aufeinandergetürmten Europaletten. Den neugierigen Einkäufern der Supermärkte, die den Stand besuchten, präsentierten die Gründer*innen erste Kostproben ihrer

Produkte: weiße Butter aus Kichererbsen und Kokosnuss, knusprigen »schweinelosen Speck« aus gebackenen und gewürzten Pilzen. Über dem Eingang der Palettenkonstruktion leuchtete das Motto »The Future is plantbased«.

»Startups verändern heute nicht nur die Lebensmittelindustrie, sondern auch die Agrarpolitik, indem sie den Nachhaltigkeitsdiskurs alternativer Bewegungen der letzten Jahrzehnte aufnehmen und den Fokus auf technische Lösungen für diese Probleme legen. Sie verbinden Unternehmer*innengeist mit den traditionellen Zielen der Umwelt- und Food-Bewegung der 1990er- und 2000er-Jahre«, schreiben die beiden australischen Forscherinnen Michelle Phillipov und Katherine Kirkwood in ihrem Buch *Alternative Food Politics – From Margins to Mainstream*.

Diese Entwicklung sehen die Autorinnen nicht nur positiv, denn Startups, ihre Risikokapitalgeber und die in ihrem Auftrag handelnden Kommunikationsagenturen betreiben auch ein »Geschäft der Erwartungen«, wenn es um neue Technologien und Versprechungen geht. Sie erzeugen »soziotechnische Fantasien« von wünschenswerten Zukünften auf und rund um den Teller. Um Investoren zu begeistern, müssen Startups besonders kühne Zukunftsvisionen kommunizieren. Das kann zu einer sich selbst hochschraubenden Spirale führen: je kühner das Zukunftsversprechen, desto mehr Investoren, desto mehr Geld. Wenn man diesen Gedanken weiterdenkt, könnte das zu einer Spekulationsblase wie jener der Internetwirtschaft zu Beginn der 2000er-Jahre führen.

Doch die Rahmenbedingungen haben sich seitdem verändert: Durch die Digitalisierung verlieren die klassischen Skaleneffekte an Bedeutung. Dieser auch als »Economies of Scale« bezeichnete Effekt beschreibt, dass der Fix- oder Gemeinkostenanteil für die Herstellung eines Produkts an den Stückkosten mit steigender Produktionsmenge sinkt. Ein einfaches Beispiel: Kosten für Miete der Produktionshalle hat man monatlich in einer bestimmten Höhe – ganz gleich, ob man dort hohe Stückzahlen oder geringe Stückzahlen herstellt, ob man viele Kekse oder wenige bäckt, viele Pizzas belegt oder wenige. Nehmen wir an, die Miete für die Fabrik – ein typischer Fall von Fixkosten – läge bei 10.000 Euro im Monat. Bei 100.000 hergestellten Pizzen wäre der Mietanteil pro Stück bei 10 Cent. Würde man dagegen nur 10.000 Stück herstellen, läge der Mietanteil pro Stück bei einem Euro. Gleiches gilt natürlich auch für die Kosten von Marketing, Vertrieb und Einzelhandel, die auf den Stückpreis umgelegt werden.

Das ändert sich durch die Digitalisierung vieler Prozessschritte: Hier schrumpfen die Kosten – wenn etwa für Marketing keine teure Regalwerbung mehr gemacht werden muss, sondern etwa eine Website ausreicht.

Diese Effekte machen sich Startups zunutze: Denn damit gibt es keinen Zwang mehr zur gigantischen Größe im Foodbereich. Man muss nicht mehr riesige Stückzahlen produzieren, um wirtschaftlich erfolgreich zu werden. Ein Grund dafür liegt darin, dass durch das Internet der Zugang zum Markt wesentlich einfacher und vor allem preiswerter geworden ist. Um Lebensmittel zu verkaufen, musste man früher Vereinbarungen mit Handelsketten und Logistikunternehmen treffen. Die bestanden meist auf große Mindestmengen. Heute stellen digitale Kanäle direkt die Verbindung zum Kunden her. Damit haben sich auch die Marketingkosten extrem reduziert. Teilweise werden sie sogar durch digitale Mundpropaganda und Social Media komplett ersetzt. Klein zu sein – und es zu bleiben – kann dank Technologie auch im Foodbereich profitabel sein.

Der Aufbau einer Online-Gemeinschaft, im Fachbegriff *Online Community*, rund um das Produkt zählt heute zu den ersten Handlungen nach der Gründung der Food-Startups. Damit reduziert sich die Abhängigkeit kleinerer Lebensmittel-Marken von teurer Werbung oder kostenintensiver Regalplatzierung im Supermarkt. Viele kleine Produzenten können heute Nischen besetzen, die man vor einigen Jahren kaum als relevantes Marktsegment bezeichnet hätte.

Sobald die Rezeptur des eigenen Produktes steht und erste Erfolge im Vertrieb zu verzeichnen sind, setzen einige Food-Startups auf das Modell des sogenannten *Co-Packing*. Sie verlassen die kleinen Produktionsküchen in ihrer Garage oder ihren Inkubatoren und lassen die

Produkte nach ihrem Rezept von einem Industriepartner herstellen. Mit der Auslagerung der Produktion vermeiden sie das Investment einer eigenen großen Produktionsstätte und reduzieren das Risiko. So nutzen etliche junge Biermarken freie Brauerei-Kapazitäten der großen Unternehmen, die sie günstig einkaufen.

Für die neue Foodwelt sind viele der alten großen Food-Tanker zu langsam. Ihre Organisationen sind zu schwerfällig, teilweise überwiegend mit sich selbst beschäftigt, in alten Strukturen verstrickt und nicht selten abgekoppelt davon, was die jungen Verbraucher als Werte und Bedürfnisse sehen. Nur so ist es etwa zu erklären, weshalb die Startups, die Fleischersatzprodukte herstellen, solch gigantische Massen an Risikokapital einsammeln konnten: Denn wenn an dieser vegetarischen oder gar veganen Zukunft der Millennials etwas dran sein sollte – und danach sieht es gerade aus –, dann will die alte Welt der industriellen Lebensmittelproduktion ihren Anteil daran sichern. In einer Welt, in der immer mehr Konsumenten der Lebensmittelindustrie misstrauen und Probleme wie der Klimawandel zu bedeutenden Faktoren der gesellschaftlichen Debatte werden, wecken Food-Startups daher große Hoffnung und Erwartungen.

Der diplomierte Industrie-Ingenieur Matthias Blodig begrüßt Besucher im Herbst 2018 in einer noch improvisiert wirkenden Büro-Umgebung im Berliner Nordwesten. Im Moabiter Shoppingzentrum »MOA Bogen« haben er und sein Team sowie einige junge Gründer*innen einen Verkaufsraum zwischen Filialbäcker und Blumenladen zur Zwischennutzung übernommen. Aus den locker im Raum platzierten weißen Tischen quellen viele Kabel. An der Wand steht in bunten Klebebuchstaben der Projektname *Food Tech Projects*, das Blodig für den Unternehmensverbund Edeka in Berlin leitet.

Ganz und gar nicht improvisiert wirken dagegen die Pläne von Blodig und Edeka. 130 Arbeitsplätze sollen hier auf dem Food-Tech-Campus entstehen. Hinter einem abgerissenen Parkhaus stapfen erste Neugierige in diesen Tagen noch über Bauplanen, mit denen der Holzboden geschützt werden soll, und schauen in leere helle Büros, die mit Glaswänden abgeteilt sind. Die Szene hat Symbolkraft: Hier soll eine neue Welt der ernährungsmäßigen Nachhaltigkeit entstehen. Start-ups sollen den »Einkauf von morgen gestalten« und »Raum zum Wachsen« finden, sagt Blodig. Was schon steht, ist die Media Kitchen. Blodig zeigt stolz die an ein TV-Studio erinnernde Profiküche, in der die Food-Startups später ihre Produkte testen und gleich Videos und professionelle Fotos für ihre Online-Kanäle shooten können.

Ein paar Wochen später findet im umgebauten Gebäudeteil die Er-öffnungsparty statt. An einer langen Tafel sitzen junge Menschen in Hoodies, die zum Teil schon mit eigenem Logo bestickt sind, erfahren wirkende Experten in Anzügen und Edeka-Angestellte. Viele der Älte-ren gehören entweder zu interessierten Investoren oder zum Mento-ren-Netzwerk des Campus. Es gibt Snacks aus der Media Kitchen. Ei-nige davon können sich die Besucher aus einem smarten Kühlschrank holen, der sich mit einer App öffnen lässt, die sich merkt, was entnom-men wurde und was digital zu bezahlen ist. Im Shoppingcenter neben-an gehen die Berliner an diesem Abend wie gewohnt einkaufen. Das Herzstück des Centers, ein voll ausgestatteter Supermarkt, hat heute bis 22:00 Uhr geöffnet. Von der Feierlaune der Food-Starter bekommt man dort nichts mit.

Aufmerksame Besucher könnten im Markt allerdings schon erste Produkte von Startups des Food-Tech-Campus im Regal finden. In diesem Supermarkt kann getestet werden, was im Regal funktioniert und was nicht. Der Berliner Stadtteil Moabit mit einer Bevölkerung aus alteingesessenen Berliner Familien und Studenten ist laut Blodig ein perfektes Testfeld. Den Betreibern dieses Food-Tech-Campus geht es nicht um Produkte für kleine Nischenmärkte, sondern eher für die breite Masse. Eines ihrer ersten Projekte: Die Indoorgewächshäu-ser von Infarm, vor ein, zwei Jahren noch als Hipstergespinst abgetan, sind mittlerweile in vielen Edeka-Märkten zu finden.

Das Steak aus dem 3-D-Drucker und die neue Welt der Proteine

»Riesenhunger auf die Aktie von Beyond Meat: Aktie von Fleischersatz-Hersteller Beyond Meat explodiert nach Börsenstart«, jubelte das Wirtschaftsmagazin *Focus Money* im Mai 2019. »Aktie springt 163 Prozent über den Ausgabepreis«, frohlockte das reichweitenstärkste deutsche Finanzportal *onvista*. Das Fazit der Online-Banker: »Bester Börsenstart seit fast 20 Jahren.« In der Wall Street kommen vegane Produkte offenbar gut an. Beyond Meat, der vegane Konzern aus Kalifornien, wurde beim Börsengang unter anderem von Microsoft-Gründer Bill Gates und dem Schauspieler Leonardo DiCaprio unterstützt. Nachdem die Aktie im Mai 2019 mit 46 Dollar gestartet war, hatte sie Ende Juli 2019 mit 211 Dollar einen Spitzenwert erreicht und sich nun 2020 bei 135 Dollar eingependelt. Trotzdem ist Beyond Meat ein Startup wie aus dem Bilderbuch: Rasantes Wachstum, steigende Erlöse und Gewinn.

Bevor der ehemalige Cleantech-Manager Ethan Brown Beyond Meat 2009 als Startup gründete, beschäftigte er sich damit, wie man mithilfe von Technologie den Klimawandel abbremsen kann. Mit einem Startup-typischen Pitch, einer kurzen und knappen Präsentation seiner Pflanzenfleischidee für Investoren, überzeugte er eine der bekanntesten und ältesten Venture-Capital-Firmen des Silicon Valley, Kleiner Perkins, die mit ihren Investitionen bereits Firmen wie Amazon, Google oder Uber aus der Taufe gehoben hatte.

Heute kooperiert Beyond Meat unter anderem mit der Burgerkette McDonald's, die das Angebot an veganen Burgern in von anfangs 28 Filialen schnell auf 52 Filialen ausdehnte. Die Burgerpattys, vegetarischen Würste und das pflanzliche Hack von Beyond Meat werden inzwischen auch bei Dunkin', Subway oder Starbucks verarbeitet. In Botswana, Mauritius und Südafrika sind Beyond-Meat-Produkte mittlerweile in mehr als 700 Restaurants erhältlich.

In China beliefert Beyond Meat die 4.200 Filialen von Starbucks mit Burgerpattys für das Frühstückssandwich. In Russland hat der Markteintritt begonnen. In Deutschland vertreiben Metro und Wiesenhof die fleischlosen Produkte. Im Sommer 2019 musste sich der Discounter Lidl bei vielen enttäuschten Kunden entschuldigen. Sie hatten gehofft, die begehrten Beyond-Meat-Päckchen aus der Kühltruhe fischen zu können, wie in der Werbung angekündigt. Doch in vielen Filialen war der vegane Fleischersatz bereits am ersten Tag des Verkaufsstarts ausverkauft. »Wir haben uns bemüht, möglichst viel Ware zu bekommen, die Produktionsmenge des Herstellers ist ausgesprochen knapp«, hieß es damals auf Facebook.

Ein Jahr später verkündet Beyond Meat ein Joint Venture mit dem Schlachtbetrieb Zandbergen in Zoeterwoude in der Provinz Südholland: Es geht um den Aufbau einer gemeinsamen veganen Produktion. Zusätzlich will Beyond Meat Ende 2020 eine eigene Fertigung für ihre Fleischersatzprodukte im niederländischen Enschede starten.

Im ersten Quartal 2020 konnte Beyond Meat laut Presseagentur Reuters seinen Umsatz im Jahresvergleich um 141 Prozent auf 298 Millionen Dollar steigern, der Gewinn lag bei 1,8 Millionen Dollar, im Vorjahreszeitraum war noch ein Verlust von 6,6 Millionen Dollar angefallen. Im Juni 2020 ist das Unternehmen an der Börse 10 Milliarden Euro Wert.

Für den »Chief Groth Officer« von Beyond Meat, Chuck Muth, ist dieser Erfolg eine Folge von viral-digitaler Verbreitung der Botschaften von Beyond Meat. 21,7 Milliarden Kontakte hat die Firma in den ersten zehn Monaten des Jahres 2019 erreicht, verkündete Muth bei einem Vortrag.

Rund achtzig Wissenschaftler arbeiten inzwischen im Forschungszentrum von Beyond Meat an der Version 2.0 und 3.0 des Burgerpattys, der im Wesentlichen aus sogenanntem Erbsenprotein-Isolat, verschiedenen pflanzlichen Ölen, Gewürzen, Aromen und Wasser besteht. Auf die Kritik, dass momentan noch viel Zusatzstoffe in den Produkten zu finden seien, reagiert man – eher untypisch für die Lebensmittelbranche – mit einem Verweis auf den in der Entwicklung befindlichen Burger 3.0, ganz so, als handle es sich um ein Update für eine noch fehlerhafte Software.

Die Mischung, die schon in der jetzigen Version kein Gluten und keine gentechnisch veränderten Organismen enthält, wird gedämpft und in Form gepresst. Martin C. Heller und Gregory A. Keoleian von der Universität von Michigan stellten fest, dass für die Herstellung von Beyond-Meat-Produkten 93 Prozent weniger Fläche genutzt und 46 Prozent weniger Energie verbraucht werden und außerdem 90 Prozent weniger Treibhausgase entstehen als bei einem Burger aus Rindfleisch, ganz abgesehen davon, dass auch sehr viel weniger Wasser in diesem Prozess gebraucht wird.

Auch die Wettbewerber von Beyond Meat verzeichnen mit veganem Fleisch steigende Umsatzzahlen. Durch fortwährende Skandale in der Fleischindustrie und anhaltende Kritik an Tierhaltungsbedingungen sind diese Produkte heute auf bestem Weg in den Mainstream. »Obwohl Ersatzprodukte für rotes Fleisch im Vordergrund stehen, wird nun auch Ersatz für Geflügel, Schweinefleisch und sogar Meeresfrüchte in Angriff genommen«, so der Analyst AG Funder.

Auch wenn sich die globale Fleischproduktion in den letzten fünfzig Jahren von 84 Millionen Tonnen 1965 auf 330 Millionen Tonnen 2017 gesteigert hat und die FAO, die Ernährungs- und Landwirtschaftsorganisation der Vereinten Nationen, bis zum Jahr 2050 mit einer Steigerung der globalen Fleischproduktion auf 455 Millionen Tonnen rechnet – der Fleischkonsum in Deutschland ist in den letzten zehn Jahren um elf Prozent gefallen, und auch in den mittel- und nordeuropäischen Ländern geht der Verbrauch zurück. Sogar in den USA. Manche Experten sprechen bereits in Anlehnung an den Begriff *Peak Oil* von *Peak Meat*, dem Punkt, der markiert, dass die maximale Produktion überschritten ist.

Die Unternehmensberatung A.T. Kearney prophezeit, dass auf Pflanzen basierende Fleischersatzprodukte 2025 einen Marktanteil von etwa zehn Prozent erreicht haben werden. Im Jahr 2030 schätzt man den Marktanteil für Fleischprodukte auf nur noch 72 Prozent. Der für pflanzliche Fleischersatzprodukte liege dann bei 18 Prozent und der für künstlich hergestelltes Fleisch bei zehn Prozent. Im Jahr 2040 sollen traditionelle Fleischprodukte nur noch über einen Marktanteil von 40 Prozent verfügen, Fleischersatzprodukte über 25 Prozent, künstlich hergestelltes Fleisch über 35 Prozent.

In den letzten fünf Jahren verdoppelte sich in Deutschland die Nachfrage nach Fleischersatzprodukten. Denn Millennials und Vertreter*innen der Generation »Fridays for Future« legen keinen gesteigerten Wert mehr auf Fleisch. Nicht jede*r wird deswegen sofort zum Vegetarier oder Veganer. Wenn Fleisch gegessen wird, dann eher als Beilage. Für diese Teilzeitvegetarier gibt es in der Forschung den Begriff Flexitarier.

»Ungesundes Essen gibt es überall. – Es schmeckt gut. – Es führt aber auch zu chronischen Krankheiten und verschlimmert den Klimawandel. – Was wäre, wenn wir noch einmal von vorne anfangen?« Nachdem diese Sätze auf dem Bildschirm des kleinen Laptops auf Englisch erscheinen, fliegen ein Handvoll Mungobohnen durchs Bild, man sieht erst chinesische Bauern bei der Ernte, dann Bohnensortiermaschinen, dann ein Labor, in dem ein Roboterarm Produktproben blitzschnell ordnet, und einen Produktentwickler, der Computercodes am Bildschirm schreibt. Am Ende des Videos fließt eine gelbe Flüssigkeit in eine Pfanne und man sieht asiatische wie amerikanische Familien fröhlich Rührei essen.

Der Laptop, auf dem dieses Image-Video läuft, gehört Josh Tetrick. Der CEO der Firma JUST ist mit ein paar kleinen Flaschen seines pflanzlichen Rühreis aus San Francisco nach Hamburg auf die Fachmesse Internorga gekommen. Am Stand des Fleischkonzerns Wiesenhof kann das deutsche Publikum sein neues Produkt probieren. Einen eigenen Koch, der zeigen soll, wie einfach sich das Ei-Ersatzprodukt aus Mungobohnen zubereiten lässt, hat er auch mitgebracht. Das Ergebnis schmeckt verblüffend »echt«. Man fragt sich nach dem Genuss, wie viele Blindtester überhaupt den Unterschied zum Rührei aus Hühnereiern schmecken würden.

Im Juni 2011 gründete Josh Tetrick, ein ehemaliger Football-Spieler, mit Josh Balk, einem ehemaligen Baseball-Spieler, das Startup

JUST. Für die Entwicklung ihres ersten Produkts *Beyond Egg*, ein aus Erbsen, Sonnenblumenlecithin und Raps hergestellter Ersatz für Eier, der überwiegend zum Backen verwendet werden sollte, konnten sie 500.000 Dollar Risikokapital akquirieren. Das Produkt wurde nach kurzer Zeit wieder aus dem Einzelhandel genommen, um es exklusiv an Caterer zu liefern. 2016 brachte JUST mit *Just Mayo* einen aus kanadischen gelben Erbsen bestehenden Ersatz für Mayonnaise auf den Markt, ein Jahr später mit *Just Egg* eine aus Mungobohnen hergestellte pflanzliche Alternative zu Rührei.

Auf der deutschen »Leitmesse für den Außer-Haus-Markt« in Hamburg schauten im Frühjahr 2019 vor allem Gastronomen vorbei, um sich über Neuheiten zu informieren. Pflanzliche Alternativen zum Fleisch sind Trend. Am Wiesenhof-Stand beißen viele zum ersten Mal in den ebenfalls präsentierten Beyond-Meat-Burger.

Wer sich genauer mit dem veganen Rührei beschäftigt, merkt, dass nicht nur der Geschmack ein anderes Niveau hat als die bereits bekannten veganen Versuche der Vergangenheit wie beim guten alten Tofu-Burger. Auch das Marketing ist auf einem anderen Level. Man gibt sich betont lifestylig auf Instagram, zeigt Videos mit Rezepten und Tipps; wer will, kann sich die Entstehung des pflanzlichen Rühreis vom Anbau der Bohnen über die Herstellung bis zur Abfüllung des flüssigen »Rühreis« in weiteren Videos anschauen. Labore und Maschinen, die in dem romantisierenden Ambiente der klassischen Lebensmittelwerbung nicht vorkommen, werden hier stolz als Teil des technologischen Innovationsprozesses ausgestellt.

Josh Tetrick ist gerade dabei, einem kleinen Interessentenkreis seine Folien mit der Verkaufsentwicklung im US-Markt zu präsentieren, als Peter Wesjohann am Stand eintrifft, der Chef des größten deutschen Geflügelproduzenten Wiesenhof. Dass JUST im ersten Quartal 2020 im Vergleich zu 2019 über 36 Prozent gewachsen sei, beeindruckt ihn und er freut sich auf die geplante Zusammenarbeit mit JUST, dessen Vertrieb Wiesenhof übernehmen will. Er hofft auf eine Wiederholung des US-Erfolgs im deutschen Supermarktregal.

Schwer beeindruckt vom veganen Rührei zeigte sich auch Microsoft-Erfinder Bill Gates, der in seinem Online-Blog JUST zusammen mit Beyond Meat als das Unternehmen hervorhob, das das Lebensmittelsystem revolutionieren würde. 2015 und im Jahr darauf wurde JUST vom US-Nachrichtensender *CNBC* in die Liste der fünfzig weltweit wichtigsten Disruptoren aufgenommen – ein Begriff, der in der Wirtschaftssprache für Firmen steht, die Geschäftsmodelle einer Branche grundlegend verändern. 2020 wurde JUST auf dem Weltwirtschaftsforum als *Technology Pioneer* ausgezeichnet.

Für Juni 2021 steht der Markteinstieg in Europa an. Der soll zuerst in Deutschland erfolgen: zusammen mit dem deutschen Konzern Emsland Group, zu dem neben 28 weiteren Tochterunternehmen auch die Emsland-Stärke GmbH zählt, die Europas größte kartoffelverarbeitende Stärkefabrik in Emlichheim im Landkreis Grafschaft Bentheim betreibt und laut *Lexikon der deutschen Weltmarktführer* bei der Herstellung von Stärkeveredelungsprodukten, Kartoffeleiweiß, Flocken und Granulat ebenso führend ist. »Technologen/Techniker für Protein-Prozesse« werden bereits gesucht. Zu den erforderlichen Qualifikationen zählen »mehrjährige Erfahrung in der industriellen Herstellung pflanzlicher Proteine sowie Kenntnisse in der Verarbeitung von Erbsen, Kartoffeln u.a. pflanzlichen Rohstoffen«, »Reisebereitschaft« und »gute Englischkenntnisse in Wort und Schrift«.

Das neueste Video aus dem Hause JUST zeigt die zehn Schritte, die vom Acker bis zur Pfanne notwendig sind, um pflanzliches Rührei herzustellen. Die Macher wissen laut ihrem »Impact Report 2020«, dass Kunden heute Transparenz von Lebensmittelmarken erwarten, und so verkündet Josh Balk: »Wir haben bis jetzt 40 Millionen Eier eingespart.«

Außer pflanzlichen Alternativen zu Fleisch, also zu einer Art Post-Grünkernbratling Fleischersatz 2.0 oder »Novel Vegan«, gibt es das sogenannte »Laborfleisch« – eigentlich ein nicht mehr zutreffender Begriff. Das Fleisch, das aus Stammzellen in einer Nährlösung heranwächst, wird heute in großen Edelstahlbehältern produziert, ist also aus dem Laborzustand heraus.

Auch den Fleischessern dämmert allmählich, dass es mit der massenweisen Mast- und Schlachttierhaltung so nicht weitergehen kann: zu hoher Ressourcenverbrauch, Tierleid, Umwelt- und Klimaschäden, ganz abgesehen von den Arbeitsbedingungen, die in der Fleischindustrie herrschen.

Didier Toubia aus Israel stellt im Januar 2019 auf der Konferenz Food&Farm 4.0 während der Grünen Woche in Berlin sein Startup *Aleph Farm* vor und erklärt, wie in den Tanks der Firma eine Fleischmasse aus Stammzellen einer Kuh gewonnen wird – Fleisch, aus dem dann Burger oder Steaks werden können. Während der erste vor fünf Jahren von dem niederländischen Professor Mark Post im Tank gezüchtete und mit großem PR-Erfolg in London gebratene »Laborfleisch-Burger« noch eine Investition von 500.000 Dollar erforderte, liegt der Preis für so einen Burger aus Stammzellen heute bei rund 50 Dollar, stellt Toubia fest und ist davon überzeugt, dass, wenn erst die von ihm anvisierten »Bio-Farms« auf der ganzen Welt an den Start gehen, sein *Clean Meat* billiger als konventionell erzeugtes Fleisch sein wird: weniger Ressourcenverbrauch, keine Futtermittel wie Soja, die um die halbe Welt transportiert werden müssen, kein gigantischer Wasserbedarf. Fleisch aus Tierhaltung sei einfach ineffektiv.

Sein Unternehmen sei dabei »eine Art Plattform, auf der auch Produkte aus Rind, Schaf, Geflügel und Fischzellen entstehen« könnten. Das Wort Plattform soll ausdrücken, dass man mit dieser Technologie alle Arten von tierischem Fleisch produzieren kann.

Aleph Farm ist nicht das einzige Startup, das mit Stammzellen von Tieren experimentiert. Auch Redefine Meat aus dem israelischen Rechovot südlich von Tel Aviv arbeitet an aus Stammzellen in einer Nährlösung gezüchtetem Fleisch. Blue Nalu aus Kalifornien experimentiert mit Stammzellen von Fischen.

Am Ende seines Vortrags zeigt Didier Toubia ein Video seines »Prototypen«, wie er es nennt: Das aus Stammzellen hergestellte Fleisch sieht aus wie Streifen von Rindersteak und brutzelt appetitlich in einer Pfanne. Serviert wird es mit Roter Bete und Pilzen. Eine Gruppe von Gästen macht sich darüber her. Während sich die Testesser mit einem Glas Wein zuprosten und das Fleisch mit Genuss verspeisen, hören die Zuschauer den Werbespruch: »Endlich Fleisch, das du genießen kannst, das gut für deine Gesundheit und für den Planeten ist – von Aleph Farm«, und noch einmal wird betont, dass bei Aleph Farm echtes Fleisch entsteht, ohne dass dafür ein Tier getötet werden muss und enorme Ressourcen verbraucht werden. »Dasselbe Endprodukt – nur ein anderer Herstellungsprozess.«

Das israelische Unternehmen Aleph Farms führte kürzlich zusammen mit amerikanischen und russischen Partnern auf der Internationalen Raumstation (ISS) ein Experiment durch, in dem das Fleisch aus 3-D-Druckern kommt.

Muskel-, Blut-, Fett- und Stützzellen werden aus Kuhgewebe extrahiert. In einer Nährlösung aus Hormonen und anderen Nährstoffen vermehren sich die Zellen so schnell, dass innerhalb von vier Monaten eine flüssige Masse entsteht. Mit einem von der russischen Firma 3D Bioprinting Solutions entwickelten 3-D-Bioprinter konnten die Astronauten aus der flüssigen Masse von Aleph Farms feste Zellstrukturen erzeugen. Ein Laser im Drucker liefert die dafür nötige Energie. Das Verfahren, meinen Wissenschaftler, könnte bei längeren Missionen zur Umwandlung von Bioabfällen in Fleisch verwendet werden. Die Bioabfälle liefern dabei die Grundlage für die Nährlösung.

Für den 3-D-Druck werden die Zellen »in Schichten hergestellt, die dann übereinander extrudiert und durch Biochemikalien und biologische Materialien miteinander verbunden werden«, erklärt Toubia.

Wer mit ihm nach an seinem Vortrag spricht, erlebt einen eher schüchternen, aber tief von seiner Technologie überzeugten Unternehmer. Im persönlichen Gespräch beteuert er, für ihn sei klar, dass das konventionelle Fleischsystem vor dem Niedergang steht. Überlebenschancen sieht er eigentlich nur für Metzger, die noch einzelne Tiere besonderer Rassen direkt vom Bauernhof zu bestimmten Spezialitäten verarbeiten. Dafür ist das in Nährlösung gewachsene Fleisch keine Gefahr. Für billiges Hackfleisch der Giganten der Branche aber schon, da seine Produkte zwei bis fünf Jahre nach der Markteinführung billiger sein werden als Fleisch von geschlachteten Tieren. Als er diese radikale Zukunftsvision skizziert, sind die deutschen

Agrarlobbyisten und Vertreter der Fleischindustrie schon längst in der Lobby der Kongresshalle am Alexanderplatz und machen sich über den Konferenz-Kuchen her.

»Hi, ich bin Brian Spears, der Gründer von New Age Meats aus San Francisco und ich möchte Euch Jessie vorstellen.« Mit diesen Worten begrüßt Brian Spears an einem Januarmorgen 2020 auf dem World Web Forum in Zürich das Publikum. In der mit vielen Hundert Zuhörer*innen gefüllten Halle flimmert ein kleines Schwein mit flauschigen Ohren über den riesigen Bildschirm. Chemieingenieur Spears berichtet in unterhaltsamem Ton von der Biopsie, die sie an Jessie durchgeführt haben, um dem Schwein einige seiner Zellen zu entnehmen. Nach dieser Prozedur sei das Tier fröhlich grunzend von dannen gezogen und habe sich »des Lebens erfreut«. Aus diesen Zellen konnte bereits 2018 so viel Fleisch gezüchtet werden, dass es für eine erste Wurstverkostung mit eingeladenen Gästen reichte. Im Magazin *Business Insider* hieß es damals, das gezüchtete Fleisch sei »rauchig und schmackhaft« und schmecke genauso wie das Bratwurstbrät in der Würstchenkasserolle, die in den USA gern zum Frühstück aufgestellt wird.

Es sei das Ziel von New Age Meats, erklärt Brian Spears bei seinem Vortrag, die Automatisierung des Fleischwachstums in einem Biotank zu realisieren. Er sagt Bioreaktor, weil es schicker klingt. Zwölf Jahre Erfahrung hat Spears in der Automatisierung von industriellen Prozessen in der Labor- und Produktentwicklung unter anderem bei der NASA sammeln können. Mithilfe digitaler Technologie und künstlicher Intelligenz lassen sich auch bei der Fleischzucht die Prozesse beschleunigen und skalieren, sagt er, um den Massenmarkt zu bedienen.

Wie die Produktion von gezüchtetem Fleisch in großen Mengen aussehen könnte, legen die Pläne der Firma Future Meat nahe. Das Startup arbeitet bereits an einer Anlage, wo in großen Edelstahl-Tanks schon bald kiloweise Burgerfleisch unter kontrollierten Bedingungen heranwachsen soll, das man dann nach ein paar Wochen entnehmen könne.

Was im Format der Großindustrie funktioniere, könnte in der Vision der Zukunftsfleischer auch als Kleinanlage in Betrieb gehen: So könnte schon bald manches Restaurant einen Plug-and-play-Fleischfermenter in der Küche stehen haben, der vom Anbieter aus San Francisco ferngesteuert, gewartet und optimiert wird. Nachgefüllt werden die jeweiligen Stammzellen von Rind, Schwein oder Huhn sowie die Nährlösung so einfach wie die Kapseln bei der Nespresso-Maschine.

Die Automatisation der Fleischproduktion aus Stammzellen scheint in keiner allzu fernen Zukunft mehr zu liegen, wenn man den Vertretern der »Cultured Meat«-Bewegung auf Veranstaltungen in Zürich, Berlin, San Francisco oder New York zuhört. So plant beispielsweise Memphis Meats, ein Konkurrent von New Age Meat, sein In-vitro-Fleisch 2021 in den Handel einzuführen. SuperMeat aus Tel Aviv, an dem auch der deutsche Konzern Wiesenhof beteiligt ist, will sein Kunstfleisch aus Zellen von Hühnern in den nächsten drei Jahren auf den Markt bringen. Am 26. November 2020 verkündete JUST stolz, die erste Firma der Welt zu sein, die eine Zulassung für künstlich gewachsenes Fleisch bekommen hat. Allerdings nicht in den USA, sondern in Singapur. Die Zulassung hätte zwei Jahre gedauert, berichtet der *Spiegel*. »Sieben Experten hätten die Herstellung in mehr als 20 Produktionsläufen in 1.200 Liter fassenden Bioreaktoren getestet und untersucht. Unter den Prüfern seien Lebensmitteltoxikologen, Bioinformatiker, Ernährungswissenschaftler, Epidemiologen, Lebensmittelwissenschaftler und -technologen sowie Fachleute für öffentliche Gesundheitspolitik gewesen.« Vor vier Jahren haben die Gründer von SuperMeat eine Stiftung zur Erforschung von künstlich erzeugtem Fleisch ins Leben gerufen. Die Gründer der NGO *modern-agriculture.org* haben schon früh angefangen, eine Lobby für das Thema in Israel aufzubauen.

In Berlin wird am 20. Januar 2020 auf der Konferenz Farm & Food 4.0 wieder einmal das Thema »Was steckt hinter dem Hype um alternative Proteine?« diskutiert. Auf dem Podium sitzen Laura Gertenbach, Informatikerin und Gründerin des Startups Innocent Meat in

Rostock, Brian Spears, Bernhard Krüsken, der Generalsekretär des Deutschen Bauernverbandes, und Hubertus Paetow, der Präsident der Deutschen Landwirtschaftsgesellschaft (DLG). Im Hinblick auf die Marktreife ist man hierzulande bei diesem Thema eher skeptisch, aber sehr interessiert an der Technologie, die in diesen neu gegründeten Firmen steckt.

Manch einer kann sich während der Diskussion ein Grinsen nicht verkneifen, zu weit weg ist diese technologische Zukunftsvision von Burger und Bratwurst von der heutigen Lebensmittelproduktion.

In den USA herrscht dagegen in Sachen künstlicher Fleischproduktion geradezu euphorische Aufbruchsstimmung: Memphis Meats hat, so wird am 23. Januar 2020 bekannt gegeben, 180 Millionen US-Dollar Venture-Kapital für die Marktreifmachung seines künstlich gewachsenen Fleisches eingesammelt, auf der Liste der Investoren findet man Bill Gates und Richard Branson sowie Agrar- und Lebensmittelkonzerne wie Cargill und Tyson Foods.

Immerhin haben Fabio Ziemßen und Marcus Keitzer, die bei der Podiumsdiskussion in Berlin ebenfalls dabei waren, einen Lobbyverband namens Balpro gegründet, zu dessen Handlungsfeldern die Zukunftsgestaltung des Marktes für alternative Proteine gehört. Auch »Data-driven New Product Development« soll unterstützt werden. Also die Entwicklung neuer Produkte auf Basis digitaler Daten. Damit ist gemeint, dass künftige Produkte nicht mehr aufwendig im Labor entwickelt werden müssen, sondern sich digital simulieren lassen. Mitglieder sind bereits Wiesenhof, Katjesgreenfood, Avo, Kitchentown und eine Reihe von Startups.

Schmeckende Maschinen

»*Gastrograph AI* ist eine ständig lernende Plattform für die Vorhersage der menschlichen Sinneswahrnehmung von Geschmack, Aroma und Textur«, sagt Jason Cohen, Gründer und Chef von Analytical Flavor Systems in New York. Seine Firma sammelt sensorische »Bewertungen« von Verbrauchern und Fachleuten. Das System soll vorhersagen, ob neue Lebensmittel und Getränkeprodukte den Leuten schmecken werden.

Dazu wurde in den letzten zehn Jahren die nach eigenen Aussagen größte Datenbank für Geschmacksprofile und beliebte Produkte in fünfzehn Ländern erstellt. Mit diesen Daten wurde eine künstliche Intelligenz geschult, die es möglich macht, Vorhersagen über die Akzeptanz von Produkten ohne aufwendige Geschmackstests zu machen. Mit *Gastrograph AI* können die Vorhersagen auch modelliert werden. Das heißt: Man kann Prioritäten und Gewichtung bestimmter Faktoren ändern, erhöhen oder verringern, und erkennen, wie sie die Gesamtvorhersage verändern. Ein Beispiel: Sinkt die Akzeptanz von, sagen wir, Avocado, etwa durch zweifelhafte Anbaumethoden oder Lebensmittelskandale, stärker als angenommen – wie wirkt sich das dann aus? Solche Modellierungen werden bereits in der Risikoforschung und im Risikomanagement angewendet.

Jahrzehntelang haben sich die Innovatoren von Lebensmittel- und Getränkeprodukten stark auf das Feedback statistisch ausgewählter Testesser verlassen, denen in aufwendigen Laborsituationen Produktproben vorgesetzt wurden, die sie geschmacklich zu beurteilen hatten. Das sei nicht mehr nötig, erklärt Cohen. Man könne die Verbraucherpräferenzen in 28 Märkten weltweit nun mit nur zehn bis 15 Produktbewertungen von Mitarbeitern machen. »Wir können diese Profile in die Wahrnehmung jeder demografischen Zielgruppe der Verbraucher übersetzen und so die Verteilung der Präferenz auf der Grundlage dieser sensorischen Merkmale vorhersagen.« Analytical Flavor Systems traut sich zu, die geschmacklichen Vorlieben chinesischer Küstenbewohner, Amerikaner mit spanischen Wurzeln oder typischer Mitteleuropäer zu unterscheiden. Sie sind aber nicht die Einzigen, die sich mit der Akzeptanz des Geschmacks neuer Lebensmittel beschäftigen. Startups wie Aryballe aus dem französischen Grenoble oder Stratuscent in Montréal im kanadischen Bundesstaat Québec haben digitale elektronische Nasen entwickelt, die Gerüche in digitale Profile zerlegen. Sie können unterschiedliche Biersorten und Weine charakterisieren, schreibt David Julian McClements, Professor am Fachbereich Lebensmittelwissenschaft der Universität von Massachusetts.

»Die neuesten bio-elektronischen Nasen sind sogar noch ausgefeilter«, sagt er. »Sie enthalten Riechproteine und Zellen, die mit Chemorezeptoren ausgestattet sind, die denen in unseren Nasen gleichen. Diese Zellen werden in Zellkulturen gezüchtet und dann an winzige Geräte angeschlossen, die erkennen, wenn ein Aromamolekül an den Rezeptor angedockt hat. Dann senden sie ein Signal an einen Computer.«

Auch für das Sehen existieren mittlerweile digitale Sensoren: Farbmessgeräte bestimmen die exakte Farbe eines Objekts, indem sie diese in nur drei Parameter umwandeln: L (schwarz zu weiß), a (grün zu rot) und b (blau zu gelb). Sie können Lichtwellen sehen, die das menschliche Auge nicht sehen kann, wie etwa Infrarot oder Ultraviolett. Dadurch können sie Informationen über Lebensmittel aufnehmen, die wir nicht wahrnehmen können, wie etwa die Menge an Fett, Protein oder Kohlenhydraten.

Lebensmittelwissenschaftler können mittlerweile die Zusammensetzungen von Lebensmitteln auch so gestalten, dass sie die gewünschten akustischen Signale erzeugen. Um die Attraktivität von Kartoffelchips zu beurteilen, haben Forscher kürzlich Mikrofonohren mit einem mechanischen Mund kombiniert. Darin messen Tribometer die Reibung beim Kauen. Rheometer ermitteln das Verformungs- und Fließverhalten eines Stoffes oder eines Nahrungsmittels. Beide werden bei der Beschreibung und Charakterisierung von Lebensmitteln eingesetzt und immer häufiger genutzt, um geschmackstestende Roboter zu verbessern.

Doch auch die wird man künftig immer weniger brauchen: Denn die Akzeptanz von Chips lässt sich mittlerweile mit künstlicher Intelligenz simulieren – wenn die Algorithmen etwa mit den Daten von menschlichen sensorischen Tests trainiert werden. So können Forscher ermitteln, wie unterschiedliche Chips auf menschliche Konsumenten wirken. Ihr Fazit: Künftig brauchen sie weder Mikrofonohren noch künstliche Münder, um Qualitätsänderungen bei knusprigen Lebensmitteln zuverlässig testen zu können.

Das Computerprogramm *Automated Brewing Intelligence,* kurz *ABI,* des Londoner Startups IntelligentX setzt Algorithmen ein, um Bierrezepturen auf Grundlage von Verbraucherreaktionen zu optimieren. Zunächst wird ein Bier mit genau definierter Bitternote und einem bestimmten Alkohol- und Kohlensäuregehalt gebraut, dann werden Konsumenten gebeten, seine sensorischen Eigenschaften mithilfe eines automatisierten Messenger-Bots zu bewerten. Aufgrund dieser Bewertung optimiert das Computerprogramm die Rezeptur, das neue Bier wird von den Verbrauchern erneut bewertet und so fort.

So hofft man bei IntelligentX, das »perfekt« gebraute Bier zu entwickeln, und zwar so schnell, wie es ohne KI niemals möglich gewesen wäre. Die endgültigen Rezepturen der verschiedenen Biersorten (z.B. helles, bernsteinfarbenes, goldenes oder dunkles) werden online veröffentlicht. So können Hobbybrauer auf dieser Basis ihre eigenen Versionen des *Robo-Beers* brauen.

Die Lebensmittelindustrie hat neue Ohren und Nasen mit künstlicher Intelligenz bekommen. Sie beschleunigen die Automatisierung am Fließband und machen menschliche Tester oder Kontrolleure zunehmend überflüssig. Die Produktentwicklung wird dank digitaler Technologie in praktisch allen Bereichen revolutioniert. Die Maschinen, die Daten liefern, um Lebensmittel in ihre chemischen oder sensorischen Einzelbestandteile zu zerlegen und im Anschluss zu digitalisieren, sind bereits da. Es ist eine Weiterentwicklung der Prozesse zur Industrialisierung unserer Lebensmittel.

Bereits seit Jahren zerlegt die Industrie jedes Nahrungsmittel bis ins kleinste chemische Detail, um es anschließend in Hinblick auf Zielgeschmack oder Vorgaben des Handels wie zum Beispiel lange Haltbarkeit oder bestimmter Fettgehalt optimiert wieder zusammenzubauen. Milch ist dafür ein wunderbares Beispiel. Sie wird schon heute in großen Molkereien in ihre Einzelbestandteile zerlegt und anschließend je nach gewünschtem Endprodukt wie im Baukasten konfiguriert und zusammengesetzt. Sie lässt sich ohne große Probleme in Milchpulver verwandeln, indem man der Milch das Wasser entzieht, und mit Wasser wieder zurück in flüssige Milch verwandeln.

Man kann einzelne Bestandteile wie Milchzucker extrahieren und wieder zusetzen, Rahm, Sahne oder Molke abscheiden.

Für unsere Lebensmittel und die Esskultur hat das Folgen. Denn die so auseinandergebauten und wieder zusammengebastelten Produkte ähneln nur noch entfernt ihren natürlich vorkommenden Verwandten.

Hinzu kommt, dass diese mit künstlicher Intelligenz beschleunigten Prozesse der Produktentwicklung die Entfremdung von den Zusammenhängen und dem, was wir essen, verschärfen werden. Durch die Digitalisierung wird dieser durch die Lebensmittelchemie und die Massenproduktion begonnene Prozess noch beschleunigt. Die Frage, was natürlich und was künstlich ist, wird sich weiter verschärfen. Schon jetzt reagieren viele Verbraucher auf solche Art industrieller Herstellungsweise mit Ablehnung und Hinwendung zu besonders natürlichen Lebensmitteln, wir erinnern uns an die *Clean Eating*-Influencer aus Kapitel 1. Die Frage ist also, ob dies eine erfolgsversprechende Zukunftsstrategie der Lebensmittelwirtschaft sein kann.

»Künstliche Intelligenz kann maximal 80 Prozent der Geschmacksvorlieben der Menschen vorhersagen«, meint Guido Ritter, Professor im Fachbereich Ökotrophologie an der Fachhochschule Münster und Mitglied im Vorstand der Deutschen Gesellschaft für Sensorik. Doch diese 80 Prozent seien lediglich der Massengeschmack, nicht der von anspruchsvollen Menschen oder solchen mit vielleicht eher schrägen Geschmacksvorlieben.

Die Ernährungswissenschaftlerin Maike Ehrlichmann hält die Annahme, dass wir mithilfe von Algorithmen »den Geschmackscode geknackt hätten«, für »absoluten Quatsch«. »Wenn ein gekonnt gekochtes Gericht aus frischen Zutaten ein Gemälde ist«, sagt sie, »mit der dem Koch eigenen Farbgebung, mit Schattierung, Tiefe, Perspektive, dann bleibt Computer-Food immer eine krakelige Bleistiftskizze.«

Was beim Zerlegen von Nahrungsmitteln in ihre Einzelbestandteile oft vergessen werde, sei die unglaubliche Komplexität, die in den Lebensmitteln und der damit verbundenen Esskultur steckt, gibt Ehrlichmann zu bedenken. Dieses vielfältige Zusammenspiel zwischen dem Essen und unserem Körper hat sich seit Jahrtausenden durch Co-Evolution perfektioniert. »Das funktioniert«, sagt sie »und lässt sich nicht so einfach nachbasteln.«

Neben einer übersichtlichen Anzahl von Nährstoffen wie Proteinen, Fetten oder Vitaminen stecken zum Beispiel allein in pflanzlichen Lebensmitteln über 100.000 sekundäre Pflanzenstoffe, die in wissenschaftlichen Tests jede Menge Wechselwirkungen untereinander erzeugen. Wie diese ausfallen und welche Wirkung sie auf jeden Einzelnen von uns haben, lässt sich kaum vorhersagen. Hinzu kommt: Apfel ist nicht gleich Apfel, die enthaltenen Stoffe variieren je nach Sorte, Anbaugebiet und -art, Wachstumsphase oder Erntezeitpunkt. Die Wechselwirkungen mit anderen Lebensmitteln am Rechner zu simulieren, hält Ehrlichmann daher ohne vorhergehende analoge Einzeltests für fast ausgeschlossen.

Aus ihrer Sicht findet in der Ernährungswissenschaft gerade ein Umdenken statt: weg vom Einzelstoffdenken hin zu einer Ehrfurcht gegenüber der Komplexität unserer Ernährung, die in ihrer Gänze noch längst nicht verstanden ist.

Auf die Frage, ob Computercode schmecken kann, antwortet Maike Ehrlichmann daher mit der Gegenfrage: »Kann man mit einer Gummipuppe Sex haben?« Für sie heißt die Zukunft *Food Synergism*, nicht *Food Simplicism*, auch wenn sich mit den technischen Möglichkeiten Komplexität immer besser verarbeiten lässt.

Der Traum vom Ende des Einheitsbreis

Es gibt allerdings auch Lebensmittelchemiker, die die Zukunft anders sehen:

»Lebensmittelarchitekten werden aus wissenschaftlichen Grundprinzipien heraus spezifische sensorische Effekte auf die Nachfrage, wie Cremigkeit, Knusprigkeit oder Zartheit, erzeugen. Diese Prinzipien werden kodifiziert und dann in Computer programmiert, die köstliche Lebensmittel entwerfen, ohne dass mehrere Versuche in einem Forschungslabor oder einer Versuchsküche durchgeführt werden müssen«, sagt Dr. David Julian McClements voraus, Professor am Department of Food Science an der Universität von Massachusetts Amherst, die rund 120 Kilometer westlich von Boston liegt. »Künstliche Intelligenz und maschinelles Lernen werden eingesetzt, um dem Computer beizubringen, wie man Lebensmittel mit unterschiedlichen Eigenschaften herstellt. Wir werden dann in der Lage sein, die Rezeptur für unsere speziellen Geschmäcker zu optimieren – eine Erhöhung der Schmackhaftigkeit von Lebensmitteln für ältere Menschen, eine Verringerung des Salzgehalts für Menschen mit Bluthochdruck, eine Verringerung des Zuckergehalts für Diabetiker«, schreibt McClements in seiner 2019 publizierten Veröffentlichung *Future Foods: How Modern Science is Transforming the Way We Eat.*

Die Versprechen der Lebensmittelindustrie werden in Zukunft also lauten: Wir versorgen dich mit Produkten, die persönlich auf dich zugeschnitten sind und deine individuellen Vorlieben treffen.

Die Lebensmittelindustrie der Zukunft wird zum einen die Attraktivität ihrer Marken, etwa Cola, Pepsi, Magnum oder Pringles, hochhalten und massiv in Werbung und Marketing investieren müssen, zum anderen neue, individuelle Lebensmittel auf den Markt bringen. Denn was noch begehrenswerter ist als ein Twix-Riegel für alle, könnte »MeinRiegel« sein, das ganz speziell abgestimmte Produkt: auf meine Ernährungs-Anforderungen als Freizeitsportler, als Student, der kurz vor einer schweren Prüfungsphase steht, als Schwangere oder als jemand, der unter Jetlag, der einen oder anderen Krankheit oder schlicht einem Hangover leidet.

Mit digitaler Technologie lassen sich Produktionsprozesse automatisch und individuell steuern. In Profilen hinterlegte Kundendaten sorgen dafür, dass bei meinem ganz persönlichen Riegel immer ein paar Erdnüsse mehr, ein bisschen Karamell weniger und – der Frische wegen, die ich so mag – eine kleine Dosis Minze oder Zitronensaft dazugegeben wird, bevor er in die Folie kommt, die vorher per ähnlichem digitalen Druckverfahren mit meinem Namen und mit meinem Foto versehen wurde.

Der Onlineshop, in dem wir unsere Milch bestellen, wird künftig einen Regler enthalten, mit dem sich einstellen lässt, wie hoch der Fettgehalt der Milch der nächsten Lieferung sein soll. Auch die Tomatensauce fragt mich, in welcher Menge ich sie brauche. Und ob wieder etwas mehr Basilikum drin sein soll. Soll die Länge der Pasta auf meine Topfgrößen optimiert werden?

In einer durchdigitalisierten Essgesellschaft werden solche Funktionen vermutlich zuerst von Amazon, Maggi oder Nestle angeboten werden. Aus diesen über Jahre gesammelten Daten – sei es beim Kauf von Küchenutensilien oder bei Lebensmitteln, sei es durch »intelligente« Kühlschränke, die verraten, mit welchen Produkten sie regelmäßig gefüllt werden, oder durch allerlei Küchengerät, das seine Nutzerdaten weitergibt – kann ein immer umfassenderes Kundenprofil angelegt werden. Dass diese individualisierten Produkte chemisch und digital zusammengesetzt sind und wenn überhaupt nur noch marginal mit natürlichen Lebensmitteln zu tun haben, dürfte jedem klar sein.

Die Frage bleibt, ob dieser Weg der Maßanfertigung individualisierter Lebensmittel durch Zerlegung und passgenauen Zusammenbau eine Zukunftsstrategie der Lebensmittelindustrie sein kann. Auch wenn der einzelne Mensch scheinbar im Mittelpunkt steht, basiert dieses System auf einem technischen Verständnis von Ernährung, die im Grunde nur als das Nachfüllen von Brennstoff gesehen wird. Wechselwirkungen einzelner Bestandteile und besondere Naturbelassenheit spielen da keine Rolle. Dass bei der ganzen Analyse der Gelüste und Vorlieben letztlich auch gesundheitsschädliche Nahrungsmittel, beispielsweise mit zu hohem Zuckergehalt, herauskommen können, weil unsere Rezeptoren nun mal auf süß abfahren und Individualisierung vor allem durch die immer wieder neue Zusammensetzung künstlicher Aromen und Farbstoffe erzielt wird, liegt nahe.

Auch wenn der »Einheitsbrei aus der Tüte« durch die Individualisierung der Produkte seinen Endpunkt erreicht hat, bleibt die Frage offen, ob die Food-Tech-Engineers des digitalen Zeitalters uns bessere, gesündere Nahrungsmittel bescheren werden als die Lebensmitteltechniker bisher.

Die Hoffnung ist, dass sich eine Co-Produktion von Mensch und Maschine entwickelt, durch die die Lebensmittelproduktion und die Produkte besser werden, nachhaltiger, menschen- und tiergerechter.

Die Befürchtung ist allerdings die Beschleunigung der industriell-digitalen Logik: Wir zerlegen alles in seine Einzelteile, teilweise unter hohem Energieeinsatz, und fügen es dann individuell wieder zusammen. In diesem Baukastendenken, das zu einem noch höheren Verarbeitungsgrad von Lebensmitteln führt, werden Lebensmittel vollständig der Logik des Verarbeitungsprozesses unterworfen.

Die Lebensmittelhandwerker 2.0 – Teamwork mit Kollege Roboter

»Der Engpass einer Bäckerei ist der Ofen«, sagt Dr. Meeno Schrader. Der Meteorologe und wissenschaftliche Mitarbeiter am Kieler Institut für Meereskunde (GEOMAR) gründete 2013 in Kiel die Firma meteolytix. Sie entwickelte für Bäckereien eine App mit einem Algorithmus, die meteorologische Daten und Daten aus der Bäckerei verarbeitet, um zwei typische Probleme, mit denen Bäckereien zu tun haben, in den Griff zu kriegen. Das eine ist, dass die angebotenen Produkte stets frisch sein müssen. Backwaren vom Vortrag sind kaum mehr zu verkaufen, zumindest müssen sie als »vom Vortag« deklariert und billiger abgegeben werden. Bei manchen Warengruppen, wie etwa bei süßem Gebäck oder manchen Kuchen, ist das grundsätzlich untersagt. Bäckereien müssen aus diesen Gründen ihre Tagesproduktion so genau wie möglich einschätzen. Gleichzeitig müssen besonders die Bäckereien in Supermarktketten alle Brot-, Plundergebäck- und Kuchenvariationen bis zum Abend vorhalten, das kann eine enorme Lebensmittelverschwendung zur Folge haben.

Das zweite Problem – oder besser die Herausforderung – ist der Ofen. Denn der hat beschränkte Kapazitäten. Der Bäcker muss entscheiden: Backt er Brot, Brötchen, Brezeln, Croissants oder Tortenböden? Aus Erfahrung weiß er zumindest ungefähr, wann wie viel Brot,

Brötchen, Brezeln, Croissants oder Torten gekauft werden, und kann die Mengen abschätzen. Nicht selten liegt er mit seiner Einschätzung allerdings auch daneben. Diese Probleme will meteolytix lösen. Denn ihre App berechnet, wie viele Stückzahlen er von welcher Backware in den Ofen schieben soll.

»An heißen Tagen kaufen die Menschen weniger Torte«, sagt Meteorologe Schrader. Das sei ein Grundprinzip. Und damit seine Software eine Backmengen-Empfehlung geben kann, werden möglichst viele Verkaufsdaten der Bäckerei eingegeben. Am besten die der letzten drei bis fünf Jahre. Meist sind es die elektronischen Registrierkassen, die solche Daten zur Verfügung stellen können. Denn beim Verkauf tippt die Verkäuferin ja die einzelnen Produkte in die Kasse ein: drei Milchbrötchen, zwei Brezeln, eine Schneckennudel und ein Mandelhörnchen. Und manche Kassen verfügen über ein recht langes Gedächtnis. Diese Verkaufsdaten werden mit den Wetterdaten der letzten Jahre für den Standort ergänzt. Dazu kommen Aspekte wie Wochentage, Feiertage, Ferienbeginn und Ferienende, Einschulung und Abiturprüfungen, Kommunal-, Kreis-, Land- und Bundestagswahlen. Mit diesen Daten lernt die künstliche Intelligenz in der App: Was wurde wann verkauft? Aus den Mustern der Vergangenheit entwickelt die App jetzt den Backplan. »Wir sind mehr als dreimal so präzise wie die Abschätzung aus dem Erfahrungswissen der Bäcker«, freut sich Schrader. Rund ein Dutzend Bäckereien setzen das digitale Werkzeug bereits ein.

Und meteolytix ist nicht die einzige Algorithmen-Anwendung für den unternehmerischen Mittelstand. Überall entstehen digitale und KI-basierte Lösungen, um die Produktion im Lebensmittelhandwerk zu optimieren. Und die Prognose-Systeme werden erschwinglicher.

Kleine handwerkliche Molkereien und Käsereien setzen mittlerweile wie selbstverständlich Roboter in der Produktion ein. Der Rohmilch-Cheddar der Westcombe Dairy in der britischen Grafschaft Somerset im Südwesten der Insel wird seit 2016 von einem Roboter, dem man den Namen *Tina-the-Turner* gegeben hat, während der Reife gewendet. Laut der britischen Tageszeitung *The Daily Telegraph* war die

Westcombe Dairy weltweit die erste Bauernmolkerei, die einen »Wende-Roboter« beschäftigt hat. Auch in der Gläsernen Molkerei im brandenburgischen Münchehofe, rund 70 Kilometer südöstlich von Berlin, wird der Käse seit 2016 von Roboter Toni gewendet. Die Geräte kennen jeden Käselaib, wissen, wann er in den Reiferaum kam, wissen ebenso, wann er gewendet werden muss und wann sie den Laib das letzte Mal gedreht haben.

Wo handwerkliche Lebensmittelproduktion aufhört und industrielle beginnt, lässt sich mittlerweile kaum mehr definieren. Zumindest nicht auf den ersten Blick. Das stellte 2016 sogar ein deutsches Gericht fest. Der Verband der Bäckereien hatte dagegen geklagt, dass die von Backautomaten hergestellten Brötchen einer Handelskette als »handwerklich« bezeichnet werden. Nach etlichen Verhandlungstagen legte das Gericht den Parteien einen Vergleich nahe. Denn – so die Begründung – auch die »handwerklichen« Betriebe setzen Maschinen, automatisierte Prozesse und neuerdings auch Roboter ein.

Bleibt die Frage: Was ist heute noch handwerklich? Die Betriebsgröße einer Bäckerei, Konditorei oder Metzgerei ist jedenfalls kein überzeugendes Kriterium. Dass »Handwerk« automatisch analog, klein und gut sei und »Industrie« automatisch groß, maschinell und schlecht, »diese alten Bilder stimmen nicht mehr«. Es gehe vielmehr darum, »von wo aus du beginnst, deine Prozesse zu denken«, sagen die beiden Bio-Pioniere und Unternehmer Hans-Paul und Sui Mattke. Seit 1998 stellt ihre Firma Moin Biologische Backwaren GmbH mit 54 Mitarbeitern Backwaren für den Einzelhandel her. Vier Tonnen Teig werden in Glückstadt pro Tag bewegt. 45.000 Backwaren verlassen die Firma jeden Tag. Tendenz steigend. Für die Mattkes ist dies Handwerk.

Der Erfolg ihrer Croissants, Brötchen und Ciabatta-Brote in den Backtheken der Bio-Supermärkte führte in den letzten Jahren zu einer Ausweitung der Produktion in einem technisch hochmodernen Neubau. Hans-Paul Mattke merkt man bei einem Rundgang durch die neue Produktionsstätte seine Faszination für die Technik an. Neue automatische Knetmaschinen, ein neuer computergesteuerter Kälteraum für die Biobutter, die perfekte Wasseraufbereitung, alles lässt sich am Bildschirm überwachen, teils aus der Ferne steuern und kontrollieren.

»Wir haben es trotz all der Technik mit lebendigen Rohstoffen zu tun«, merkt er an. »Technik und Maschinen entfremden dich von dem, was du tust, und von der Körperlichkeit, also wird die Berührung umso wichtiger.« Die Mitarbeiter von Moin müssen sich daher den Produkten bewusst zuwenden, sagt er. Der Teig muss »betouched« werden. »Mit der nackten Hand – nicht mit Handschuhen!« Es geht darum, bewusst den Widerstand, die Wärme zu spüren, etwas »wo ich mich als Mensch dran aufrichten kann«, erklärt Mattke, der vor seiner Bäckerkarriere in den 1970ern Kunst studierte und für den der Aktionskünstler Joseph Beuys eine große Inspiration ist.

In der konventionellen industriellen Produktion habe man in den letzten Jahrzehnten einen anderen Weg eingeschlagen und den Teigen Stoffe zugesetzt, die sie »maschinengängiger« machen sollten, robuster und strapazierfähiger, um den Produktionsprozess zu beschleunigen. Bei Moin ist man stolz, auf diese Zusätze verzichten zu können, auch wenn der Teig mittels Maschinen bearbeitet wird. Wie viele andere Lebensmittelhandwerker sind die Mattkes der Ansicht, dass sich nicht der Teig der Maschine, sondern die Maschine dem Teig anzupassen habe.

In einer Halle ihrer neuen Produktionsstätte hätte es allerdings zu viel Technik gegeben, erzählt Sui Mattke bei unserem Rundgang, »es entstand eine ungute Raumatmosphäre«, und sie hätten deswegen vor Inbetriebnahme einen Musiker engagiert, einen Hornisten, der durch sein Spiel eine Neuordnung ermöglichte. Wegen solcher Experimente wird man schon mal von den Kollegen für verrückt gehalten, berichten die beiden, aber ihnen sei es wichtig gewesen, ein »Gegengewicht zur Kälte der Technik« zu schaffen.

Dass Maschinen Menschen die Arbeit wegnehmen, davor hat man bei Moin keine Angst. Das sollen sie sogar. Bleche und schwere Teigmassen hin und her zu schleppen, ist einfach nur anstrengend. Die Zeit, die durch Maschinen eingespart werden kann, wird besser für

Achtsamkeit in der Produktion aufgewendet, das führe zu besseren Produkten und zufriedeneren Kunden. Für die Zukunft denkt man sogar an eine Verkürzung der Arbeitszeit auf sechs Stunden bei gleicher Bezahlung und prüfe, wie die Mitarbeiter am Unternehmen beteiligt werden können. Die Eröffnung eines Werkladens sei ein erster Schritt in diese Richtung gewesen. Der Laden wird von Mitarbeitern betrieben, die sonst in der Produktion arbeiten, der Profit fließt direkt in ihre Kasse. Hier sollen Kunden einen Einblick in die moderne Produktion und Mitarbeiter Kontakt zu denjenigen bekommen, die die Backwaren essen – »mit dem Herz verbinden«, wie die Mattkes sagen.

»Die digitale Entwicklung erfordert, dass wir uns als Menschen weiterentwickeln«, sagen die beiden. Technikfeindlichkeit und Angst bringen einen da nicht weiter, davon sind sie überzeugt. »Es ist ein Werkzeug, mit dem umzugehen man lernen muss. Ein Werkzeug, um zu neuen Erkenntnissen zu gelangen und zu besseren Lebensmitteln.«

Lebensmittelherstellung als Blackbox, in die man nicht hineinsehen, weder Erzeuger noch Zutaten noch Herstellungsverfahren identifizieren kann, ist ein Missstand, den viele neue Lebensmittelhandwerker*innen bekämpfen wollen. Sie machen transparent, woher sie ihre Rohstoffe beziehen und wie sie angebaut werden. Oft mit Bildern, z. B. von Schweinebauern oder Rindermäster, die sie auf ihrem Handy ihrer Kundschaft über die Fleischtheke hinweg zeigen. Schau mal hier ...

Gleiche Transparenz gilt für das eigene Gewerk: Sie haben – ähnlich wie die Show-Küchen in der Gastronomie – offene Werkstätten, Wurstereien, Patisserien und Backstuben. Rohstoffe aus biologischem Anbau und direkte Beziehungen zu Rohstofflieferanten sind Standard. Wer möchte, kann über die Websites der New-Food-Craftsmen, über deren Facebook- oder Instagram-Profile Fragen stellen, die auch beantwortet werden. Nicht selten kann man auf Facebook auch direkt sehen, wo Zutaten oder Tiere herkommen, weil die Food-Handwerker sich auch über Social-Media ganz offen vernetzen.

Doch im Kern sind die neuen Food-Handwerker durch ihre Haltung zur Natur, den Böden und Feldern, den Rohstoffen, durch regionale Verbundenheit, den fairen und respektvollen Umgang mit ihren Mitarbeiten und Lieferanten geprägt: eine modern vernetzte Community, ein positives Netzwerk. Lebensmittelhandwerker haben – ähnlich wie Gastronomen – ein Narrativ, erzählen die Geschichte ihrer Produkte und versammeln auf den Online-Kommunikationskanälen mit diesen Einblicken schnell ihre Follower, oft schon vor Eröffnung ihrer Bäckerei oder Metzgerei, und können von Tag eins an die ersten Stammkunden in ihrem Laden begrüßen.

Und so haben die neuen Food-Handwerker vielleicht sogar ein Mittel gegen das seit Jahren fortschreitende Bäckerei- und Metzgerei-Sterben gefunden. Sie sind technikaffin und sorgen dafür, dass sich das Handwerk neu erfindet. Denn nur wer beides beherrscht – die traditionellen handwerklichen Tätigkeiten ebenso wie die neue digitale Technik – und beides mit nachhaltigen Werten vereint, wird auch als kleiner, aber auch als wachsender Betrieb in Zukunft erfolgreich sein und am Markt bestehen. Der Lebensmittelhandwerker wird zur Resonanzfigur, denn er verbindet sich und seine Kunden mit der realen, der analogen Welt und sorgt so für Begegnung, und das ist etwas ganz anderes als die »Antwort« eines Algorithmus auf dem Bildschirm des Smartphones oder Laptops. Technologie ist für die neuen Food-Handwerker kein Selbstzweck, auch kein reines Instrument zur Effektivitätssteigerung. Sie muss zum Nutzen der Menschen und zur Rettung des Planeten eingesetzt werden.

Ein gutes Beispiel dieser positiven Entwicklung ist das Handwerk des Kaffeeröstens. Das war fest in den Händen einiger weniger Großbetriebe. Seit einiger Zeit ist aber ein Revival kleiner Röstereien zu beobachten.

Kaffee ist mittlerweile kein normales Lebensmittel mehr – wenn es denn jemals eines war. Mit Kaffee drückt man eine Lebenseinstellung aus. Angefangen hat diese *Third Wave of Coffee* in den angesagten Vierteln der Großstädte, und mittlerweile ist sie überall auf der Welt angekommen.

Anbau, Ernte, Röstung und Zubereitung des Kaffees sind inzwischen höchst individuelle Prozesse. Die Bohnen werden direkt gehandelt. Zwischen Erzeugern und Einzelhändlern, die nicht selten auch die Röster sind, existieren direkte persönliche Beziehungen, die sich bis zum Kunden fortsetzen. Auch hier: dank Internet ein immer fairer werdendes, weltweites Netzwerk.

Geprägt wurde der Begriff *Dritte Welle* 2002 von Trish Rothgeb, der Inhaberin der kleinen Kaffee-Rösterei *Wrecking Ball Coffee Roasters* in Los Angeles. Sie hatte eine Weile in Oslo gelebt und festgestellt, dass man in der Szene dort viel höhere Ansprüche an seinen Kaffee stellte als in Kalifornien.

Die erste Kaffee-Welle in den späten 1950er- und 1960er-Jahren stand unter dem Motto: Kaffee für alle. Nach dem Zweiten Weltkrieg war das nicht selbstverständlich, weil er für viele zu teuer war. Die zweite Welle läutete Starbucks ein: Italienische Spezialitäten wie Cappuccino und Latte Macchiato schwappten weltweit in die Tassen, und unterschiedliche Zubereitungs- und Verfeinerungsarten wurden populär.

Die dritte Welle steht für »zurück zu den Bohnen«, für Kaffeeernte nach Einzelanbaulagen wie beim Wein, besondere Verarbeitungsschritte auf den Farmen und am Ende schonende, lange Röstungen in kleinen Chargen. Um in dieser Welt der verschiedensten Anbaugebiete, Verarbeitungsstufen und Röstarten den Überblick nicht zu verlieren, bedienen sich viele kleine Röster digitaler Methoden. Das aufgeklappte MacBook neben dem Röstofen gehört in Szene-Betrieben von Oslo bis Brooklyn zum Normalbild, wenn man am Rösttag in die Produktionsstätte kommt. Wer den Röstmeister*innen über die Schulter guckt, sieht auf dem Bildschirm fein gezackte Temperaturkurven, die aus dem Inneren des Ofens kommen und an ein EKG oder den Verlauf einer Erdbebenmessung erinnern. Die App, die dahintersteckt und weltweit auf der dritten Kaffee-Welle reitet, nennt sich *Cropster*, wie das gleichlautende Startup.

»Wir begannen vor mehr als zehn Jahren zu dritt in einer Wohnung in Cali, Kolumbien«, sagt Norbert Niederhauser, einer der drei Gründer von Cropster. Heute liegen die beiden Hauptstandorte der

Firma in Innsbruck und im kalifornischen Sacramento. Das bringt die Philosophie von Cropster ganz gut auf den Punkt: in der ganzen Welt zu Hause und mit einem Bein in der Tiroler Heimat, bodenständig und weltweit vernetzt. Und das ist genau das, was die App von Cropster tut, denn damit können sich Anbauer, Einkäufer und Röster von Kaffee global vernetzen und ihre Röstkurven miteinander abstimmen. »*Cropster Roast* kann Röstprofile und Produktionspläne erstellen, Output und Kapazitäten planen, den Rohkaffeebestand verwalten und die Beschaffung planen sowie in jedem Produktionsschritt die Qualitätskontrolle erfassen«, wie Niederhauser erklärt. Ein komplettes Kaffee-Produktionssystem für die Hosentasche. Und so gibt es heute auf dem ganzen Globus Tausende von kleinen Röstereien, die durch *Cropster* mit ihren Kunden, ihren Märkten und Lieferanten vernetzt sind, im Allgäu genauso wie im Prenzlauer Berg. Und alle machen sie sich die moderne digitale Technik zunutze.

Der Moustache Coffee Club ist ein US-Kaffee-Versender mit Zentrale in Los Angeles, der eine KI einsetzt, die kontinuierlich den Kaffeegeschmack der Abonnenten kennenlernt. Es soll ein immer individuellerer Service angeboten werden. Nach jeder Lieferung kann der Kunde auf der Website eingeben, wie er mit dem Geschmack zufrieden war. Anschließend passt das Programm das Geschmacksprofil des Abonnenten auf Grundlage seiner Reaktionen auf den erhaltenen Kaffee an. Dieses Profil wird verwendet, um eine neue Auswahl für die nächste Kaffeelieferung des Abonnenten zu treffen. So erhält jeder Kunde seinen individuellen Kaffee.

Bei der vernetzten Kaffeewaage *Acaia* des gleichnamigen Startups aus Los Angeles können Kaffeegenießer die perfekten Zubereitungsrezepte von Röster und Baristi direkt per Bluetooth auf ihr Gerät schicken. Ein Link zum Rezept, das aus einer genauen Grammzahl des frisch gemahlenen Kaffeepulvers und einer passenden Zeitangabe besteht, die das Wasser zum Durchsickern durch den Kaffeefilter brauchen sollte, findet sich als individueller QR-Code auf der Packung. Mithilfe der Waage und der passenden Smartphone-App können Kaffeeenthusiasten so weltweit perfektes Handwerk bis nach

Hause in die Kaffeetasse tragen und auf einer angeschlossenen Plattform die eigenen Zubereitungsformen mit anderen Bohnenliebhabern austauschen.

So schön diese neue digitalisierte Kaffeewelt sein mag, auch hier drohen neue Abhängigkeiten. Was wäre, wenn zum Beispiel Amazon die weltweit von Röstern genutzte Plattform *Cropster* und damit den Zugang zu all den Daten vom Kaffeebaum bis hin zur gerösteten Bohne kaufen und einen *Amazon Basic Coffee* mit genau dem Geschmack und der Röstung aus Neukölln oder sonst wo auf der eigenen Plattform anbieten würde? Einen so perfekten Kaffee, den dann alle haben wollen? Wer junge Kaffeeröster in Berlin mit dieser nicht ganz abwegigen Vorstellung konfroniert, trifft auf überraschte und nachdenkliche Gesichter.

Wie schnell so etwas gehen kann, erahnt man bei der Weiterentwicklung der *Cropster*-Plattform, einem Joint Venture mit Fabscale, einer »integrierten Cloud-Lösung für das Kaffeerösten im großen Stil«. Das Innsbrucker Startup entwickelte für die Großen der Kaffeebranche eine Software, die die neue Komplexität und Individualität der Kaffee-Avantgarde digital verarbeitbar und im großen Stil umsetzbar machen soll.

Finanzielle Starthilfe gab Probat, der deutsche Weltmarktführer für Kaffeeröstmaschinen und -anlagen aus Emmerich am Rhein. Kleine Röstöfen von Probat nutzen sehr viele Third-Wave-Röster. Nun sollen auch die Großen von den handwerklichen und digitalen Innovationen der Szene-Röster profitieren.

Dass die Großen längst einen Blick auf die aufstrebende junge Kaffee-Szene geworfen haben, zeigte sich bereits 2017, als der Schweizer Lebensmittelgigant Nestlé 425 Millionen US-Dollar in den Third-Wave-Röster *Blue Bottle Coffee* investierte. Zu diesem Zeitpunkt hat das Unternehmen gerade einmal 29 Cafés in der Bay Area und New York betrieben.

Starbucks, das »Cool Kid« des Kaffees der 90er-Jahre, hat inzwischen auch die Zeichen der Zeit erkannt und erwähnt das Wort »digital« allein 44 Mal im letzten Quartalsbericht von 2019. Und auch in

Deutschland finden Tchibo-Kunden seit Neuestem kleine QR-Codes auf einigen Kaffeepackungen, die Hintergründe zur Anbauhöhe zum Beispiel der »Kooperative Cococa« in Burundi und deren Verarbeitung der Kaffeebohnen – »handgepflückt und gewaschen« – versprechen. Für November 2020 lud das Unternehmen Programmierer und IT-Experten zu einem »Hackathon« nach Hamburg ein. Bei dieser Mischung aus Hacking und Marathon handelt es sich um ein in der Tech-Szene beliebtes Format, bei dem technische Probleme von vielen Codern gleichzeitig auf kreative und unterhaltsame Weise innerhalb eines bestimmten Zeitraumes gelöst werden. Laut Einladung ist man sich bei Tchibo sicher: »Die digitale Transformation ist eine Chance, die es zu nutzen gilt.«

Der um digitale Informationen erweiterte Tchibo-Kaffee aus Burundi, der laut Webseite mit »angenehmer Säure und Anklängen von Wassermelone und Physalis« glänzen soll, ist aufgebrüht allerdings noch sehr weit entfernt von der Aromentiefe eines Third Wave Coffees. So leicht lässt sich handwerkliche Qualität wohl nicht hacken.

KAPITEL 5
IM RESTAURANT

Social-Media-Licht am Blogger-Tisch # Der Food-Truck in
der Cloud # Das Restaurant am Ende der Industrialisierung
Ghost-Kitchens – wenn das Restaurant zu mir kommt
Restaurant-KI und die Wahrheit der Bilder

Liegt die Zukunft der Gastronomie in Tel Aviv? Die Hafenstadt mit
ihren 450.000 Einwohnern gilt als das Silicon Valley Israels. In der
Hahashmonaim Street 121 residiert in einem unscheinbaren Büro-
turm das Startup Tastewise, das die Lebensmittelbranche auf der ganzen Welt grundlegend erschüttern könnte, aber noch nicht einmal
über einen Eintrag bei Wikipedia verfügt. Tastewise kennen bislang
nur Food-Tech-Insider.

»Die Lebensmittel-Industrie und die Gastronomie stellen immer
wieder die gleichen Fragen«, sagt Alon Chen, der mit Eyal Gaon Tastewise gegründet hat. »Sie möchten wissen, wie das künftige Verbraucherverhalten und die künftige Nachfrage im Markt aussehen. Doch
um diese Fragen zu beantworten, verlassen sich die Unternehmen auf
die alten Methoden. Um den Markt zu verstehen und Trends zu entdecken, geben die führenden Lebensmittelunternehmen immer noch
zig Milliarden Dollar für Umfragen aus: Jemand läuft im Einkaufszen-
trum herum und befragt die Kunden. Oder man besucht Trendlokale,
schaut den Leuten auf die Teller und guckt verstohlen in die Küche.
Das führt heute nicht mehr zum Ziel.«

Tastewise entwickelte eine Plattform, die in den USA und in Großbritannien die im Internet veröffentlichten Speisekarten der Restaurants, Coffee-Shops, Diners, Fast-Food-Läden und Food-Trucks aus-
liest und analysiert. Allein in den USA werden jede Woche rund

200.000 Speisekarten mit mehr als 13 Millionen Gerichten auf Neuheiten und Änderungen gecheckt. Tastewise analysiert auch alle Restaurant-Bewertungsplattformen und sogar die Google-Profile der gastronomischen Betriebe. Nicht selten erscheinen auf Google die aktuelleren Öffnungszeiten, die der Wirt auf seiner Restaurant-Homepage noch gar nicht aktualisiert hat und die sich der Suchmaschine aus Bewegungsprofilen von Smartphone-Nutzern oder dem Feedback von Kunden erschließt.

Zusätzlich werden von Tastewise sämtliche Food-Posts in allen sozialen Netzwerken, das heißt Facebook, Twitter, Instagram, Pinterest, flickr und LinkedIn, und praktisch alle Beiträge von Food-Bloggern automatisch eingelesen und ebenfalls analysiert. Die Datenbank von Tastewise umfasst zwei Millionen Rezepte. Die Rechner zählten 2020 rund neun Milliarden Interaktionen mit diesen Rezepten. »Essen«, sagt Alon Chen, »ist das am besten dokumentierte Thema in der digitalen Welt.«

Diesen Datenrohstoff aus Millionen von Bildern, Texten, Wörtern, Geocodes, Adressen, Zutaten, Gerichten, Rezepten, Empfehlungen, Geschmackseindrücken und Emotionen »analysieren die Algorithmen der Rechner des Unternehmens und projizieren sie in die Zukunft«. »Sentimente« nennen Programmierer alle Inhalte oder Signale, die eine emotionale Aussage machen. Dazu zählen zum Beispiel verwendete Emojis, Hashtags oder sogar geschriebener Text, in dem Adjektive und Verben ausgelesen und emotional interpretiert werden.

Die künstliche Intelligenz kann also dank selbstlernender Algorithmen, die auch Sentimente in ihre Analyse einfließen lassen, erkennen, welche der Gerichte oder Zutatenkombinationen mit Gewissensbissen und welche mit Freude gegessen werden. Damit ist man nicht nur in der Lage, die Daten inhaltlich korrekt zu interpretieren, man kann auch die Verbreitung und Weiterentwicklung von Trends wie z. B. den Veganismus frühzeitig erkennen.

Tastewise bildet die gesamte kulinarische Welt, das gesamte kulinarische Geschehen der US- und UK-Metropolen auf seinem Internetportal ab, so lautet das Versprechen der Firma. Wer die Erkenntnisse von Tastewise nutzen möchte, handelt mit dem Startup ganz individuell sein Honorar für die Inhalte und die Beratung aus.

Die USA und Großbritannien sind dabei erst der Anfang: Bald können sich Tastewise-Kunden auch anzeigen lassen, welches Gericht gerade in den Szenevierteln von Tokio oder Toronto trendet, welche Zutat auf den Märkten und Läden in Zürich oder Zuffenhausen gerade boomt, auf welchen Regionalmärkten es eine Nachfrage nach Käse-Nachos gibt oder welcher zusätzliche Belag auf einem Avocado-Sandwich in nächster Zeit zum Verkaufsschlager werden wird.

»Wir wollen die menschliche Motivation kennenlernen, die hinter Essensentscheidungen steht«, sagt Tastewise-Gründer Eyal Gaon. Ziel ist es, vorhersagen zu können, wie sich bestimmte Ernährungstrends entwickeln. Gelingt das, könnte Tastewise eine ganze Beratungsbranche aus Trendscouts, Interviewern und Marktforschern überflüssig machen. Denn Marktforschung ist langwierig. Die jeweilige Methode und Fragestellung zu definieren, Orte und Personen auszuwählen, die Befragung durchzuführen und Ergebnisse auszuwerten, nimmt oft Jahre in Anspruch.

Allerdings halten nicht alle die Ansätze von Tastewise für richtungsweisend. Es sei eine Art Geschichtsschreibung, die lediglich Situationen in der Vergangenheit abbildet und nicht dazu taugt, Firmen wichtige Impulse und Informationen über die Zukunft zu geben. Als würde man beim Autofahren ausschließlich in den Rückspiegel schauen und hoffen, dass die schnurgerade Straße, die hinter einem liegt, genauso schnurgerade weitergeht. Ein fataler Schluss, denn in immer unberechenbarer werdenden Märkten und bei Kunden, die immer schneller ihre Vorlieben wechseln, lassen sich heutige Entwicklungen oder die der letzten Wochen nicht einfach nur fortschreiben.

Trotz dieser Einwände haben die mitunter eher marktforschungsarmen Lokale, Bars und Restaurants, Wirte, Chefköche und Maîtres aber mit Tastewise einen mächtigen Verbündeten, der ihnen dabei hilft, die kulinarischen Wünsche ihrer Gäste auch ohne lange Gespräche am Tisch zu erkunden. Im Geschäftsdeutsch: ihre noch nicht entdeckte Nachfrage zu erkennen.

Social-Media-Licht am Blogger-Tisch

»Die klassische Restaurantkritik ist tot«, schreibt der Journalist Marten Rolff, der sich seit vielen Jahren mit kulinarischen Themen beschäftigt, im Mai 2020 in der *Süddeutschen Zeitung*. Das sei nur logisch in einer Zeit, in der Gastro-Verlagen die Budgets wegbrechen, Köche für ihre Platzierungen bezahlen, zahllose dubiose Ranglisten um Aufmerksamkeit konkurrieren und das Netz nur so strotzt von laienhaften »lecker-schmecker«-Bewertungen oder Food-Blogger Festpreise für positive Bewertungen erheben und sich russische Oligarchen imageträchtige französische Gastroführer zulegen, schreibt Rolff. Er zieht damit das Fazit aus einer Entwicklung, die Gastronomen seit geraumer Zeit beschäftigt.

Denn nicht nur ambitionierte und mit Sternen ausgezeichnete Restaurants mussten erleben, dass der klassische Gastro-Kritiker, etwa von Michelin oder einer renommierten Zeitung, der meist unerkannt von den Wirten die angebotenen Gerichte und Getränke kostete und Küche, Service und Preis positiv oder negativ bewertete, nicht mehr der Einzige war, der ihnen das Leben manchmal schwer machte. Genauso inkognito präsentierte sich die ab 2005 steigende Zahl der kritischen Foodies, die mit ihrem Handy ihre vollen Teller fotografierten, um sie dann später im eigenen Blog oder auf Bewertungsportalen bei Google, Yelp oder Fourthsquare zu posten.

Die Food-Blogger und neuen Amateur-Gastrokritiker des World WideWeb wurden immer einflussreicher – was daran lag, dass die Internetgemeinde bis etwa 2015 noch stetig wuchs und es zur Gewohnheit wurde, vor jedem Restaurantbesuch erst einmal zu googeln, wie es denn online »bewertet« wurde. Natürlich ließ man sich von harten Online-Kritiken abschrecken, und so richtete der eine oder andere neue Netzkritiker auch den einen oder anderen Image- und Geschäftsschaden an.

Betroffene Wirte reagierten – erwartungsgemäß – mit ihrem Hausrecht und verhängten Hausverbote. Andere Gastronomen gingen die

Sache positiver an, versetzten sich in die Situation der Blogger und installierten – durchaus im eigenen Interesse – Bereiche mit schmeichelhafter Beleuchtung, wo ihre Gerichte prächtig aussahen und fotografisch optimal in Szene gesetzt werden konnten. Diese Blogger-Tische waren eine Win-win-Situation im Gasthaus.

Doch schnell war es mit der Übersichtlichkeit wieder vorbei: Denn sein Essen im Lokal zu fotografieren wurde zu einer Art Volkssport. Auf einmal wurde jeder zum digitalen Gastrokritiker. Speisen und Gerichte sind die am häufigsten vorkommenden Motive in den sozialen Netzwerken – noch vor den eigenen Partnern, Verwandten, Urlaubszielen oder Fahrzeug- und Immobilienbesitz.

Für die neuen Food-Influencer, also die Leute, die sich auf das Thema Essen spezialisiert und mit ihren Blogs eine große Reichweite, d. h. viele Follower haben, gibt es mittlerweile bereits Agenturen, wie etwa die Gruner+Jahr-Tochter InCircles, die deren Vermarktung organisieren. Interessant ist dies vor allem für die Lebensmittelindustrie, die an der Popularität und der Glaubwürdigkeit der Influencer profitieren will, wenn sie deren Produkte in die Kamera halten. Diese »Werbung«, die als solche nicht gleich erkennbar ist, ist natürlich nicht umsonst. Einige Influencer bestreiten davon ihren Lebensunterhalt. Influencer-Marketing ist inzwischen zum Kostenfaktor sowohl bei Lebensmittelmarken als auch in der Gastronomie geworden. »Führende Branchenorganisationen wie der Leaders Club bieten bereits seit einigen Jahren Marketing-Schulungen für ihre Gastronomen an, um deren Sensibilität in Bezug auf Influencer und Social Media zu schärfen«, schrieb das Fachmagazin *Food Service* im Oktober 2016.

Natürlich gibt es auch die idealistischen »Foodies«, die sich ernsthaft und engagiert mit dem Thema Essen, Ernährung und Lebensmittel auseinandersetzen und sich in Netzwerken zusammenfinden, oft entlang der Liefer- und Wertschöpfungskette – sozusagen vom Acker bis zum Teller.

Mehr als 300 Millionen Nutzer in 200 Ländern erreicht etwa das 2012 im kalifornischen Santa Monica gegründete Blogger-Netzwerk *tastemade.com.* In England gründeten fünf Freunde 2010 *SORTED-*

food, einen der größten Koch-Kanäle auf Youtube, der rund 2,4 Millionen Abonnenten hat. Und *Food52.com* aus New York hat rund 1,5 Millionen Mitglieder und monatlich rund fünf Millionen Besucher. Diese neuen Food-Community-Plattformen sind eine Mischung aus Rezeptdatenbank, Koch-Austauschplattform und kulinarischem Entertainment. Sie setzen Trends, sorgen für Hypes.

Zeichnete den Restauranttester oder -kritiker früher kritische Distanz zum Gastronomen aus und – natürlich – eine absolute Unabhängigkeit, sind die bloggenden Foodies heute den Gastronomen eher freundschaftlich verbunden. Sie agieren transparent und sind auch schon mal in der Küche »embedded«, also direkt ins Geschehen eingebunden, machen Praktika, bekommen einen Einblick und auch Insider-Informationen.

Studien zeigen, dass den jungen Kritikern aus dem Foodie-Milieu Themen wie Nachhaltigkeit, Authentizität und Herkunft der Nahrungsmittel, die der Koch oder die Köchin verwenden, wichtig sind. Dabei eignen sie sich schnell profundes Wissen an, auch wenn sie weder eine Ausbildung als Koch oder ein Studium in Culinary Management gemacht haben. Manche, wie etwa der Schwede Per Meurling, der *berlinfoodstories.com* betreibt, werden zu kleinen Stars der Food-Szene.

Vergangen sind die Zeiten, in denen in jedem zweiten Handschuhfach eines S-Klasse-Mercedes oder eines Porsche 911 ein Gastronomieführer lag. Die kulinarische Reiseführung ist ins Netz gewandert, wird von Online-Plattformen übernommen, jeder hat schließlich sein Smartphone dabei. Bewertungsportale wie Yelp oder TripAdvisor schaffen heute spielend die tausendfache Reichweite ihrer gedruckten Vorgänger, ganz abgesehen von der beeindruckenden Anzahl von Bewertungen und Fotos auf Plattformen wie etwa Fourthsquare. Auf Google Maps hat fast jedes Lokal inzwischen eine Sternebewertung zwischen eins und fünf, jedes zweite Lokal mindestens eine Gästemeinung.

Die Online-Bewertungen auf diesen öffentlichen Portalen sind aber fern jeder Gastrokritik im klassischen Sinne. Sie sind eher von persönlichen Erfahrungen und simplen Einschätzungen geprägt: »So viel bekommt man hier für sein Geld«, »Preis«, »Sauberkeit«. In Zeiten, in denen viele ihren Lifestyle über das Essen definieren, will man vor allem zeigen, wo man schon überall war und was man dort Tolles gegessen hat.

Die Gastro- und Reise-Portale bieten eine Sprache, die jeder auf Anhieb versteht: Bilder, einfache Informationen, interaktive Karten, passende Vorschläge zu Suchwörtern wie »Slow Food« oder »Romantische Restaurants«.

Reservierungs-Plattformen wie Open Table oder Kartendienste wie Google Maps führen die Gäste zu den »angesagten Restaurants in deiner Nähe«.

Wozu also braucht man noch den berühmten *Guide Michelin* in gedruckter Form, der Köche mit den berühmten Sternchen krönt?

Ursprünglich wurde der *Guide Michelin* 1900 erdacht, um denen, die damals schon ein Auto hatten, Ausflugsziele zu bieten. Denn wer mit dem Auto fährt, nutzt seine Reifen ab und braucht irgendwann neue. Einen Anlass für die Fahrten mit dem Auto braucht heute keiner mehr. Eine Restaurantempfehlung aber, auf die man sich beim Reisen verlassen kann, schon. Der *Guide Michelin* ist längst eine Marke, ob zukünftig noch als Buch oder in digitaler Form, wird sich zeigen.

Inzwischen differenzieren sich die digitalen Angebote weiter aus. Denn auch bei der digitalen Gastrokritik wird gern gemeckert, teilweise nicht unähnlich dem Hatespeech und Mobbing auf Social Media. Ein Beispiel für die Gegenbewegung ist CurEat. Die Plattform ist eine Art »Anti-Yelp«, die es sich zur Aufgabe gemacht hat, nur über empfehlenswerte Restaurants zu berichten. Gründer Steve Mangano sagt: »Negativ – nicht auf meiner Plattform. Eat positive!« Also halten er und seine Mitarbeiter, seine Autoren und die angeschlossene Online-Gemeinschaft in den USA nach empfehlenswerten Lokalen, Konzepten und Produkten Ausschau.

Doch während neue Restaurants sich früher über Jahre entwickeln konnten, muss es heute schnell gehen, am besten tagesaktuell. Im Netz gibt es bereits Seiten rund um Gastro-Gerüchte, die dem Geschehen zusätzlich Geschwindigkeit geben. Die Gerüchteküchen im Netz heißen *Eatler.de* für Berlin oder *eater.com* für die USA.

Und so findet Tastewise ein immer größeres Angebot an Inhalten, Bildern, Texten und Bewertungen, die es analysieren, interpretieren und in die Zukunft projizieren kann.

Bleibt die Frage, ob Gastronomen sich bewusst sind, dass ihre zur Information der Gäste ins Netz gestellten Speisekarten und Fotos allerlei kreativer Gerichte als Futter für den Datenhunger von Anbietern wie Tastewise oder Google dienen? Gleiches gilt auch für Gäste, die begeistert Gerichte auf Instagram teilen, oder für Food-Blogger, die sich immer neue Rezepte ausdenken. Auch bleibt die Frage offen, wie demokratisch es ist, unentgeltlich erstelltes und vermeintlich freies kulinarisches Wissen abzusaugen und zu monetarisieren?

Der Food-Truck in der Cloud

Koral Elci bereitet zusammen mit seinem Bruder Onur und einer gut gelaunten Küchentruppe am Stadtrand von Hamburg werktags rund tausend Gerichte vor. Er versorgt die Betriebskantine der deutschen Niederlassung von Facebook, Trade Desk, und des Bewertungsportals Yelp mit Mittagessen. Eine Ausbildung zum Koch hat Koral nicht gemacht, er hat Produktdesign studiert. Vor über zehn Jahren gründete er zusammen mit Olaf Deharde die Kitchen Guerilla – eine Art Sponti- und Szene-Projekt, bei dem sich junge Food-Interessierte zusammentaten, manchmal ein Restaurant mieteten, »einen Laden hijacken«, wie sie es nannten, manchmal auch nur irgendeinen Raum mit Wasseranschluss und Strom. In diesen Pop-up-Restaurants wurden dann Freunde bekocht und das eine oder andere kulinarische Experiment veranstaltet. So gab es mal eine lange Tafel in einem Loft-Rohbau in Hamburg, mal nur Fingerfood, einmal auch bei einem Rockkonzert in einem Club in Istanbul. Die saisonalen Zutaten für das Essen holte man sich im Laden, beim Bauern oder Fischer um die Ecke und kochte einfach drauflos.

Eingeladen wurde über Facebook und Mailingliste, auch sonst präsentierten die Guerilleros ihre Aktivitäten als Video gerne auf YouTube, inklusive Zutatenbeschaffung, Pannen am Herd und den üblichen Outtakes – wie etwa die Ausfälle gegen Ende der Party. Dank ihrer kreativen und rauschenden Feste, die natürlich stets digital kommuniziert werden, ist die Kitchen Guerilla heute eine Institution in der Hansestadt.

In der Gastronomie sind Quereinsteiger wie Koral Elci inzwischen gar nicht mehr so selten. Und es sieht so aus, als würden die digitalen Kanäle ihnen die Tür dazu öffnen. So geschehen beim 1998 in Los Angeles geborenen Flynn McGarry, den die *Vogue* 2015 als den »Justin Bieber des Essens« bezeichnete. Da war Flynn gerade einmal 17 Jahre alt. Er hatte sich als Kind mit YouTube-Videos und Food-Blogs selbst das Kochen beigebracht, weil er die Fertiggerichte, die seine Eltern andauernd bestellten, satthatte. Seine Eltern waren davon so beeindruckt, dass sie in sein Kinderzimmer eine Küche einbauten – mit Induktionsherd, Vakuumiergerät und einem japanischen Binchōtan-Grill. Mit zwölf Jahren fing er an, das Wohnzimmer seines Elternhauses regelmäßig in ein Restaurant zu verwandeln. Die Gäste zahlten für diesen bald angesagten Dinnerclub mit Namen *Eureka* 160 US-Dollar pro Menü. Mit 17 Jahren zog er nach New York und eröffnete sein erstes Ein-Mann-Pop-up-Restaurant, mit wenigen Plätzen, aber einem Vierzehn-Gänge-Degustationsmenü. 2018 eröffnete er in der Lower East Side sein erstes Restaurant, das *Gem*. Es bietet Platz für ein Dutzend Gäste und ist Donnerstag bis Samstag ab 20:00 Uhr für zwei Stunden geöffnet. Das *Time Magazine* erklärte Flynn McGarry zu einem der dreißig einflussreichsten Teenager der Welt.

McGarry markiert einen Übergang: Ohne Online-Tutorials und Videos, ohne Social Media, ohne die neue digitale Mundpropaganda und Medien, die ständig Facebook & Co nach neuen Trends abgrasen, wäre diese autodidaktische Karriere kaum denkbar gewesen. Und die vieler anderer ebenso wenig. Denn die Digitalisierung hat die Branche nicht nur durchlässiger und offener gemacht, sondern die Chefköche auch in eine neue Rolle gedrängt: Sie haben sich vom haubentragenden Sterne-und-Schäumchen-Koch, der nach dem Essen servil seine Runde unter den vermögenden Gästen macht, zum lässigen Gesundheits- und Nachhaltigkeits-Mentor, zum Erlebnis-Zampano, zur Multimedia- und TV-Figur und öffentlichen Person, ja sogar zum politischen Aktivisten entwickelt.

»Kein Mensch wollte meine Bücher drucken, keiner wollte meine Artikel drucken. Also habe ich es erst mal selber gemacht – im Netz«, erinnert sich Stevan Paul. Der ausgebildete Koch aus Hamburg ist heute einer der meistgelesenen Food-Blogger Deutschlands, Journalist und Autor von Kochbüchern, die mit Preisen ausgezeichnet wurden. Seine kreative Existenz habe er in vielen Stunden Arbeit im Web aufbauen können. »Du wirst zu deinem eigenen Sender«, sagt er und ist davon überzeugt, dass seine Marke nur online funktioniert.

Die entstandenen Dinnerclubs als neue Form der Gastronomie und digital geborenen Gastro-Events sind für eine ganze Generation von Foodies zu neuen kulinarischen Rock- oder Clubkonzerten geworden. Jede Menge kreative Quereinsteiger bringen mit ihren Formaten frischen Wind in die vielerorts angestaubte Branche. Funktionären der Branchenverbände wie der Dehoga, des Deutschen Hotel- und Gaststättenverbandes, dürften angesichts dieser neuen Gastro-Gigs die Münder offen stehen bleiben.

Sie sollten sich fragen, wie angesichts dieser sich seit Jahren abzeichnenden Entwicklungen die Ausbildung für das Gastgewerbe verändert werden muss. Wie integriert man Quereinsteiger? Dass heute kaum ein Lokal, ein Restaurant, eine Bar oder ein Wirtshaus mehr ohne Website, ohne Facebook- und Instagram-Profil und ohne eine aktive Präsenz bei Google, TripAdvisor oder Yelp auskommt, dürfte klar sein.

Diesen gravierenden digitalen Umbruch im Gastgewerbe hat Hollywood bereits verfilmt: In dem 2014 erschienenen Spielfilm *Kiss the cook – So schmeckt das Leben!* findet ein durch überholte, exaltierte Gastrokritik nervlich ruinierter Sternekoch und digitaler Analphabet mittels Food-Truck und Twitter zurück zu alter Arbeitsfreude. Seine Verkaufsfahrt durch die Südstaaten – als Werbetour für einen kulinarisch veredelten Hamburger – gerät zur Geschmackstournee für mehr Authentizität und Selbstverwirklichung – freilich unter größter Anteilnahme der Social-Media-Gemeinde. Man kann dem Film entgegenhalten, er idealisiere sein Thema. Typisch Hollywood! Doch fest steht: Er drückt das kulinarische Lebensgefühl der jungen Generation aus.

Das Restaurant am Ende der Industrialisierung

Der Roboterarm, an dessen Ende sich ein großer Löffel befindet, lässt gewürfelte Zwiebeln in die Pfanne rieseln. Dann dreht sich die Apparatur nach hinten, schiebt den Löffel – einem Schaufelbagger nicht unähnlich – in eine Plexiglasbox mit Speckwürfeln, dreht sich zurück zur Pfanne und gibt den Speck ebenfalls hinein. Das Gleiche mit Tomatenstückchen. Dann rührt er um.

Monatelang arbeiteten Vick de Froz, Jorge Manuel und Ibrahim Elfaramawy in ihrer Werkstatt in der Leipziger Innenstadt an dem Kochroboter-Prototypen. Jetzt kann er einfache Gerichte brutzeln, Pasta und Reis kochen. Ein Test im Januar 2020 zeigte, dass der automatische Koch im Dauerbetrieb alle fünf Minuten eines seiner einprogrammierten Gerichte fertigstellt.

Das Ziel der Gründer, die ihr Startup DaVinci Kitchen nannten: die Systemgastronomie revolutionieren. Denn die Maschine braucht keine Pausen und ermöglicht angeblich »die hohe, gleichbleibende Qualität eines Spitzenkochs an jedem Ort«. Spitzenköche zeichnet aus, dass sie kleinteilig, sehr präzise und mit vielen Handwerksschritten kochen. Bisher arbeiten in der Systemgastronomie Menschen, die einfache und immer gleiche Handgriffe ausführen, die von Maschinen unterstützt werden – wenn die Fritteuse etwa meldet, dass die Pommes fertig sind. Kaum einer wird bezweifeln, dass eine Maschine weitaus präziser kochen kann als ein Mensch. Vorausgesetzt, sie ist technologisch ausgereift.

Automatische Fertigungsstraßen, etwa für Pizza und deren Belag, gibt es in der Lebensmittelindustrie schon lange, auch solche, die sich digital steuern und programmieren lassen. Hier kann bislang jeweils nur ein Produkt in wenigen Varianten hergestellt werden. Das ändert sich mit einem Roboter, der ähnlich wie ein Drucker eine Bestellliste abarbeitet, auf der unterschiedliche Gerichte stehen. Und auch Sonderwünsche erfüllen kann.

Das Startup Creator brachte eine vollautomatisierte kleine Produktionsstraße für Hamburger auf den Markt. Die Maschine, die aussieht, als entstamme sie dem Holodeck von Raumschiff Enterprise, ist für Showküchen gedacht, also für Restaurants, in denen die Gäste in die Küche hineinschauen und die »Produktion« beobachten können. In gläsernen, senkrecht angebrachten Kolben ruhen edel aussehende Zutaten, eine Spendervorrichtung gibt sie zärtlich auf ein Brötchen ab, edles Holz rahmt die vier Meter breite Anlage ein. Die weiß lackierte Bratstation könnte so auch in der Küche von Luke Skywalker stehen. Sie steht mitten im Restaurant, nicht mehr in einer davon abgetrennten Küche, es ist Front-Cooking, nur ohne Köche.

Die Automatisierung der Profiküchen schreitet weiter voran – ganz gleich ob mit Apparaturen, deren Roboterarme aussehen wie aus der Automobilindustrie oder mit Geräten, die eher an Fließbänder denken lassen. Nicht nur Marketing, Markenführung und Image von Restaurants, Bars und Coffeeshops haben sich also durch die Digitalisierung verändert, auch die Gestaltung der Lokale, der Charakter ihrer Dienstleistungen und wie ihre Produkte aussehen oder hergestellt werden. Wie stark die Digitalisierung die Gerichte selbst verändert oder schon verändert hat, dafür ist die 2007 gegründete amerikanische Schnellrestaurantkette Sweetgreen ein gutes Beispiel.

Sweetgreen ist eine Restaurantkette für kreative Salate. Im November 2018 startete das Unternehmen mit 200 Millionen US-Dollar Risikokapital, heute verfügt es über 91 Filialen in neun Bundesstaaten – in Kalifornien, Illinois, Massachusetts, New York, Maryland, Pennsylvania, Virginia, Texas und Columbia – und beschäftigt 3.500 Mitarbeiter.

Im Gegensatz zum traditionellen Gastronomen, der stets versucht, seine Gäste zuerst ins Lokal und dann zum Bestellen zu bewegen, versucht Sweetgreen zu erreichen, dass seine Gäste möglichst zahlreich über eine App bestellen, die bereits 1,5 Millionen Menschen heruntergeladen haben: »Wir möchten diese direkte Beziehung zum Kunden erhalten«, sagt Jonathan Neman, Mitbegründer von Sweetgreen. Es werde zwar immer physische Restaurants geben, aber »sie werden genauso online einen Platz finden müssen«. 55 Prozent der Bestellungen gehen bereits über die mobile App ein. Wenn das funktioniert, brauche Sweetgreen eigentlich gar keine öffentlichen Schaufenster, keine Lokale oder Outlets mehr. Ein Netz aus unsichtbaren Küchen, sogenannten »Ghost-Kitchens«, würde ausreichen.

»Wir haben uns die Frage gestellt, wie wir ein Gericht kreieren können, das unser Tesla Modell 3 werden könnte«, sagt Jonathan Neman gerne. Ein Gericht also, das für alle attraktiv ist und einen neuen Standard setzt. Ihre Antwort war die Bowl, die sie zwar nicht erfunden, aber doch ins digitale Zeitalter überführt haben. Die »Bowl« ist ein Gericht aus Reis, Salat, rohem Fisch und speziellen Saucen, das, wie der Name sagt, in einer Schüssel, auf den Tisch kommt. Es stammt ursprünglich aus Hawaii. Dort hat der Fischsalat Poké (hawaiisch: »in Stücke schneiden«) den Status eines Nationalgerichts. »Es handelt sich um eine kulinarische Verschmelzung der japanischen mit der Küche der Westküste der Vereinigten Staaten«, heißt es auf Wikipedia.

Die Zutaten lassen sich beliebig kombinieren oder austauschen: Gemüse oder Salat, Reis oder Couscous, je nachdem, was gerade Saison hat oder im Trend liegt.

Ein Gericht, das das Bedürfnis nach Frische, gesunden Zutaten und Individualität befriedigt. Serviert wird es in einer recyclebaren Take-away-Schale mit Deckel, sodass man es auch mitnehmen kann, wenn der Appetit nicht ganz so groß war. »Simplify your Food«, lautet das Motto, und ein weiterer Vorteil besteht darin, dass es für jeden Ernährungstypen die entsprechende Bowl gibt, vegetarisch oder vegan, für Fleischesser oder Paleo-Diätler.

Die Bowl lässt sich spielend leicht in die einzelnen Zutaten zerlegen, die anschließend beliebig kombiniert und natürlich digital verwaltet werden können. So lässt sich jede Bowl an die Wünsche des

Kunden anpassen. »Keine Zwiebel, dafür mehr Cranberrys, geht das?«, muss nicht mehr gefragt werden. Man gibt es per Touch über den Bowl-Konfigurator auf seinem Smartphone ein. Das digital anpassbare Produkt ist so in der Lage, sämtliche Food-Trends der nächsten Jahre mitzumachen – ganz gleich, ob es Topinambur, Tempeh oder Seetang ist. Damit ist die Bowl vielleicht so etwas wie das erste wirklich durchdigitalisierbare Gericht in der Kulturgeschichte des Essens.

Mittlerweile hat Sweetgreen auch in Deutschland Gründer*innen inspiriert: Stadtsalat aus Hamburg beispielsweise, die eine Filiale in Frankfurt und einen Flagshipstore in Berlin haben. Gründer sind zwei Techies, die ihr Business-Konzept an einem Wochenende entwarfen und ursprünglich eher an eine Salatbar dachten. Heute liefern sie die Mehrzahl ihrer Gerichte aus. Auch das deutsche Startup Beets & Roots setzt auf die online konfigurierbare Salatschüssel.

Im Silicon Valley füllt man sich zur Mittagszeit ebenfalls gerne die eigene Bowl. Mitarbeiter von Google können dabei aus einem riesigen Angebot aus frischen Zutaten wählen. Die Auswahl ist so vielfältig wie die Mitarbeiterschar, die zur Mittagszeit aus allen Teilen des Konzern-Campus zusammenströmt und teilweise auf bunten Fahrrädern zur Hauptkantine am Amphitheatre Parkway radelt.

Wobei Kantine eigentlich das falsche Wort ist. Wenn man das Glück hat und von einem Google-Mitarbeiter das begehrte Badge für den Zutritt zum kulinarischen Herz der Suchmaschine erhält, fühlt man sich eher inmitten eines üppigen Street-Food-Marktes. Hier wird Pizza im Holzofen gebacken, dort Chapati, frisches indisches Brot, in einem Tandoori. Es brutzeln frisch gegrillte Burger auf dem Grill. Flinke Hände rollen Sushi. Es gibt mexikanische Burritos mit Wunschzutaten für jeden Geschmack. Dazwischen französische, afrikanische, koreanische Gerichte, hier und da Schalen mit Obst oder Snacks. Auch Foodtrucks stehen vor der ›Kantine‹ mit einer weiteren Auswahl an Gerichten.

Alleine am Hauptstandort im Silicon Valley versorgt der Google-Mutterkonzern Alphabet inzwischen an zwanzig Orten über 20.000

Mitarbeiter rund um die Uhr mit frischem Essen und Getränken. Morgens, mittags, abends: alles umsonst wohlgemerkt. Das kulinarische Panoptikum des Konzerns stellt nach Meinung vieler Besucher das Angebot der meisten Restaurants der Region in den Schatten.

Gutes Essen war den Gründern des ehemaligen Suchmaschinen-Startups von Anfang an wichtig und sie stellten 1999 als Mitarbeiter Nummer 56 den Koch Charles David Ayers ein. In der Firmenbiografie *The Google Story* berichtet Ayers von den vielen Freiheiten, die er von Beginn an hatte. Er baute die Küche um und setzte dabei auf Frische, besondere Qualität und Vielfalt der Speisen. Die Google-Gründer Larry Page und Sergey Brin erkannten schnell, welchen wertvollen Beitrag der Koch zur Unternehmenskultur und dem Wohlbefinden der Mitarbeiter beitrug, und erhöhten nicht nur sein Gehalt, sondern beteiligten ihn sogar am Unternehmen. Als Ayers den Konzern nach dem Börsengang verließ, waren seine Anteile 26 Millionen Dollar wert. Heute kochen Hunderte Köch*innen nicht nur auf dem Campus im Silicon Valley, sondern an vielen anderen Standorten des Tech-Riesen weltweit.

In der Konzernzentrale essen die Mitarbeiter an langen Tischen in einer riesigen Speisehalle oder unter bunten Sonnenschirmen im Hof des Googleplex. Danach warten Baristas darauf, den Mitarbeiten frischen Kaffee auf alle möglichen Weisen aufzubrühen. Wem eher nach einem vitaminreichen Dessert ist, kann sich aber auch einen frischen Smoothie zubereiten lassen und individuell aus frischem Gemüse und Obst auswählen.

Nicht jedem, der neu bei Alphabet oder Google anfängt, fällt es leicht, sich angesichts der Fülle und Köstlichkeiten der vielen Speisen zu zügeln. Auch daran arbeitet Google und versucht inzwischen, die Mitarbeiter durch kleinere Teller und ein Leitsystem zu gesünderem und bewussterem Genuss zu animieren. Stolz ist die »People Analytics«-Managerin von Google, Jennifer Kurkoski, darauf, dass allein durch geschickte Neuplatzierung der M&Ms-Schokolinsen innerhalb von nur sieben Wochen 3,1 Millionen Kalorien am Standort in New York eingespart werden konnten.

Wer nach der Arbeit am Bildschirm tiefer ins Kulinarische einsteigen will, besucht die Google-eigene Kochschule KitchenSync in New York oder in Mountain View. Hier lernen Google-Mitarbeiter laut Unternehmensblog »Life at Google« neue Küchenhandgriffe und »nachhaltige Rezepte« direkt von den Kantinenköchen.

Google ist keine Ausnahme. Auch Twitter, Facebook und sogar der Schuhversender Zalando bieten Gemeinschaftsverpflegung auf hohem Niveau. Denn die Tech-Konzerne haben verstanden, dass ihre Kantine – wie die Ernährungsexpertin Hanni Rützler sagt –, »das emotionale Schaufenster des Unternehmens« ist. Hier manifestiert sich am deutlichsten, was das Unternehmen sein möchte und wie es zu seinen Mitarbeiterinnen und Mitarbeitern steht. Für die jungen Talente, auf die die Tech-Branche angewiesen ist, hat gesunder und vielfältiger Genuss am Arbeitsplatz inzwischen den gleichen Stellenwert wie für frühere Generationen der eigene Firmenwagen. Die Food-Faszination ist nicht nur im Herzen der Technologie-Giganten angekommen, sie gehört auch praktisch zu ihrer DNA. Das zeigt sich auch an ihrer Wachstums- und Investitionspolitik: Alphabet, die Holding von Google und Youtube, sowie die Google-Beteiligungsgesellschaft Google Ventures sind an über einem Dutzend Food- und Agrar-Startups beteiligt. Darunter etwa das Startup Toast, das Restaurantmanagement-Systeme entwickelt, oder LevelUp, das digitale Kundenbindungsprogramme anbietet.

Ein Restaurant mit schick designter, integrierter DHL-Paketstation: So präsentiert sich Data Kitchen, das Restaurant des Software-Herstellers SAP in Berlin. Man bestellt die täglich wechselnden Gerichte per App, kann die Uhrzeit auswählen und sobald das Essen fertig ist per Smartphone ein Fach öffnen, auf dem ein transparentes Display den jeweiligen Namen anzeigt. Der Leitgedanke dieses digital-gastronomischen Pilotprojektes in den Hackeschen Höfen ist der gleiche wie bei Sweetgreen – und markiert, wie hier Gegensätze aufgelöst werden: »Slow Food Fast«.

Liefer-Apps sind heute schon smarter als mancher Küchenmeister, wie sich der speziell für Kantinen geschaffene Ausbildungsberuf nennt. Lieferando bietet Firmen etwa eine »Kantinen-Funktion«, die auch die Kontingente der Mitarbeiter verwaltet. Studenten der Columbia University entwickelten einen Essenslieferdienst, der speziell darauf ausgerichtet ist, die Mensa als Ort zu ersetzen und das Mensa-Essen direkt an die Institute auf dem gesamten Campus zu liefern. Der App-basierte Dienst namens Grubify wird gerade in der Beta-Version getestet. Apps, die Kantinen ersetzen, gibt es mittlerweile unzählige, so wird das alte Mit-dem-Tablett-in-der-Schlange allmählich überflüssig.

Ghost Kitchens – wenn das Restaurant zu mir kommt

Als sich zwei junge Inder zufällig in London trafen und ins Gespräch kamen, beklagten beide das nach ihrem Geschmack einfallslose und schlechte Essen in England. Es war ein folgenreiches Treffen. Wieder zurück in Indien, gründeten Jaydeep Barman und Kallol Banerjee ihre Company Fanatic Activism against Substandard Occidental Shit, kurz FAASOS. Das war im Jahr 2011. Heute heißt das Unternehmen Rebel Foods und betreibt in 35 indischen Großstädten rund 2.200 Restaurants, die nur im Internet existieren, sowie 301 Ghost Kitchens, die mit diesen verbunden sind. Rebel Foods ist der größte Ghost-Kitchen-Betreiber in Indien. Ihre App wurde bislang mehr als vier Millionen Mal heruntergeladen. Monatlich werden 600.000 Kunden bedient, täglich rund 22.000 Bestellungen abgewickelt.

Rebel Foods ist nicht der einzige Betreiber von Ghost Kitchens. Mittlerweile existieren weltweit mehr als ein Dutzend Firmen, die solche Küchen betreiben, darunter CloudCooks, CloudKitchens in den USA, Deliveroo Editions in London und Brighton, UberEats in Paris, das deutsche Start-Up Keatz mit Ghost Kitchens in Berlin, München, Amsterdam, Madrid und Barcelona und Kitopi in Saudi-Arabien und Kuwait.

Wer heute ein Restaurant betreiben möchte, braucht nicht mehr unbedingt eine eigene Küche dazu. Heute kann man überall eine Ghost-Kitchen eröffnen, die aber natürlich ebenso der Kontrolle der örtlichen Behörden unterliegt wie andere »öffentliche« Küchen auch.

Für die Betreiber solcher Küchen bietet das Startup Remotekitchen eine Art Plug-and-play-Lösung an: Innerhalb weniger Minuten kann der Kunde ein – wie es im Fachjargon heißt – komplettes Online-Frontend mit allen nötigen Kanälen installieren. Konkret: Er bekommt eine Website mit Logo und Speisekarte, Bestellfunktion, App mit gleichen Inhalten und Funktionen, sowie zur Vermarktung Social-Media-Profile auf Facebook, Twitter und Instagram, dazu ein Online-Verwaltungs- und Management-Programm, genannt Backend. Innerhalb weniger Stunden hat der Betreiber einer Ghost Kitchen vollen digitalen Marktzugang. Und schon kann es mit ein paar appetitanregenden Fotos von Gerichten mit dem eigenen Restaurant losgehen.

Deliveroo bietet in Großbritannien mit seiner *Editions mobile* eine komplette Profiküche in einer Art Überseecontainer an. Sie kann innerhalb weniger Stunden überall dort aufgestellt werden, wo eine Nachfrage festgestellt wird. Umgekehrt gilt das auch. Funktioniert der Standort nicht mehr, braucht der Container mit der Ghost Kitchen nur von der Strom- und Wasserversorgung abgetrennt, auf einen Sattelschlepper geladen und an einem anderen Ort wieder in Betrieb genommen werden. Diese Produktionsküchen sind keine individuellen Anfertigungen oder Installationen mehr, die auf einen speziellen Raum hin konzipiert und realisiert werden. Es sind standardisierte, identische Lösungen. Die Profiküche wird damit zur Handelsware.

Wenn eine Ghost Kitchen eingerichtet ist, kann mit der Kundengewinnung begonnen werden. Das müssen keine Endverbraucher sein. Es können auch Bars, kleine Brauereien, Boutique-Hotels oder Pensionen sein. Wie man diese Unternehmen mit Ghost Kitchens vernetzt, bietet das US-Startup 2ndkitchen an. Es hat ein Online-Modul entwickelt, das beispielsweise Hoteliers oder Betreiber von Boardinghouses in ihre Website einbinden können, so können die Gäste direkt ihr Essen bestellen. Die Gerichte werden dann von einer Ghost Kitchen in der Nähe geliefert. Das funktioniert schon in Chicago, Brooklyn und San Francisco.

Mit Cloudkitchens existiert der erste Dienstleister, der Gründern, die eine Ghost Kitchen betreiben wollen, aber nicht das nötige Geld für die Investitionen zur Verfügung haben, die komplette Küche liefert, installiert und vermietet. Travis Kalanick, Mitgründer und ehemaliger CEO von Uber und einer der Großinvestoren bei diesem Projekt, sagt: »Ghost Kitchens sind einer der wichtigsten künftigen Wachstumsmärkte.«

Das 2016 in China gegründete Startup Panda Selected vermarktet freie Küchen-Kapazitäten. Gastronomen, deren Küche nicht komplett ausgelastet ist, können sich melden und ihre Küche zur Verfügung stellen – mit und ohne Koch. Die von Panda Selected entwickelte App *Pared* vermittelt nicht nur Küchen, sondern auch Köche.

All diese neuartigen Angebote verändern den Charakter der Gastronomie: Kapazitäten werden immer kurzfristiger planbar, lassen sich schneller erweitern und auch schneller wieder reduzieren. Damit wandelt sich der Arbeitsmarkt in der Gastronomie noch ein wenig mehr Richtung Gig-Economy, also einem Markt, der dadurch geprägt ist, dass sich die Beteiligten von Job zu Job, Gig zu Gig, Auftritt zu Auftritt hangeln. Ganz so, wie Uber-Fahrer auf ihren nächsten Fahrgast warten.

Über 600.000 Mopedfahrer von Meituan Dianping bewegen sich tagtäglich durch die Straßen chinesischer Großstädte. Ihren Weg finden die in fluoreszierendem Gelb und in Schwarz gekleideten Kuriere mit einem KI-gesteuerten Liefer- und Navigationssystem, das je nach Verkehrslage den schnellsten Weg zwischen Küche und Kunden errechnet und den Fahrern per Computerstimme über ein drahtloses Headset am Helm direkt ins Ohr flüstert. Im Durchschnitt dauert es zwischen Bestellung und Lieferung an der Türschwelle nicht länger als 28 Minuten. Die Fahrer bringen Fertiggerichte, aber auch Waren vom letzten Einkauf oder der letzten Online-Bestellung. Meituan Dianping verfügt im chinesischen On-Demand-Lieferungsmarkt mittlerweile über einen Marktanteil von etwa 40 Prozent. »Eat Better, Live Better« verspricht Meituans App, die sich im Lauf der Zeit zu einem Onlineshop und Bestell- und Bezahlsystem für praktisch alles entwickelt hat.

Marktführer ist allerdings der Wettbewerber Ele.me, der Lieferservice von Alibaba, der größten IT-Firmengruppe Chinas. Er kommt auf einen Anteil von über 53 Prozent. 260 Millionen Kunden, drei Millionen Kuriere und 300 Millionen Bestellungen im Jahr kommen hier zusammen. China ist das Boomland des Lieferservice. In seinem Buch *AI Superpowers: China, Silicon Valley, and the New World Order* schreibt der in Taiwan geborene amerikanische Informatiker, Geschäftsmann und Schriftsteller Kai-Fu Lee: »Jüngsten Schätzungen zufolge überflügeln chinesische Unternehmen ihre US-Konkurrenten bei der Anzahl der gelieferten Mahlzeiten um das Zehnfache.« Aus diesem Grund dürften Carrefour, Tesco und andere ausländische Ketten auf dem chinesischen Markt auf Dauer kaum eine Chance auf wesentliche Marktanteile haben. Nun hat Aldi Süd seine ersten beiden Filialen in Shanghai eröffnet – und setzt dort ganz auf den Online-Trend. Da wirkt es regelrecht putzig, dass die Deutschen nun mit dem Ele.me-Award für »Die beste Wachstumsleistung« in der Kategorie »Neuer Einzelhändler« ausgezeichnet wurden.

Im Mai 2020 kündigte Amazon die Einführung eines eigenen Lieferdienstes für Lebensmittel in Indien an. Unter dem Namen Amazon Food soll der Dienst in ausgewählten Stadtteilen von Bangalore starten, bevor er in Zukunft auch auf andere Städte ausgeweitet wird. Amazon setzt dabei nicht nur auf Restaurants, sondern ebenfalls auf Ghost Kitchens.

Wie stark der Markt der Lieferdienste mittlerweile umkämpft ist und mit welchen mitunter dubiosen Methoden er ausgefochten wird, zeigt GrubHub: Der zweitgrößte Lieferdienst in den USA publizierte die Profile Tausender Restaurants auf seiner Website – ohne deren Wissen. Er stattete sie mit einer Bestellfunktion aus, obwohl die betroffenen Lokale teilweise mit einem anderen Lieferdienst arbeiteten oder grundsätzlich mit überhaupt keinem kooperieren wollten. Auf seiner Website veröffentlichte GrubHub außerdem unter jedem Lokal noch eine Telefonnummer. Allerdings nicht die des Restaurants.

Rief ein Kunde an, so landete er nicht beim Lokal, sondern im zentralen Callcenter von Grubhub.

Der US-Lieferdienst Doordash kaperte regelrecht die Google-Einträge vieler Lokale, die nicht mit ihnen zusammenarbeiteten. Auch Doordash bot ohne Wissen der Gastronomen deren Gerichte an. Orderte ein Kunde bei Doordash, dann bestellte der Lieferdienst im Restaurant, holte das Gericht ab und lieferte es dem Kunden. Verluste nahm man dabei in Kauf: Bei manchen Lokalen zahlte Doordash 24 Dollar für die Pizza, während dem Kunden nur 16 Dollar berechnet wurden. Der US-Technologie-Journalist Ranjan Roy berichtete in seinem Newsletter *The Margins* über einen findigen Gastronomen: Der habe überlegt, ob er bei Doordash seine eigene Pizza bestellen, doch anstatt der Pizza nur ein Stück warmen Karton in die Box legen sollte. So würde er pro Lieferung acht Dollar verdienen.

Mit den Lieferdiensten stellte sich für die Gastronomie ein neues Problem, dessen sich die Wirte, Restaurant- und Barbetreiber spätestens in der Corona-Krise bewusst wurden. Im Gegensatz zu den Lieferdiensten verfügen sie selbst kaum über Daten ihrer Gäste. Ihre Kundschaft kannten die Order-Plattformen und Lieferdienste, die deren Daten seit Jahren sammelten, besser als sie selbst.

Dazu kommt, dass sich auch das Gästeverhalten verändert hat: Eine Studie des US-Marktforschungsinstituts Technomic vom Februar 2020 stellte fest, dass über die Hälfte der jungen Verbraucher der Generation Z ihre Lieferbestellungen in Restaurants über eine mobile Anwendung oder die Website eines externen Lieferunternehmens aufgibt. Rund 21 Prozent ziehen es vor, eine App zu benutzen, mit der man bei einer Vielzahl von Restaurants bestellen kann, anstatt die eigene App eines einzelnen Restaurants zu verwenden. Die Liefer-Apps sind damit die neuen Türsteher der Gastronomie geworden.

Dank des immer größer werdenden Datenpools könnten diese digitalen Türsteher schon in Kürze ihre eigenen, höchst effizienten und gleichzeitig perfekt auf die Kundenbedürfnisse zugeschnittenen Gerichte nur für das Liefergeschäft entwickeln und vermarkten. Ghost Kitchens dürften dafür der analoge Koch-Dienstleister sein.

Restaurant-KI und die Wahrheit der Bilder

Wer an einem der Events mit dem Titel »Asian in America« teilgenommen hat, die in den letzten Jahren in Kunstmuseen und auf Kulturfestivals in den USA stattfanden, dem wurde nicht nur ein asiatisches Sechs-Gänge-Menü serviert, er wurde auch mit einer VR-Brille ausgestattet. Initiatorin dieser Events ist die Köchin Jenny Dorsey, die in der zweieinhalbstündigen Veranstaltung eine Reise in die asiatisch-amerikanische kulinarische und kulturelle Identität bietet. Mit der VR-Brille erfahren die Teilnehmer, wie die Speisen zubereitet werden, lernen das eine oder andere über ihre Symbolik und was sie über das jeweilige kulturelle Erbe der beiden Kontinente aussagen. Rund ein Dutzend stets ausgebuchter Locations – von New York über Minneapolis, Los Angeles, dem Napa Valley bis nach Honolulu auf Hawaii – haben diese Events, die mit einer Ausstellung verbunden sind, bereits durchlaufen. In New York entwickelt Jinsoo An, Gründer und Chef von Project Nourished, eine eigene VR-Brille samt speziellem Geruchserzeuger sowie synthetische Nahrungsmittel und Gerichte. Sein Ziel: ein virtuelles Esserlebnis, das dem der Realität in nichts nachsteht. Die Benutzer tragen ein VR-Headset, das sie in eine virtuelle Umgebung versetzt, und essen 3-D-gedruckte Algenwürfel, während Aroma-Diffusoren ihre Sinne zusätzlich stimulieren.

Digitale Technik dringt immer tiefer in die Lebensadern der Restaurants ein. Sensoren in Zapfanlagen, wie sie etwa das Startup smartschank anbietet, ermöglichen mit einer Durchflussanalyse die genaue Kontrolle der Abgabe und Analyse des Verkaufs und können im Verbund mit dem Bestellsystem millilitergenau abrechnen. Das Startup Matcha bietet ein Weinverkaufs-Chatbot an, das in »Echtzeit mit Ihren Lagerbeständen verbunden ist, Ihre Kunden online und im Geschäft mit maßgeschneiderter Fachberatung begleitet«. Gesteuert wird der Sprachroboter mit der »ersten künstlichen Intelligenz für Sommeliers«. Die Big-Data-App der Firma Upserve analysiert die

»Performance« von Speisekarten, die Beliebtheit von Gerichten und deren künftiges Absatzpotenzial.

Die Coffeeshop-Kette Starbucks arbeitet an einer App namens *Deep Brew,* die mithilfe künstlicher Intelligenz die Abläufe in der Zentrale und den Filialen optimieren soll: »*Deep Brew* wird zunehmend die Arbeitsteilung und die Arbeitsanweisungen in den Geschäften optimieren, das Bestandsmanagement in unseren Cafés vorantreiben und unser personalisiertes Marketing steuern«, sagt Durga Doraisamy, Director, Investor Relations bei Starbucks Coffee Company.

Die Mitarbeiter in den Shops sollen »mehr Zeit für Kundenkontakte haben«.

Und nicht nur das. Auch die Produkte und Dienstleistungen sollen personalisiert werden. *Deep Brew* soll nicht nur ein Vorliebenprofil der Kunden erstellen, die per App bestellen, es soll auch erkennen, wie stark diese Vorlieben von Wetter, Temperatur, Tageszeit und Wochentag abhängig sind. Auch die Service-Erfahrung soll optimiert werden: Erhält ein Geschäft etwa eine digitale Bestellung für vier Iced Latte, während der Kunde aber noch 15 Kilometer entfernt im Auto sitzt, prognostiziert das System auf Basis aktueller Verkehrsdaten die wahrscheinliche Ankunftszeit und errechnet den Zeitpunkt, wann die Bestellung zubereitet werden muss, damit sie kalt und mit Eiswürfeln ins Auto gereicht werden kann.

Doch *Deep Brew* ist nicht einfach eine Art intelligente Management- und Organisationssoftware. »Sie ist ein entscheidendes Unterscheidungsmerkmal für die Zukunft«, meint Durga Doraisamy. Der Wettbewerb zwischen Kaffeeketten werde also künftig dadurch entschieden, wer über die bessere künstliche Intelligenz verfügt.

So denkt auch McDonald's. Die Kette kaufte deshalb die beiden Startups Dynamic Yield und Apprente. Die App von Apprente legt Kundenprofile an und personalisiert das Angebot etwa mit Wetterdaten. Wie wir bereits bei den Bäckereien gesehen haben, wird das Verbraucherverhalten sehr stark vom Wetter beeinflusst. Doch Apprente kann noch mehr: Sensoren und Kameras erfassen die Nummernschilder der Kunden beim Drive-in und ordnen jedem Kennzeichen zu, was konsumiert wurde. So lernt Apprente die Kunden und ihre Gewohnheiten kennen. Dynamic Yield liefert die Personalisierungs-Software und wird heute schon an 9.500 Standorten von McDonald's eingesetzt. Deren Einkauf in die Big-Data-Welt in Höhe von 300 Millionen US-Dollar gehört zu den größten Inventionen des Fast-Food-Giganten in den letzten zwanzig Jahren – und hat damit eine strategische Komponente: Denn im Markt der Zukunft geht es nicht nur darum, Kundenwünsche und -vorlieben zu erkennen und Kunden möglichst stark an sich zu binden, sondern auch das Kundenverhalten vorhersagen zu können und dafür die notwendige Technologie zu haben.

Das ist ein durchaus komplexes Vorhaben. Die meisten Gäste verhalten sich aus Sicht der Gastronomen immer unberechenbarer: Sie bestellen mal online über eine der vielen Plattformen, mal über die App, dann über die Website des Restaurants, sie beauftragen *Alexa* oder *Siri* mit der Bestellung, rufen persönlich an oder – das gibt es auch noch – kommen persönlich vorbei und setzen sich an einen Tisch. Wenn reserviert wird, ist es meist genauso.

Für dieses Problem der unterschiedlichen Kommunikationskanäle, auf denen Kontakt und Austausch mit Kunden mittlerweile stattfinden, will das Startup Bikky eine Lösung anbieten. Die an vielen verschiedenen Stellen angefallenen Kundendaten führt das Unternehmen zusammen, um Gastronomen zu ermöglichen, am Gast »dranbleiben« zu können. »Cross-Channel-Integration« lautet der Marketing-Fachbegriff dafür. »Totale Gästeüberwachung« würden Datenschützer dazu sagen.

Außerdem errechnet Bikky den sogenannten Lifetime-Value eines Kunden. Dieser Wert beschreibt, wie viel Umsatz der Gast – wenn alles so bleibt – für den Rest seines Lebens im Restaurant machen wird. Ist der Wert hoch, lohnt es sich, in den Gast zu investieren. Ist er niedrig, dann eher nicht. Anders gesagt: »Der geht aufs Haus«, oder eben nicht.

Gefüttert werden diese Systeme der Zukunft nicht nur mit den Kundendaten, die über Apps oder Websites, Autokennzeichen oder

Online-Bestellungen und deren Zahlungsabwicklung entstehen – denn wer weiß denn schon, einmal abgesehen vom klassischen Wirt im kleinen, feinen Restaurant, der jeden Gast persönlich kennt, wer gerade in seinem Lokal Platz genommen hat?

Das Startup Presto bietet sogar eine komplette Kameraüberwachung der Tische und misst und analysiert dabei die Gästefrequenz und deren Verweildauer. Computeralgorithmen erstellen daraufhin Auswertungen für den Gastronomen und entwickeln Verbesserungsvorschläge.

Das System des Startups Kairos bietet Kameras und Software für Gesichtsüberwachung. Es erkennt nicht nur, ob ein männlicher oder weiblicher Gast das Lokal betritt, sondern auch sein Alter, es kann zwischen einer Maske und einem echten Gesicht unterscheiden, und – das ist die Hauptfunktion – es erkennt Menschen wieder. Damit bekommt der Gastronom, ohne dass er etwas dafür tun muss, auf Knopfdruck ein System an die Hand, das ihn darüber informiert, wie viele Stammgäste er hat, wer ein- oder zweimal kommt und wie viele Gäste sich nach dem ersten Mal nicht mehr blicken lassen. Das automatische System informiert ihn sofort, wenn ein wichtiger Stammgast das Lokal betritt, der selbstverständlich gleich angesprochen und umsorgt werden kann. Es muss nicht einmal ein Stammgast sein. Es genügt, wenn ein Gast irgendwann einmal schon im Lokal war. Noch bevor ihm sein Mantel abgenommen wird, teilt das System dem Gastronomen bereits die Daten des früheren Besuchs oder vielleicht mehrerer Besuche mit, auch was damals bestellt wurde, wie viel Trinkgeld der Gast gab und ob er Sonderwünsche hatte und wenn ja, welche. Dank des virtuellen Maître dürfte die persönliche Begrüßung also kein Problem mehr sein: »Vorab einen Martini-Cocktail, wie immer?«

Das Produkt von Kairos ist noch im Testeinsatz, nach momentaner rechtlicher Lage in Europa aber noch nicht zugelassen. Digitale Reservierungssysteme erlauben es dem Gastronomen zwar heute schon, bemerkenswerte Details zu bestimmten Gästen festzuhalten, die müssen aber wie früher im Notizbuch händisch eingetragen werden. Hört man den Gurus der Restaurant-Tech-Szene zu, werden in Zukunft diese Gast-Analysen automatisch aus allen Datenspuren, die ein Gast hinterlässt, erfolgen.

Auch in die Küche zieht die Kameraüberwachung ein: Mit *Food-Cloud Kitchen Cam* kann man zuschauen, wie das Gericht, das man bestellt hat, zubereitet wird, bevor es an den Tisch im Restaurant oder an die Haus- oder Wohnungstür gebracht wird – sofern *FoodCloud Kitchen Cam* in der Küche installiert ist.

Im Juli 2019 meldete die 1960 gegründete internationale Schnellrestaurantkette Domino's Pizza, dass sich die Bewertungen, die Gäste für die Qualität der Pizza abgegeben haben, in Australien und Neuseeland um 15 Prozent verbessert hätten. Der Grund lag in der Einführung des *DOM Pizza Checker*. Das Kamerasystem überwacht die Zubereitung. Stellt es etwa eine fehlende Zutat fest, zu wenig Salami oder Schinken oder zu viel Tomatensauce, gibt es eine Warnmeldung ab und sorgt bei den Gästen (und dem Filialleiter) für Sicherheit, was zu besseren Bewertungen führt. Nun wird in der Konzernzentrale überlegt, ob das System weltweit eingeführt werden soll.

Das Startup Dragontail geht noch einen Schritt weiter. Es bietet dem Gastronomen eine Komplettlösung, die alle wichtigen Komponenten integriert:

- Kameraüberwachung und automatische visuelle Qualitätssicherung
- Zeitmanagement für die Köche bei Menüs mit beliebig vielen Gängen
- Definition der Vorbereitungszeiten, basierend auf den individuellen Fähigkeiten der Mitarbeiter
- Abschätzung und Definition der Packzeiten auf Basis der aktuell in der Schicht befindlichen Personen
- Planung der genauen Anzahl von Fahrern für jede Stunde eines jeden Tages
- Fahrzeitberechnung für beliebig viele verschiedene Standorte unter Berücksichtigung von Jahreszeiten, Wetterlagen, Fahrzeugtyp, Tageszeit und aktueller sowie künftiger Verkehrssituationen
- Schätzung der Transaktionszeit der Lieferung, basierend auf den

Eigenschaften der Empfänger-Standorte – Einfamilien- oder Hochhäuser, Anzahl der Stockwerke etc. – und der Zahlungsart

Man hat den Eindruck, dass an alles gedacht wird, sogar an die gemeinsame Nutzung des Fahrdienstes. Das lässt sich mit einem »Driver Sharing Algorithmus« planen. Und zwar praktisch in Echtzeit.

Damit die Planung auch in der Offline-Welt ankommt, gibt es sogenannte operative Echtzeit-Alarme, die mitteilen, was wann zu geschehen hat, und die sogar im Blick haben, wann welcher Ofen eingeschaltet werden muss, damit die Hitze rechtzeitig zur Verfügung steht, wenn sie gebraucht wird. Oder dass um 18:00 Uhr noch ein weiterer Fahrer benötigt wird.

Dragontail ist nicht die einzige IT-Lösung für ganzheitliches Management eines Betriebs. Es gibt über ein Dutzend weiterer Anbieter. Ihre Werbeversprechen reichen vom »zentralen Nervensystem für Restaurants« bis hin zum Slogan: »Vom Überleben zum Gedeihen.«

Während die Management- und Marketingsysteme immer umfassender, leistungsfähiger und erschwinglicher werden, formiert sich aber auch Widerstand. Ähnlich dem der kleinen Schar von Liebhabern der guten alten Vinylplatte und Audio-Enthusiasten, die Unsummen in HiFi-Anlagen mit feinster analoger Technik stecken.

Schon vor einigen Jahren hat sich im Web unter jungen Millennials ein Spiel namens »Phone Stacking« verbreitet. Dabei werden die Smartphones der anwesenden Gäste vor dem Essen auf einen Stapel gelegt. Wer die digitale Pause nicht aushält und zuerst zum Smartphone greift, muss die Rechnung bezahlen.

Juan Amador, Österreichs erster Dreisternekoch, hat zum Beispiel alle Foodie-Instagramer aus seinem Restaurant in Wien verbannt. Viele arrivierte Sterneköche handhaben das mittlerweile ähnlich. Und nicht nur die eher technikkritischen Babyboomer verbannen Social Media aus ihren Speisesälen, auch manche Millennials kehren zum Analogen zurück. Der Kellner, der einen nach Old-School-Manier bedient, ist bei ihnen wieder en vogue.

Wie der schon erwähnte Autor Kai-Fu Lee in seinem Buch *AI Su-*

perpowers: China, Silicon Valley, and the New World Order schreibt, werden die Berufe, die eine »menschliche Fassade« benötigen, noch lange davor verschont bleiben, durch die Algorithmen der künstlichen Intelligenz ersetzt zu werden. Was ist damit gemeint?

Auf eine schlecht gelaunte Bedienung am Counter eines Fast-Food-Restaurants kann der Gast sicher leicht verzichten. Im Zweifel ist ihm dort eine neutrale Maschine vielleicht sogar lieber. Und McDonald's trainiert seine Gäste ja bereits an großen Bildschirmen, an denen sie ihre Bestellung aufgeben und bezahlen können, in der Mensch-Maschine-Interaktion.

Doch was nicht ersetzt werden wird, sondern im Gegenteil eine Aufwertung erfährt, ist der Kellner in einem Restaurant, der seinen Gästen zuvorkommend, sachkundig und freundlich zur Seite steht. Das könnte sogar in einem bestimmten Bereich der Gastronomie wieder zu einer eigenen Dienstleistung, zu einem eigenen Produkt werden – und damit zum Zukunftsmodell. Was uns heute noch normal vorkommt, wird in einer Branche, die ihre niedrig- und mittelpreisigen Segmente zunehmend automatisiert und aufgrund des Kosten- und Wettbewerbsdrucks automatisieren muss, künftig als hochwertige Ausnahme erscheinen, für die wir gerne bereit sind, mehr zu zahlen: ein echter Kellner mit echter sozialer Interaktion. Eine Attraktion. Ein Blick zurück in die analoge Welt für einen Abend.

Billy Wagner, Gründer und Wirt des radikal-regionalen Gourmetrestaurants *Nobelhart & Schmutzig* in Berlin, verlangt von seinen Gästen, dass sie den Abend bei ihm gefälligst zelebrieren und sich ganz ihren analogen Sinnen hingeben. Er spricht damit aus, was viele junge und engagierte Wirte mittlerweile denken. Das bedeutet, sagt Wagner kategorisch, sich dem Gegenüber am Tisch wirklich zuzuwenden, die Speisen zu würdigen, den Abend als Ereignis wahrzunehmen – und auf Fotos zu verzichten. So bleibt das Dinner im Lokal ein intimes Erlebnis. Food-Blogger bekommen Fototermine außerhalb der Öffnungszeiten, und für die Abendgäste klebt für jeden sichtbar an der Eingangstür der Aufkleber mit durchgestrichenem Handy und Fotoapparat.

KAPITEL 6
HANDEL UND LOGISTIK / IM LIEFERWAGEN / UNTERWEGS

Der Online-Bauernmarkt: per Lichtgeschwindigkeit zum Kunden # Zu Besuch im Messie-Lager der Roboter # Prekäre Pizza-Boten und das Problem der letzten Meile # Wenn die Drohne Kuchen bringt # Blockchain und das neue Transparenz-Versprechen der Lieferkette # Wenn die Smart-City weiß, wann dein Magen knurren wird

Vitalpilze, Insektenriegel, fermentierte Limonaden, sogar ein Keks-teig zum Löffeln werden an diesen zwei Januartagen im Jahr 2020 auf der Bühne der Startup-Days vorgestellt. Im ehrwürdigen Marshall-Haus der Berliner Messe, dem ehemaligen Ausstellungspavillon der USA, der zur Deutschen Industrieausstellung 1950 eröffnet wurde, präsentieren sich junge Unternehmen aus der Lebensmittelbranche. An kleinen Ständen laden Gründer*innen Fachbesucher der Grünen Woche ein, um ihnen ihre Produktideen vorstellen und ins Gespräch kommen zu können. 2018 konnten sich »Food-Startups« dort zum ers-ten Mal präsentieren, heute sind sie fester Bestandteil der Messe.

Zwanzig ausgewählte Gründerprojekte buhlen auf der Bühne in der zweiten Etage außerdem um die Gunst einer Jury aus Experten. Die entscheidet am Ende über die besten Ideen und Produkte und ver-gibt Preise. Den Anfang der Präsentationen macht allerdings kein trendiges Produkt, das zuvor schon als Influencer-Hype durch Insta-gram geflattert ist, sondern ein Startup, dass sich mit eher biederen Themen der Lebensmittelwirtschaft wie Lagerverwaltung und Kommissionierung beschäftigt: FrachtPilot, gegründet in Münster, will das Konzept des Hofladens und der Gemüsekiste auf neue digitale Beine stellen. Sebastian Terlunen, Wirtschaftsinformatiker und Geschäftsführer von FrachtPilot, und sein Team bieten für den gesamten Lieferprozess digitale Dienstleistungen an, die sich über einen Online-Konfigurator blitzschnell den Anforderungen des Landwirts oder der Landwirtin anpassen.

Egal, ob für die Zusammenstellung der Ware, die Touren- und Routenplanung der Lieferwagen oder automatisierte Lieferscheine und Retouren: FrachtPilot automatisiert sämtliche Prozesse der landwirtschaftlichen Direktvermarktung. »Damit spart der Erzeuger rund 30 Prozent Zeit und Kosten«, sagt Terlunen.

Am Ende der zweitägigen Pitch-Sessions der Jury steht ein Sieger fest, und FrachtPilot hat es aufs Siegertreppchen geschafft, noch vor angesagten Produkten wie Kombucha oder den kleinen chinesischen Teigtaschen namens Jiaozi. Das Thema digital optimierte Logistik und Vermarktung überzeugte die Jury und scheint attraktiver zu sein, als viele dachten. Ob die alten Handelsriesen in der Jury schon realisiert haben, was ihnen blühen könnte, sollte der FrachtPilot mit Zehntausenden Bauernhöfen so richtig durchstarten?

Der Online-Bauernmarkt: per Lichtgeschwindigkeit zum Kunden

Um an seine Kunden zu liefern, braucht der digital versierte Landwirt heute nur noch ein paar Klicks auf dem Handy oder auf einer Website. Bauern können sich nicht nur per E-Commerce direkt mit ihren Kunden verbinden, auch Logistik und Lieferung werden durch digitale Lösungen einfacher. Junge Firmen wie etwa Marktschwärmer, Pielers und Frischepost bieten Plug-and-play-Lösungen an. Das bedeutet: Langwierige Verhandlungen sind nicht mehr nötig. Man meldet sich auf der Plattform des Unternehmens an, bezahlt meist eine Monatsgebühr per Kredit- oder EC-Karte und kann sofort damit beginnen, Touren oder Routen zu planen. Kunden, Service und Logistik – alles inbegriffen. Geliefert wird entweder an einen Sammelpunkt, z.B. einen kleinen Laden oder eine Markthalle, oder eben direkt an die Wohnungs- oder Haustür des Verbrauchers. Und da digitale Strukturen nicht nur die beliebige Kombination einzelner Lieferwege und Lieferarten erlauben, können die neuartigen Dienstleister auch individuelle Warenkörbe unterschiedlicher Produkte, Gemüse, Früchte und andere Waren klassischer Hofläden, von unterschiedlichen Erzeugern organisieren. Was früher nur mit Zettelwirtschaft und Fax mühsam zu bewerkstelligen war, lässt sich heute digital optimiert auch für den kleinsten Betrieb organisieren. »Power to the Bauer«, so heißt es bei den Startups Frischepost und Pielers.

Die optimierte Logistik, die Startups für Landwirt*innen anbieten, um sich über das Internet direkt mit ihren Märkten vor Ort zu verbinden, sorgt meist für kürzere Wege, für Zeitersparnis, geringere Kühl- und Transportkosten und damit auch für eine bessere Schadstoffbilanz, einen kleineren CO_2-Fußabdruck, der sich dadurch noch verbessert, dass einige dieser neu gegründeten Firmen ihre Ware mit einer Flotte kleiner Elektrofahrzeuge transportieren, wie zum Beispiel Frischepost. Auch bei der Verpackung setzt man auf nachhaltige Lösungen, wie zum Beispiel Stroh als Isolierung für gekühlte Ware.

Durch die Direktlieferung verändern sich auch die Verpackungen insgesamt. Denn die Beutel, Tüten oder Kartons müssen nicht mehr auf den Käufer wirken. Er hat sie ja bereits gekauft, wenn sie bei ihm ankommen. Deshalb müssen sie optisch und gestalterisch längst nicht mehr so auffällig sein. Sie müssen nicht mehr schreien: Kauf mich, kauf mich! Sie werden also schlichter.

Außerdem fallen sogenannte Sekundärverpackungen weg, das sind Verpackungen zwischen der Gebinde- und der Einzelverpackung eines Produktes. Diese markenspezifisch gestalteten Verpackungen dienen dazu, kleinere Mengen von Produkten im Regal oder an der Kasse im richtigen Design und stimmig zu präsentieren.

Für die Auslieferung an die Wohnungstür müssen sie meist entfernt werden. E-Commerce-Experten schätzen, dass das Entfernen solcher Verpackungen vor dem Umpacken und Ausliefern rund zehn Prozent der Kosten eines Produkts ausmachen.

Normalerweise muss ein Erzeuger, um als Lieferant einer großen Supermarktkette akzeptiert zu werden, eine bestimmte Mindestmenge und eine Mindestqualität garantieren. Kleine Erzeuger können entweder nicht an diesem Teil des Marktes teilnehmen oder müssen sich andere Wege suchen. Wer seine Produkte aber nicht nur über den eigenen Hofladen vermarkten will, muss sich einer Erzeugergemeinschaft anschließen, die für ihre Organisation natürlich Gebühren oder Umsatzanteile verlangt.

Die Lebensmittel, die in das klassische Vertriebssystem eingespeist werden, kommen zunächst zum Großhändler oder zu einem zentralen Logistikzentrum einer Supermarktkette.

Ein Teil der Ernte wird hier aussortiert: »Es gibt Richtlinien bezüglich Farbe und Reife von Obst und Gemüse. Die Ware wird genau unter die Lupe genommen, dazu gibt es Hilfsmittel wie zum Beispiel Messinstrumente, die den Zuckergehalt oder die Kerntemperatur messen«, erklärt man bei Edeka. Es genügt also, wenn etwa die Farbe oder die Größe abweicht. Und Waren, die nicht der erwarteten Vorstellung einer typischen Kartoffel, eines Apfels oder einer Tomate entsprechen, werden ebenfalls aussortiert.

Viele landwirtschaftliche Betriebe sortieren wegen der Anforderungen des Handels bereits auf dem Hof entsprechend aus. Dafür existieren digitale Scanner über Förderbändern, die untypisches Gemüse, Obst oder Salate sofort auf den Kompost wandern lassen. Dieser »Schwund« sollte einkalkuliert werden, doch der Handel möchte dafür nicht bezahlen. Denn speziell mit diesen sogenannten »Schnelldreher-Produkten«, also Obst, Salat und Gemüse, aber auch Milch, Milchprodukte, Fleisch, Brot und Backwaren, gestalten die Supermarktketten ihren Preiskampf. Die Folge: Die Erzeugerpreise werden immer mehr gedrückt. Das ist ein Prozess, der zwar schon länger im Gang ist, der sich aber durch die Konzentration im Lebensmittelhandel noch verschärft hat. Die Erzeuger sind auf die wenigen Abnehmer angewiesen. Infolgedessen geraten sie immer stärker unter Preisdruck.

Die Vermarktungs- und Logistikplattformen der Startups dagegen machen dezentrale, flexible und intelligente Liefernetzwerke nicht nur möglich, sondern auch leicht zugänglich und kostengünstig. Das hat für den Erzeuger allerhand Vorteile. Er behält einen höheren Anteil am Verkaufspreis, und alles, was er früher aussortieren musste, kann er nun verkaufen. Die Kunden bemerken auch, dass natürliche Lebensmittel unterschiedlich sind, sie sind nicht immer gerade gewachsen, nicht immer gleich groß, nicht immer gleich in der Farbe.

Dasselbe gilt auch für tierische Produkte. Man kann das Sortiment erweitern und mehr, ja sogar alle Teile des Tieres vermarkten. Onlineshops wie *KaufneKuh.de* machen ihren Kunden klar: Ein Schwein besteht nicht nur aus Filet und ein Rind nicht nur aus Steak.

Für Verbraucher entsteht so ein Bezug zur biologischen Realität. Das hilft, die Lebensmittelverschwendung allgemein zu reduzieren und Ernte und Tier wertzuschätzen. Ernten – auch das sehen die Kunden im direkten Bezug eher – sind eben nicht unendlich, und alles ist auch nicht immer verfügbar, auch wenn es im Supermarkt so aussieht. Wenn es im Herbst keinen grünen Salat mehr gibt, muss man seinen Speiseplan eben auf Wintergemüse umstellen. Das sind die Leute nicht mehr gewohnt. Deshalb bieten viele der neuen Vermarktungsplattformen ihren Kunden zu den saisonalen Gemüsen Rezepte und Inspiration in Blogs und Social-Media-Posts.

Noch mehr Verbindung zwischen Landwirt*innen und Verbraucher*innen schaffen die Projekte der »Solidarischen Landwirtschaft«. Deren Konzept des gemeinschaftlichen Bauernhofs verhalf die digitale Direktverbindung in den letzten Jahren zu deutlichem Aufwind. Mehr als sechzig SoLaWi-Projekte gab es in Deutschland im Jahr 2019, heute sind es dreimal so viele. Es gibt SoLaWi- Kooperativen, die von Abnehmern oder von Kunden gegründet werden, Genossenschaften oder Vereine, die sich in landwirtschaftliche Betriebe einkaufen und dem Bauern ein Gehalt bezahlen, sodass er keine Existenzsorgen haben muss. Andere Projekte garantieren Mindestabnahmen oder Mindestpreis. Oder man organisiert Arbeitsleistung, etwa beim Unkrautjäten oder Mistausbringen, die mit Ernteanteilen oder Festpreisen bezahlt wird. Projekte der Solidarischen Landwirtschaft haben viele Aspekte und wären ohne digitale Organisation und Kommunikation nicht da, wo sie heute sind. Mitglieder werden per Messenger-Dienst zum Notfalleinsatz bei ausbrechenden Kartoffelkäferplagen gerufen oder wie im Fall des Münchener »Kartoffelkombinats« per Blog-Beitrag mit Updates über den aktuellen Wachstumsstand des Gemüses direkt vom Acker versorgt.

In den USA, dem Land, das als erstes das solidarische Konzept aus dem Ursprungsland Japan mit neuer Verve als »Community Supported Agriculture« groß machte, existieren bereits erste digitale Plattformen wie *harvie.farm*, die Bauern und SoLaWi-Interessierten Vernetzungen anbieten. Von Arctic Harvest im hohen Norden in Alaska bis zur Arden Barn bei Miami in Florida hat das Startup aus Pittsburgh bislang 193 Bauernhöfe in ganz USA mit Unterstützern zusammengebracht. Rund 2.520 Abholstationen wurden schon organisiert. Einen ersten Bauernhof in der Karibik hat *harvie.farm* ebenfalls in seinem Netzwerk: Die Ridge to Reef Farm ist der einzige Öko-Betrieb auf den amerikanischen Jungferninseln.

Ob in den USA oder Europa, die Nachfrage kommt all diesen Anbietern jedenfalls entgegen. Eine 2019 durchgeführte Umfrage des Bundesverbandes Informationswirtschaft, Telekommunikation und neue Medien e.V., Bitkom, unter einer repräsentativen Auswahl von Verbrauchern stellte fest, dass jeder Fünfte im Netz nach regionalen Lebensmitteln sucht. Lebensmittel sind die Warengruppe, die im Vergleich zu allen anderen in den letzten Jahren am stärksten im Onlinehandel gewachsen ist: mit jährlichen Zuwächsen zwischen 12 und 17 Prozent.

Der stärkste Marktzuwachs wird allerdings für Asien erwartet: In den nächsten drei Jahren soll der Online-Lebensmittelhandel dort um mehr als 30 Prozent zulegen. Was in Europa oft noch als romantische Hofladenwelt »im Internet« abgetan, von Politikern belächelt und von Verbandsfunktionären lediglich als Nische betrachtet wird, nimmt im Reich der Mitte schon heute ganz andere Dimensionen an.

»Wir wollen E-Commerce in alle Dörfer Chinas bringen, damit die

Landbevölkerung einen Einblick in das Stadtleben bekommt und ihre eigenen Produkte in den Städten verkaufen kann«, sagte Jack Ma, der Gründer von Alibaba, zu Beginn der 2000er-Jahre. Im Jahr 2003 gründete er die Einkaufsplattform Taobao, die als eine Mischung aus Ebay und Amazon startete. Heute zählt das Portal zu den zehn meistbesuchten Internetseiten der Welt. Taobao verfügt nach eigenen Angaben über fast 500 Millionen registrierte Benutzer, von denen mehr als 60 Millionen täglich aktiv sind.

Jack Ma ist stolz darauf, dass es mittlerweile rund 4.310 Taobao Villages in China gibt. Um ein solches Dorf zu werden, müssen mindestens zehn Prozent der Dorfhaushalte E-Commerce betreiben, das heißt als Einzelhändler agieren und ihre Produkte ausschließlich über Taobao und das Internet vertreiben. Oder es müssen auf Taobao mindestens hundert Onlineshops von Dorfbewohnern betrieben werden und das gesamte jährliche E-Commerce-Transaktionsvolumen des Dorfes mindestens 10 Millionen der Volkswährung Renminbi betragen. Das entspricht etwa 1,2 Millionen Euro.

Über eine Milliarde Chinesen nutzen mittlerweile Plattformen wie Taobao und Wechat, um Geld zu verdienen. Das Handelsministerium in Peking schätzt, dass es auf dem Land mittlerweile zehn Millionen Online-Läden gibt. Bereits mehr als 30 Millionen Chinesen auf dem Land würden dadurch ein Einkommen erhalten.

Um Bauern fit für die digitale Taobao-Mall zu machen, schickt Alibaba Trainer auch in die entlegensten Dörfer. Bei Schulungen lernen die Bauern so den Umgang mit dem Smartphone und wie man die Produkte vor der Handykamera präsentiert. Obstbauern aus der Provinz Hubei im Dorf Zigui gelang es so während der Corona-Krise innerhalb einer 15-minütigen Sendung auf Douyin, der chinesischen Version von TikTok, 46 Tonnen Orangen zu vermarkten, berichtet AgriTerra, eine Beratungsagentur für Erzeugergemeinschaften aus den Niederlanden. Aus Obstbauern wie etwa Zhang Haihui, der jeden Tag aus seiner Plantage in der Region Hunan mit seinem iPhone streamt, werden so ländliche Influencer mit großer Gefolgschaft und rasant wachsender Kundschaft. Nach Schätzungen der Video-Sharing-Plattform

Kuaishou, an der auch Alibaba als Investor beteiligt ist, bewerben bereits mehr als eine Million Bauern ihre Produkte per Video. Etwa 19 Milliarden Yuan (umgerechnet 2,4 Milliarden Euro) Umsatz haben sie im vergangenen Jahr durch ihre Livestreams vom Acker, der Scheune oder aus dem Stall gemacht. Die Video-Sharing-Plattform Kuaishou liefert also den Marketing-Kanal für den Onlineshop von Taobao.

Bezahlt wird stets mit Alipay, dem Online-Bezahlsystem von Alibaba. Dazu reicht ein Smartphone, man braucht kein Bankkonto mehr. Geliefert wird per Kurier innerhalb weniger Tage.

»Die Digitalisierung hat die letzten Winkel der Volksrepublik erreicht«, urteilte Christoph Giesen, Peking-Korrespondent der *Süddeutschen Zeitung*, im September 2019. Der Mechanismus sei immer der gleiche: »Ein Dorfbewohner gründet ein kleines Unternehmen und vertreibt seine Produkte auf Taobao. Der Bedarf steigt, immer mehr Leute aus dem Ort finden Arbeit. Sie bleiben in der Heimat, statt wegzuziehen. Die Digitalisierung der ländlichen Gebiete, E-Commerce als Chance für strukturschwache Gebiete – chinesische Unternehmen liegen da weit vorne. Ein Geschäftsmodell, das sich auch in Indien, Indonesien oder auf dem afrikanischen Kontinent ausbreiten könnte. Ein Milliarden-Markt, für den Facebook, Google, Apple und all die anderen Konzerne aus dem Silicon Valley bislang nichts zu bieten haben.«

Bei aller Euphorie über die vielversprechenden Chancen durch Direktanschluss an den Markt für die vielen Klein-, Obst- und Gemüsebauern an die neue E-Commerce-Welt, bilden sich in China inzwischen ähnliche Machtverhältnisse aus, wie wir sie im Westen kennen. Amazon, Google und Facebook heißen in der Volksrepublik Alibaba, Baidu und Tencent.

Die hierzulande in manchen Kreisen anzutreffende Skepsis gegenüber den neuen technologischen Möglichkeiten sollte also überwiegend den Techno-Giganten und den Machtverhältnissen gelten, die sich unbemerkt dahinter ausbilden.

Denn die digitale Technologie kann – wie wir gesehen haben – gerade für kleine landwirtschaftliche Betriebe ein Instrument sein, mit dem sie sich aus Zwängen und Abhängigkeiten befreien. Das wird aber nur funktionieren, wenn es eine Vielfalt von digitalen Angeboten gibt, eine Auswahl an Möglichkeiten und wenn politische Kontrolle gegeben ist. In einer Plattformökonomie mit wenigen marktbeherrschenden Anbietern, die nur nach dem Prinzip ›The Winner takes it all‹ funktioniert, würden sich die Abhängigkeiten für Erzeuger wie Verbraucher nur verschlimmern.

Zu Besuch im Messie-Lager der Roboter

In dem gelben, mannshohen Regal steht eine große Tüte mit Kaffeebohnen für den Vollautomaten im Büro, daneben ein pinkfarbenes Kuscheltier, dann ein Buch von Franz Alt, *Der ökologische Jesus*, gleich anschließend folgt eine große Dose Superfood-Pulver des Startup Berlin Organics, ein Fach weiter wieder ein Buch, *What You Do Is Who You Are* von Ben Horowitz. Wer bei der Tour durch das Amazon-Lager besonders viele Bücher erwartet hatte, wird enttäuscht. Es finden sich viele Haushaltsgeräte, immer wieder Kaffeebohnen und erstaunlich viele Lebensmittel in den Regalfächern. Darunter Biotee der Marke Lebensbaum oder auch Seitenbacher Natursauerteig. Auf unserem Weg durch die unendlichen und immer gleich strukturierten engen Gänge aus gelben Metallregalen entdeckt die Mitarbeiterin, die uns führt und die eigentlich aus der Gastronomie kommt, auf einmal eine Packung Nudelreis und frohlockt. »Das ist das Spannende bei dem Job, man entdeckt hier immer wieder was Neues.«

Amazon ist mit rund 15 Milliarden Euro Umsatz 2018 inzwischen der fünftgrößte Lebensmitteleinzelhändler Deutschlands. Marktführer Edeka kommt mit 13.000 Filialen und einem vergleichsweise kleinen Liefergeschäft 2018 insgesamt auf rund 59 Milliarden Euro Umsatz. Die Rewe-Group, Deutschlands zweitgrößter Lebensmitteleinzelhändler, mit 7.700 Filialen auf 40 Milliarden Euro. Im Vergleich dazu sind die Lebensmittelumsätze von Amazon Deutschland im Onlinehandel noch vergleichsweise niedrig. Doch die Lebensmittelsparte bei Amazon wächst jährlich um 17,4 Prozent. Das Wachstum bei Edeka liegt im Vergleich dazu bei nur 4,3 Prozent.

Wer durch die Gänge des Amazon-Lagers in Leipzig streift, sieht die verschiedenen Produkte direkt nebeneinander und ertappt sich dabei, irgendeine Ordnung erkennen zu wollen. Das ist uns nach dem Rundgang durch mehrere lange Gänge mit Regalen, in denen Bücher, Lebensmittel, Garten- und Küchengeräte gelagert waren, nicht gelungen. Auf unsere Frage »Wer weiß hier eigentlich, was wo steht«, antwortete die Dame, die uns durch die Halle führte, knapp: »Der Computer!« Die Angestellten, die hier »picken«, also die Bestellungen der Amazon-Kunden aus den Regalfächern zusammensuchen, sind daher auf ihre Handhelds angewiesen, Smartphone-ähnliche Geräte, die ihnen den Weg zum richtigen Regalplatz zeigen. Dort angekommen, entnehmen sie das entsprechende Produkt und legen es in eine Art Einkaufswagen auf das Fließband, das es in die Verpackungsabteilung verfrachtet. Den effizientesten Weg durch das riesige Lager »weiß nur das Kundensystem«, also der Algorithmus, erklärt man uns, der direkt nach dem Klick auf »sofort kaufen« alles Weitere in die Wege leitet. Wer hier pickt und stowet, also neu eintreffende Ware in freie Regalfächer einsortiert, muss schnell und ausdauernd sein, da viele Kilometer am Tag zurückgelegt werden müssen.

In der Vergangenheit gab es immer wieder Proteste und Skandale bezüglich der harten Arbeitsbedingungen. Die seit Neuestem angebotene Tour durch die »Fulfillment Center«, die wir mitgemacht haben, soll das angeschlagene Image aufbessern. Man erzählt uns von gesunden Obsttagen, und in einem Imagevideo, das vor der Tour im Besucherraum gezeigt wird, berichtet der Picker Sven, bei der abwechslungsreichen Arbeit herrsche unter den Mitarbeitern gute Laune. Er habe nach der Wende als Maurer die Fassaden in Leipzig renoviert und sei nun seit 2012 bei Amazon, und hier schaue ihm »keiner über die Schulter«. – »Ja, ja«, denkt man während der Tour, »außer dem Algorithmus.«

Der Mensch ist hier im Fulfillment Center ein vom Code gesteuertes Rädchen, das nicht mehr entscheiden kann, was wann zu tut ist.

Das reicht vom Zusammensuchen der Ware bis zum Einpacken. In der riesigen Verpackungshalle wird den Mitarbeitern auf einem Bildschirm jeweils das Fach angezeigt, aus dem sie die Ware entnehmen, und die exakte Größe des Kartons, in den sie sie verpacken sollen.

Man kann sich des Gefühls nicht erwehren, dass hier die Technologie nicht Diener des Menschen ist, nicht ein Hilfsmittel, das ihn von lästiger körperlicher Arbeit befreit, sondern ein unsichtbarer Herrscher, dessen Logik man sich zu unterwerfen hat. Er teilt die Arbeit zu und scheucht die Angestellten hin und her: Hol ein Pfund Kaffee, nimm drei Müsliriegel, hol den Küchenmixer aus Regal D, greif ins Fach G, nimm einen Bogen Papier heraus und wickle damit den Küchenmixer ein. Am unteren Ende der Einkommensskala, am Rand der Gesetzgebung und der Gewerkschaften, stellen, unsichtbar für die Kunden, »Heinzelmännchen« die Waren für den Rest der Gesellschaft zusammen. Im April 2018 meldete die britische Tageszeitung *Mirror*, dass laut einer Studie des gewerkschaftsnahen und rund 20.000 Mitglieder umfassenden Projekts *Organise* über die Hälfte der hundert befragten Lagerarbeiter von Amazon seit ihrem Eintritt in die Firma an Depressionen leidet.

Man versteht, dass es nur noch ein kleiner Schritt bis zur vollständigen Automatisierung des gesamten Prozesses ist. In den Amazon-Lagern in Mönchengladbach, Frankenthal und Winsen an der Luhe bringen auf zwei Etagen kleine und sehr wendige Roboter ganze transportable Regale direkt zu den Packern. Gepickt werden muss nun nicht mehr, und es ist nur noch eine Frage der Zeit, bis auch die Verpackung automatisch erledigt werden kann. Die übermannshohen Regale, die dort durch die Hallen gefahren werden, sehen übrigens ebenfalls so aus, als hätte man jedes Produkt völlig wahllos und ohne irgendein System hineingelegt. Messies hätten es nicht schöner arrangieren können.

Amazon hat weltweit bereits über 100.000 dieser Roboter in 25 von seinen 150 Logistikzentren im Einsatz. Sie helfen den »Click to ship«-Kreis schneller zu schließen und reduzieren die Zeit von Bestellung bis zum Versand von über einer Stunde auf nur noch 15 Minuten.

Amazon ist heute der zweitgrößte Einzelhändler der Welt: Der globale Umsatz wird für 2020 auf 268 Milliarden US-Dollar geschätzt. Der von Marktführer Walmart liegt bei 528 Milliarden US-Dollar. Die deutsche Schwarz-Gruppe mit Sitz im baden-württembergischen Neckarsulm, die Lidl und Kaufland betreibt, erreicht weltweit einen Umsatz in Höhe von 133 Milliarden US-Dollar.

Lebensmittel schienen lange Zeit die letzte Bastion, wegen der Frische und des Handlings. Doch Amazon Fresh liefert in Berlin, Hamburg und München bestellte Lebensmittel innerhalb von zwei Stunden an die Kunden. Rund 80.000 Produkte stehen zur Verfügung. Um bei Amazon Fresh zu bestellen, muss man Amazon-Prime-Kunde sein. Laut einer im Juli 2019 veröffentlichten Studie des deutschen Handelsforschungsinstituts IFH sind 17,3 Millionen Deutsche Amazon-Prime-Kunden.

An allen Wänden der riesigen Hallen in Leipzig stehen in großen Lettern die »Leadership Principals« von Amazon-Gründer Jeff Bezos. »Have Backbone; Disagree and Commit«, lautet einer der Leitsätze. Auf Deutsch: »Rückgrat zeigen, widersprechen und getroffene Entscheidungen mittragen«. Nach der Führung durch das Fulfillment Center hat man jedoch eher den Eindruck: Wer hier arbeitet, sollte gut auf sein Rückgrat achtgeben und die vom Algorithmus getroffenen Entscheidungen besser ohne Widerspruch im wahrsten Sinne des Wortes mittragen.

Prekäre Pizza-Boten und das Problem der letzten Meile

Im August 2016 berichtete Sarah O'Connor, eine Reporterin der *Financial Times*, über eine Demonstration in London Folgendes: »Es handelt sich um Arbeitnehmer ohne Arbeitsplatz, die gegen ein Unternehmen streiken, das sie gar nicht beschäftigt. Sie werden nicht von Menschen verwaltet, sondern von einem Algorithmus, der mit ihnen über ihre Smartphones kommuniziert. Und wogegen sie sich auflehnen, ist ein App-Update.« Die Protestierer, über die Sarah O'Connor schreibt, kamen auf Fahrrädern und Motorrädern in den Süden Londons, ihr Job war das Ausfahren von Lebensmitteln für den Lieferservice UberEats.

Um für eine möglichst hohe Beteiligung an dem Protest zu sorgen, versuchten die Fahrer an diesem Tag, den Code mit seinen eigenen Mittel zu schlagen. In seinem Buch *New Dark Age* berichtet Autor James Bridle: »Angesichts neuer Verträge, mit denen die Löhne gesenkt und die Arbeitszeiten erhöht wurden, wollten sich viele Fahrer dagegen wehren, ihre Arbeitszeiten und -praktiken – lange Nächte und verteilte Routen – hinderten sie jedoch daran, sich effektiv zu organisieren. Eine kleine Gruppe kommunizierte in Online-Foren, um einen Protest vor dem Büro des Unternehmens zu organisieren, aber sie wussten, dass sie mehr Kollegen versammeln mussten, um gehört zu werden. Also nutzten die Arbeiterinnen und Arbeiter am Tag des Protests die UberEats-App selbst, um Pizzas zu ihrem Standort zu bestellen.« Mit jeder in den Süden Londons georderten Lieferung kamen mehr Kuriere vor die UberEats-Büros gefahren und wurden von den bereits Protestierenden überredet, sich dem Streik anzuschließen. »Algorithmisches Management trifft auf algorithmische Rebellion«, fasste die *Financial Times* diesen Vorgang zusammen. Uber zog als Reaktion die angekündigten Pläne zurück – allerdings nur vorübergehend. Zwei Jahre später kam es zu erneuten Protesten, diesmal vor den Uber-Büros im Osten der Stadt.

Besonders bei der Auslieferung von Lebensmitteln scheinen die Menschen, die dafür sorgen, dass georderte Mahlzeiten oder Einkaufstüten an der Haustür ankommen, »unter die Räder« zu geraten. Sie mögen in ihren farbigen Outfits zwar im Stadtbild sichtbarer sein als die Arbeiter in den Lagerhäusern, für die Kunden rücken sie aber erst ins Blickfeld, wenn sie ihren Dienst verweigern.

Seit 2016 streiken die heute per App gesteuerten Fahrer, Radkuriere und Auslieferer immer wieder. Und laut Nachrichtenmagazin *Spiegel* nicht nur in westlichen Metropolen wie Berlin, London und Paris, sondern auch in Hongkong und anderen Großstädten Chinas und in

Thailand. Dort, wo sie selbstständig sind oder in die Selbstständigkeit gezwungen werden, forderten sie höhere Honorare oder eine Festanstellung. Angestellte Fahrer forderten höhere Löhne, denn ihre Gehälter oder Honorare entsprechen nur in Europa seit Kurzem dem hiesigen Mindestlohn. Ähnlich wie in der Gastronomie sehen viele Auftraggeber etwa die Trinkgelder als Teil der Entlohnung. Der US-Lieferdienst Grubhub, im Juni 2020 von Just Eat Takeaway übernommen, gab das 2019 ganz offen zu: Trinkgeld sei eine »Subvention der Bezahlung von Fahrern«.

Ungeachtet dieser Zustände werden Lieferdienste immer mehr genutzt. Im zweiten Quartal 2020 verzeichnete etwa Delivery Hero, eine der weltweit größten Online-Bestellplattformen für Essen mit Hauptsitz in Berlin, rund 281 Millionen Bestellungen auf seinen Plattformen in gut vierzig Ländern, fast doppelt so viele wie im Vorjahreszeitraum.

Trotz dieses Wachstums ist Delivery Hero, ein börsenorientiertes Unternehmen, immer noch in der Verlustzone. Nach Analystenschätzungen belief sich im ersten Halbjahr 2020 der Verlust auf 352 Millionen Euro.

Dem Erfolg an der Börse schadet das nicht: Seit Jahresbeginn legte die Aktie um 47 Prozent auf rund 104 Euro zu. Delivery Hero wird inzwischen mit über 21 Milliarden Euro bewertet. Schon jetzt ist die Firma mehr wert als die Deutsche Bank. Deren Marktkapitalisierung lag laut Statista Ende 2019 bei 14,3 Milliarden Euro.

Im Dezember 2018 gab das Unternehmen bekannt, sein Deutschlandgeschäft an das niederländische Konkurrenzunternehmen Just Eat Takeaway für Aktien und Barvermögen im Wert von 930 Millionen Euro zu verkaufen. Das 1999 gegründete Unternehmen Just Eat Takeaway organisiert über seine Onlineportale die Bestellung und Auslieferung von Mahlzeiten. Es agiert unter verschiedenen Markennamen in zwölf europäischen Ländern (Belgien, Bulgarien, Deutschland, Frankreich, Luxemburg, Niederlande, Österreich, Polen, Portugal, Rumänien, der Schweiz und dem Vereinigten Königreich) sowie in Israel und Vietnam. In Deutschland gehört außer Delivery Hero auch Lieferando zu Just Eat Takeaway. Kern des Geschäftsmodells ist,

Marktführer unter den Plattformen für Online-Lieferdienste zu werden. So versuchen sie, möglichst alle Restaurants und Gastwirtschaften in Deutschland auf ihre Plattform zu bekommen. Am liebsten wäre ihnen dabei, wenn auch die Auslieferung an den Kunden von den Gastronomen übernommen wird. Dann geht das Risiko gegen null.

In der Branche der Lieferdienste tobt ein heftiger Verdrängungswettbewerb. Am Ende dürften nur wenige Unternehmen übrig bleiben, die den Weltmarkt für Essens- und Lebensmittellieferungen unter sich aufteilen – ähnlich, wie wir es im Einzelhandel mit Amazon und bei Social Media etwa mit Facebook sehen. Eventuell wird sogar nur ein Unternehmen das Rennen machen. Denn wirkliche Unterscheidungsmerkmale, die einen Wettbewerb begründen könnten, gibt es bei den Lieferportalen nicht.

Die Anleger spekulieren auf den Gewinner. Und der »Gewinn« besteht nicht nur in den Einnahmen durch die Lieferungen, sondern in den Daten über die Essgewohnheiten der Menschen, die mit jeder Essensbestellung oder -lieferung wachsen. Welches Potenzial dieser Datenschatz birgt, haben wir bereits dargelegt.

Wenn die Drohne Kuchen bringt

Als um 2:30 Uhr am Morgen des 5. Februar 2019 die ersten Feuerwehrleute bei einem Großbrand im Lager des Online-Supermarkts und Amazon-Konkurrenten Ocado in Andover eintrafen, staunten sie nicht schlecht: Zwar standen Teile des Logistikzentrums in der Kleinstadt der südenglischen Grafschaft Hampshire in Flammen, dennoch fuhren mobile Roboter weiter durch Qualm und Rauch über ihre Schienen und luden Versandpakete voll. Später beklagten sich die Feuerwehrleute gegenüber der *Times*, die Roboter im Ocado-Lagerhaus hätten sie bei den Löscharbeiten behindert. Auf dem Gitter einer dreistöckigen Aluminiumkonstruktion hätten sie sich weiterhin bewegt, sodass die Feuerwehrleute ihnen ausweichen mussten, um das

Feuer löschen zu können. Mehr als dreihundert Feuerwehrmänner und zwanzig Löschfahrzeuge waren vor Ort.

An Ocado-Standorten wie in Hampshire westlich von London sortieren und verpacken rund 1.100 Roboter Lebensmittel für 30.000 Lieferungen pro Woche. Gesteuert von einem Code, können sie Gruppen bilden und sich, wenn nötig, gegenseitig helfen. Spezielle Reparaturroboter übernehmen automatisch die Wartung ihrer Food-Kollegen. Den Schwarm aus Tausenden weißen Kisten, die Essen hin und her befördern, nennt Ocado »Hive«, also Bienenstock. Menschliche Arbeiter sind hier nur noch für die Wartung der Droiden zuständig und für das Aus- und Umpacken unhandlicher Ware, wie zum Beispiel Orangen in Netzen, die Roboterhände noch vor Probleme stellen.

Der Online-Supermarkt Ocado, im Jahr 2000 von ehemaligen Goldman-Sachs-Bankern gegründet, gilt als einer der Vorreiter der Automatisierung bei der Lagerhaltung und Auslieferung von Lebensmitteln. Das Unternehmen wächst auf der britischen Insel inzwischen schneller als Amazon und fährt jede Woche mit 1.700 Fahrzeugen die Bestellungen von 800.000 Kunden aus. Seit der Corona-Krise kommt man der Nachfrage kaum mehr hinterher. Eine Million Endverbraucher stehen inzwischen auf der Warteliste, sagte der Geschäftsführer Tim Steiner dem *Guardian* im Mai 2020.

Das erste vollautomatische Warenlager des israelischen Startups Fabric befindet sich in Tel Aviv. Hier werden die Bestellungen des größten Lebensmittelhändlers in Israel, Rami Levy, bearbeitet. Fabric bietet als Dienstleistung ein aus beliebig erweiterbaren Modulen aufgebautes und vollautomatisches Lager an: Roboter stellen in Hochlagern angelegte Produkte selbstständig zusammen und übergeben sie an den Auslieferungsservice. Für Lebensmittel werden drei unterschiedliche Klimazonen angeboten. Auch die Organisation des Lieferservice direkt an die Wohnungstür der Kunden bietet Fabric an. Reicht die Lagerkapazität nicht mehr aus, können weitere Module hinzubestellt und ganz simpel ergänzt oder die Lagerkapazität – je nach Bedarf – auch verkleinert werden.

Früher wurden Lageranlagen auf eine bestimmte Kapazität hin als Einzelanfertigung geplant und realisiert. Einmal gebaut, konnten sie kaum noch oder nur mit großem finanziellen Aufwand verändert werden. Durch die Module von Fabric können die Lagergrößen jeweils angepasst und dadurch Kosten gespart werden.

Was bedeutet diese Entwicklung für die Zukunft? Nach einer Studie der Beratungsagentur PWC von 2017 werden durch die Automatisierung allein in England zwei Millionen Arbeitsplätze innerhalb des Logistiksektors verschwinden.

Aus der Logik der Lieferdienste erscheint es nur folgerichtig, denn der teure, wenig zuverlässige und unberechenbare menschliche Faktor stört die Kalkulation. Auch für die »letzte Meile«, das heißt für die Kurzstrecke von wenigen Tausend Metern vom Restaurant oder Supermarkt, von der Ghost Kitchen oder dem Ghost Store zum Kunden, sind autonome Liefersysteme vorstellbar. Der Lieferdienst Deliveroo offeriert seinen Investoren in internen Präsentationen bereits eine menschenfreie Lieferwelt, wie das Magazin *Eater* herausfand. Seit 2020 ist Amazon an Deliveroo beteiligt.

Die DHL testet einen Auslieferungsroboter für Post und Pakete. Das Startup Yandex entwickelt ebenfalls einen Lieferroboter, der auf Gehwegen fährt. Der *R2* ist ein autonomer Lieferwagen für Lebensmittel des US-Startups Nuro. Die nordamerikanische Supermarktkette Stop & Shop testet einen autonom fahrenden Lieferwagen namens *Robomart* als Minisupermarkt, der zum Kunden fährt. Im Juni 2020 kaufte Amazon für 1,2 Milliarden US-Dollar das Startup Zoox, das an autonom fahrenden Fahrzeugen arbeitet. Experten sehen in diesem Investment den Einstieg von Amazon in die Zukunft der autonomen Lieferfahrzeuge.

Gleichzeitig entwickelt sich die Idee der Abholstationen weiter – und zwar als Lösung für Büros. Das Startup Stockwell entwickelte ein mobiles smartes Regal fürs Büro mit Snacks und Lebensmitteln, die per Handy-App bezahlt werden können. Über die App kann der Kunde auch hinterlegen, was er gern im Regal angeboten haben möchte.

Die Neugründungen HelloFreshGo und Convini aus Deutschland

haben jeweils eigene Lösungen für die Lebensmittelversorgung im smarten Büroalltag entwickelt: Kühlschränke, die per App geöffnet werden und über Sensoren merken, wer was entnommen hat. Leerstände werden automatisch nachgefüllt.

Die Logistik mit Drohnen kommt ebenfalls Schritt für Schritt voran: Die US-Firma Flytrex hat im isländischen Reykjavik bereits 2017 eine Fluglizenz für ihre Lastdrohnen zur Auslieferung unter anderem von Burgern und Chicken-Nuggets erhalten. In Helsinki fliegt die Google-Tochter Wing seit 2019 in ersten unbemannten Flügen Spezialitäten wie Lachssalat und Kuchen aus dem lokalen Bistro zu Testkunden. In den USA frohlockte Amazon im September 2020 über die finale Genehmigung der Luftfahrtbehörde FAA für erste offizielle Auslieferungen mittels Drohnen. Ziel ist es, den Abo-Kunden des Onlinehändlers eine schnelle Lieferung innerhalb von nur 30 Minuten anzubieten.

In der Tech-Industrie sieht man die Liefernetze der Zukunft eher nicht in der Luft, sondern unter der Erde.

»Die Zukunft der Logistik liegt im Untergrund«, sagt Dr. Uwe Kubach, Vice President of Digital Supply Chain Enablement bei SAP. Zu diesem Zweck kooperiert der deutsche Softwarehersteller mit der Schweizer Firma Cargo Sous Terrain, die eine unterirdische digitale Gesamtlogistik aufbauen möchte. In China soll die Stadt Xion'gan mit unterirdischer »Rohrpost« ausgestattet werden, realisieren soll das der chinesische Logistikkonzern JD.

Bei all der Euphorie der Technologie-Enthusiasten hat man den Eindruck, für sie sei der Mensch bereits aus der Lieferwelt verschwunden. Das entspricht aber nicht der Realität, und man sieht es spätestens an der nächsten roten Ampel, wenn neben einem ein verschwitzter Fahrradkurier mit Kühlkiste auf dem Rücken zum Stehen kommt.

Blockchain und das neue Transparenz-Versprechen der Lieferkette

»Keiner will Formulare ausfüllen, und Daten über Gemüse oder Früchte sind ein reines Chaos«, sagt Jeoffrey Queruel, der Direktor des Startups Panjee aus Montpellier, und das müsse man ändern. Er fragt verschmitzt: »Was würde das Gemüse alles erzählen, wenn es sprechen könnte?« Vielleicht wo es herkommt, wie es angebaut wurde und was man Schönes damit kochen kann? Was das Gemüse erzählen könnte, erzählen seine Daten, und damit diese Daten jeder abrufen, aber keiner verfälschen oder später manipulieren kann, setzt Panjee die Blockchain-Technologie ein.

Die Blockchain ist, einfach erklärt, ein an vielen Orten gleichzeitig gespeichertes digitales Registrierbuch, das alle Daten entlang der Lieferkette eines Produktes vom Saatgut bis zur Auslieferung in aneinandergereihten Datensätzen speichern kann. Blöcke nennt man dabei die einzelnen Datenpakete, die mit Zeitstempel und Transaktionsdaten versehen sind. Diese stets erweiterbare Kette aus Blöcken wird verschlüsselt auf Tausenden Rechnern gleichzeitig gespeichert. Änderungen an der Kette oder an einzelnen Datensätzen müssten daher auch gleichzeitig bei den vielen weltweit verteilten »Buchhaltern« verändert werden. Ein so gut wie unmögliches Unterfangen. Deshalb gilt die Blockchain-Technologie als fälschungssicher und ist unter anderem die Basis der Digitalwährung Bitcoin. In der Lebensmittelbranche ist sie die Hoffnung auf Transparenz entlang der Lieferkette.

Ein lustiges Video, das Panjee auf YouTube hochgeladen hat, erklärt auf simple Weise, wie die Blockchain-Technologie in der Lebensmittelwelt funktioniert: Wir sehen zwei Tomaten. Eine trägt eine Ray-Ban-Sonnenbrille. Ein Scheinwerfer strahlt sie an, und ein Leuchtreklame-Pfeil informiert darüber, dass es sich um die Tomate aus einer Fernsehwerbung handelt. Die Tomate sagt stolz: »Ich bin eine ... Tomate.« Rechts daneben ist eine andere Tomate. Sie hat große Augen, ist ein wenig kleiner, erzählt vom Bauernhof, auf dem sie angebaut wurde, wann man sie geerntet hat und wie sie schließlich in den Laden kam. Die Tomate mit der Sonnenbrille sagt: »Ich bin eine ... Tomate.« Die kleine Tomate erzählt, wie lange sie transportiert wurde und bei welcher Temperatur. Die Tomate mit der Sonnenbrille sagt: »Ich bin eine ... Tomate.« Die kleine Tomate schlägt vor, dass man mit Balsamico einen schönen Salat aus ihr machen könnte. Die Tomate mit der Sonnenbrille sagt: »Ich bin eine ... Tomate.« Am Ende schaut die kleine Tomate zur großen hinüber und sagt schließlich: »Und ... auch ich bin eine Tomate.« Die Leuchtreklame bricht zusammen.

Das Startup Panjee erstellt für seine Kunden fälschungssichere Produkt-Pässe, die Lebensmittel von der Züchtung bis zur Haustür begleiten und jede Station ihrer Reise für alle, die es wissen wollen, nachvollziehbar machen. Die digitalen Pässe können im Laden, auf Webseiten oder wo immer es nötig sein sollte geteilt werden. So arbeitet das Startup aus Montpellier bereits mit dem Nationalinstitut für Herkunft und Qualität zusammen, um die Qualität französischer Label und Siegel noch nachvollziehbarer zu machen. Früher galten Siegel für ganze Produktgruppen oder Chargen. Dank Blockchain wird es nun möglich, die Verifizierung auf das einzelne Produkt herunterzubrechen. Es geht dann eben nicht mehr nur um »Biotomaten«, sondern um Tomaten, zu deren ganzer Geschichte unter anderem auch der biologische Anbau gehört.

Dem Lebensmittelmarketing eröffnet diese Technologie die Chance, aus der alten Rolle des werblichen Märchenerzählers herauszukommen oder, anders gesagt, das Narrativ für ein Produkt mit Fakten zu untermauern. Das Startup Seehow bietet genau diese Dienstleistung an. Mithilfe seiner auf Blockchain basierenden Plattform sollen sich, so die Vision der Schweizer Gründer, Lebensmittelproduzenten zu Storytellern entwickeln, deren Geschichten für jeden überprüfbar sind. Aus den in der Blockchain-Kette abgelegten Texten und Fotos lassen sich durch die Software Posts auf Facebook oder Instagram zur Kommunikation von Herkunft und Nachhaltigkeit generieren.

Im Jahr 2019 gab es weltweit rund fünfzig Initiativen und Projekte, die Blockchain zur Dokumentation ihrer Lebensmittel-Logistik einsetzten – für Sojabohnen, Getreide, Olivenöl, Truthähne, Mangos, Kürbiskonserven, Schweinefleisch, Zuckerrohr, Bier, Cannabis, Meeresfrüchte, Öko-Lebensmittel, Rindfleisch, Huhn, Reis und Mineralwasser. Trotzdem beträgt der Einsatz von Blockchain-Technologie in der Lebensmittelindustrie und im Agrarbereich erst zwei Prozent. Das liegt nicht an der Technologie. Denn andere Branchen – etwa der Finanzsektor oder der Großhandel – sind deutlich weiter. Nach einer Umfrage von Bitkom aus dem Jahr 2018 unter 1.004 nach Branchen und Größenklassen repräsentativ ausgewählten Unternehmen mit mindestens fünfzig Mitarbeitern in Deutschland setzen 56 Prozent bereits Blockchain-Technologie ein oder haben dies vor. Und zwar besonders im Banken- und Finanzsektor, bei der Buchhaltung und im Controlling. »Auch bei der Logistik, der Lagerverwaltung und dem Versand wollen einige Firmen (34 Prozent) auf die Blockchain vertrauen«, heißt es in der Studie.

Blockchain hat eine starke Lobby: IBM gründete 2016 ein Netzwerk namens Food Trust, um die Blockchain-Technologie populär zu machen. Mitglieder im Food Trust sind die großen Player der Branche: Walmart, Carrefour, Nestle und Dole. Auch Giganten wie Unilever oder Tyson Foods, der zweitgrößte Fleischverarbeiter der Welt, sind Teil von Food Trust, der »Major Blockchain Collaboration« des IT-Unternehmens. 2016 hatten die Marktforscher von Marketsand-Markets Research den Markt für die Rückverfolgbarkeit von Lebensmitteln auf ein Volumen von 14 Milliarden Dollar im Jahr 2019 eingeschätzt. Der Technologie-Bewerter Gartner geht davon aus, dass bis 2023 rund ein Drittel der Unternehmen, die einen Umsatz von fünf Milliarden Dollar und mehr machen, Blockchain im Einsatz haben werden. Die Gründe lägen in der besseren Transparenz und der Rückverfolgbarkeit von Transaktionen und weil außerdem Kosten eingespart werden können – besonders in den Bereichen Dokumentation und Überwachung.

Und tatsächlich: Im Juni 2019 gab die französische Einzelhandelskette Carrefour, die Blockchain zur Rückverfolgung der Wege vom landwirtschaftlichen Betrieb bis in den Laden bei zwanzig unterschiedlichen Artikeln einsetzt, darunter Hühner, Eier, Rohmilch, Orangen, Schweinefleisch und Käse, in einer Pressemeldung bekannt: »Wir haben einen Umsatzanstieg erlebt, da die Verbraucher zweifelsfrei wissen wollen, wo die Produkte herstammen.« Man werde diese Technologie auf weitere hundert Waren wie Baby- und Bioprodukte ausdehnen, für die Verbraucher besondere Sicherheit wünschen, sagt Emmanuel Delerm, der Projektmanager für Blockchain bei Carrefour.

Kunden können einen QR- oder einen Strichcode, etwa auf einer Pomelo-Grapefruit, mit ihrem Smartphone einscannen und so das Erntedatum, den Anbauort, den Eigentümer der Parzelle, den Zeitpunkt der Verpackung, die Dauer des Transports nach Europa und Tipps zur Zubereitung der Grapefruit erfahren. »Die Pomelo verkaufte sich wegen der Blockchain schneller als im Vorjahr«, sagt Delerm. Und was für Zitrusfrüchte gilt, scheint auch bei Geflügel zu funktionieren: »Wir hatten einen positiven Einfluss auf das Huhn im Vergleich zu dem Huhn ohne Blockchain.«

In China ist es bereits üblich, dass Käufer QR-Codes beim Einkaufen einscannen. Die häufigen, teils dramatischen Lebensmittelskandale dort, von gefälschtem Milchpulver bis zu Gammelfleisch, haben dazu geführt, dass Kunden bis zu 90 Sekunden damit verbringen, die Herkunftsangaben zu lesen. Bei Hühnchen seien besonders die Videos der jeweiligen Erzeuger beliebt. Doch die Rückverfolgung beispielsweise von lose verkauftem Obst und Gemüse, das von verschiedenen Bauernhöfen stammt, und der Widerstand jener Bauern, die nicht so gerne Informationen austauschen, seien immer noch eine Herausforderung, die es zu lösen gelte.

Ein anderes Problem ist: Jede Blockchain ist nur so gut wie die Qualität ihrer eingegebenen Daten. Wer Pferdefleisch bereits am Anfang der Blockkette unbemerkt als Rindfleisch etikettiert, wird am Ende der Kette weiterhin für einen Fleischskandal gut sein.

Mit einer immer weiterwachsenden Anzahl von Sensoren entlang der Lieferkette, die immer mehr Datenpunkte rund um die Produkte sammeln und einspeisen, wird diese Art von Betrug allerdings zunehmend schwieriger. Über die Blockchain lässt sich zudem heute schneller überprüfen, wo falsche Daten und ihre Urheber aufzuspüren sind. Doch auch hier muss erwähnt werden: Fehlerhafte Sensoren, die falsche Informationen in die Kette einspeisen, könnten natürlich ebenfalls zum Problem werden.

Im IBM Lab in Rüschlikon südlich von Zürich forscht man bereits an ersten essbaren Krypto-Ankern. Das sind laut IBM »manipulationssichere digitale Fingerabdrücke, die in Produkte oder Teile von Produkten eingebettet und mit der Blockkette verknüpft werden«. Bei der Präsentation des Konzepts fühlt man sich an Spielereien aus der Kindheit erinnert, als man geheime Botschaften mit unsichtbarer Tinte aus Zitronensaft auf Papier malte, die beim Empfänger mit der Hitze eines Bügeleisens sichtbar gemacht wurden. Die sogenannten Krypto-Anker sind optische Codes aus essbaren Farbtönen magnetischer Tinte, die auf Produkte oder Lebensmittel aufgebracht werden können, berichten die Forscher.

Dem Einsatz sind kaum Grenzen gesetzt, schwärmt René Bostic, die Vizepräsidentin für KI-Anwendungen bei IBM in Atlanta. Salat, Reis oder Olivenöl könnten mit diesen flüssigen Codes besprüht oder vermengt werden. Lesbar werden sie mit einem Aufsatz auf der Smartphone-Kamera und einem entsprechenden Anschluss per App. IBM sieht in der Technologie ein effizientes Mittel im Kampf gegen Lebensmittelfälschungen, die jedes Jahr über 100 Milliarden Euro an Wirtschaftsschäden allein in der EU verursachen.

Wem diese Ideen nach allzu ferner Zukunftsmusik klingen, sollte sich das Blockchain-Projekt der »Fashion for Good«-Initiative aus Amsterdam anschauen. In einem Pilotprojekt wurden 2019 rohe Bio-Baumwollfasern mit einem unsichtbaren, aber mit Blockchain-Technologie auflösbarem Marker besprüht. Die Echtheit der zertifizierten Baumwolle ließ sich so vom fertig genähten Kleidungsstück bis zur Plantage zurückverfolgen.

Das gute alte Bio-Siegel und die zahlreichen anderen Regional- und Herkunftssiegel, die heute noch auf vielen Produkten kleben, scheinen vor dem Hintergrund dieser technologischen Möglichkeiten wie aus der Zeit gefallen.

Wenn IBM weiß, wann dein Magen knurren wird

»Seit dem 19. Jahrhundert fragen wir, wie viel Weizen braucht eine Stadt, damit es morgens genug Brot für alle gibt?«, erklärt der Soziologe Armin Nassehi in einem Interview im Bayerischen Rundfunk. Die ältesten bekannten Aufzeichnungen der Menschheit, auf Keilschrifttafeln der Babylonier festgehaltene Berechnungen, drehten sich um die Verteilung von Getreide. Seitdem versuchen Statistiker die nötige Weizenproduktion, die Verteilung und die Lieferung möglichst genau vorherzusagen. »Und so kam man dann auf Muster der Gesellschaft, also Muster gesellschaftlichen Verhaltens, die man brauchte, um die Gesellschaft zu steuern und zu gestalten.« Deshalb könnten Digitaltechniken auch so gut an sie andocken, stellt der Wissenschaftler fest. Moderne Gesellschaften seien in ihrer Komplexität nur digital zu verstehen. Doch damit entziehen sich viele Vorgänge der Sichtbarkeit: »Digital bedeutet, dass man sozusagen das, was in der Gesellschaft passiert, nicht mehr mit bloßem Auge wahrnehmen kann.«

Heute können IT-Unternehmen wie IBM für ihre Voraussagen nicht nur auf interne Daten aus Lieferwagen, Lager und Inventur zurückgreifen, sondern auch Informationen aus Social-Media-Profilen, Bewegungsdaten von Kartendiensten oder Interaktionen im Laden, an der Kasse oder von Küchengeräten zu Hause in die Berechnungen mit einbeziehen. Auch hier zeigt sich der große Wert unstrukturierter Datenspuren, die heute mithilfe künstlicher Intelligenz nutzbar werden. Selbstlernende Algorithmen erkennen auch im für Menschen undurchdringbaren Datenwust noch Muster und lassen daraus Schlüsse und Voraussagen zu.

Die für Generationen von Statistikern und Stadtplanern unsichtbaren und versteckten Dynamiken von Regionen und Metropolen werden dank Big Data und gesteigerter Rechenpower sichtbar. Eins bleibt jedoch auch bei zahlreichen Konzepten zur Smart City immer von enormer Bedeutung: die Lebensmittelversorgung der Bewohner.

Dabei geht es heute nicht mehr um die ganze Stadt im Allgemeinen und die ungefähre Zahl ihrer Einwohner samt deren Kalorienbedarf, sondern um den präzise voraussagbaren Konsum einzelner Nachbarschaften, Häuser, Familien und Einzelpersonen. Die Erkenntnisse aus allen Teilen des Internet of Food fließen nun zusammen und haben in der Folge Auswirkungen auf Erntemengen, Produktionsmengen in Fabriken und Füllmengen von Lagern und Transportfahrzeugen. Der hier entstehende Food-Code bestimmt am Ende präzise und immer individueller, was wo in welchen Läden, Abholstationen oder Küchen zu finden sein wird.

Das Konzept der Smart Food City klingt wie ein sich ständig optimierendes Schlaraffenland, in dem Lebensmittel erst dann erzeugt oder herangeschafft werden, wenn sie wirklich gebraucht werden. Lebensmittelverschwendung existiert nicht. Jeder Bewohner, jede Bewohnerin findet nur noch das vor sich, was er oder sie am liebsten mag oder am besten verträgt.

Ein IBM-Manager schwärmt während seines Vortrags zur digitalisierten Food City in Mailand 2017: »Selbstlernende Algorithmen ermöglichen es uns, sofort umsetzbare Erkenntnisse zu entwickeln, um das wirtschaftliche Wachstum, den gesellschaftlichen Mehrwert und die Umwelteffizienz voranzutreiben.«

Angesichts dieses lang gehegten Menschheitstraums, der sich in der PowerPoint des Software-Konzerns auf der Konferenz vor einem entfaltet, vergisst man als Zuhörer am Ende beinahe, dass es sich hier um die Präsentation eines privaten Unternehmens handelt. Erst beim Reflektieren darüber dämmert einem allmählich, dass die meisten Daten, auf denen die Vision der Smart Food City basiert, ebenfalls von wenigen privaten Konzernen erhoben, gespeichert und verwaltet werden. Die Gesellschaft und ihre demokratischen Organe treten in dieser Welt eigentlich nur noch als Kunde auf.

Man fühlt sich hin- und hergerissen zwischen purer Faszination angesichts der neuen Möglichkeiten auf der einen Seite und des Schauders, der einem über den Rücken läuft angesichts der enormen Überwachungs- und Steuerungsstrukturen, die elementare Teile der Infrastruktur in private Hände legen.

Für Soziologe Nassehi kein ungewohntes Gefühl, aber noch lange kein Grund, in die Opferhaltung zu verfallen. »Es ist da!«, fasst er das Dilemma des Digitalen bei seinem Vortrag am Alexander von Humboldt Institut für Internet und Gesellschaft in Berlin zusammen. »Wir können nur in der Gegenwart leben. Digitalisierung ist Problem und Lösung zugleich.«

»Wie bei allen neuen Technologien ging es stets darum, welche sozialen Spielräume die technischen Eindeutigkeiten und Zugzwänge ermöglicht haben«, schreibt er am Ende seines Buches *Muster: Theorie der digitalen Gesellschaft*. »Das galt für das gesprochene Wort nach Erfindung des Buchdrucks, das galt für nicht-kapitalistische Verwertungsformen nach Erfindung des technikinduzierten Betriebskapitalismus, und das gilt auch für die gesellschaftlichen Spielräume, die sich der formierenden Kontrolle der KI entziehen.« Wird der gemeinschaftliche Genuss in der Smart City dazugehören?

KAPITEL 7
IM EINKAUFSWAGEN

Personalisiert und kuratiert – Der Supermarkt als dritter
Ort # Wenn der Supermarkt wie Netflix funktioniert
Der Wochenmarkt auf dem Smartphone # Der Barcode
schlägt zurück

Hühner sind im Silicon Valley das neue Ding. Immer mehr Computerwissenschaftler und Softwareingenieure suchen nach Arbeitsschluss im eigenen Garten eine Verbindung zur Natur. Sie halten Hühner, für die sie schicke Hühnerhütten aufstellen. Eine Fahrrad-Hühnerhaus-Tour, die »Tour de Coop«, organisiert vom lokalen Slow-Food-Verein, führt Touristen und Städtereisende zu den schicksten Ställen. Die *Washington Post* kürte das verhätschelte Federvieh bereits zum neuen Statussymbol des Technologie-Hotspots in Kalifornien.

Doch die meisten Eier dürften die Angestellten von Google, Facebook oder Apple nach wie vor in einem der Whole Foods Markets kaufen. Der Biosupermarkt steht für »Real Food«, für echtes Essen, in Abgrenzung zu industriellen Lebensmitteln. Junge, gebildete Amerikaner versorgen sich hier am liebsten mit frischen, nachhaltigen Lebensmitteln.

Als Amazon 2017 die Übernahme der bei den Foodies so beliebten Kette Whole Foods Markets verkündete, schlug das ein wie eine Bombe. Fast 14 Milliarden Dollar ließ sich Amazon-Chef Jeff Bezos die insgesamt fünfhundert über die USA verteilten Märkte kosten. Amazon steigt in den Lebensmittelhandel ein, lauteten die Headlines. Die Meldung verbreitete sich wie ein Lauffeuer unter den Lebensmittelhändlern und Supermarktketten. Ist das das Ende des Supermarkts um die Ecke? Und was wird aus dem nachhaltigen Angebot von Whole Foods werden?

Personalisiert und kuratiert –
Der Supermarkt als dritter Ort

Whole-Foods-Märkte gleichen im Großen und Ganzen klassischen Bio-supermärkten, wie man sie auch in Europa kennt. Natürlich ist alles etwas größer und nicht alles ist bio. Auf Schildern und Plakaten im Markt oder an einzelnen Regalen finden sich jedoch haufenweise Slogans und Hinweise auf spezielle Tierhaltungsbedingungen, Herkunft oder besondere Fairness gegenüber jenen, die die Lebensmittel liefern. In einigen besonders schicken Märkten wie dem in der 3rd Avenue in Brooklyn oder in der Bay Area rund um San Francisco fühlt man sich wie in riesigen Markthallen. Es gibt große Theken mit ständig frisch zubereitetem Essen, Nudeln mit italienischer Fleischbällchen-Sauce, chinesische Gemüsepfannen oder veganen Kale-Salat, ein raffiniertes Gericht aus Grünkohl. Alles zum Mitnehmen. Die Metzgerei neben der riesigen Fleischtheke ist verglast, jeder kann den Metzgern und Metzgerinnen beim Fleischzerlegen und Wurstmachen zuschauen. Käse reift teilweise direkt vor Ort. Es gibt nicht nur eine Auswahl von fast tausend unterschiedlichen Craft-Bieren, sondern auch frisch gezapfte Kostproben. Auch Kaffeeröstern oder Bäckern kann man bei ihrer Arbeit zuschauen, während man mit dem Einkaufswagen an den einzelnen Stationen vorbeifährt. Einkaufen bei Whole Foods ist Erlebnisshopping – jedenfalls für die, die es sich leisten können, möchte man ergänzen.

Wer nach der Übernahme durch Amazon Veränderungen bemerken wollte, musste genau hinschauen. Schon früher fielen eilige, fast durchweg junge Menschen auf, die mit Einkaufswagen und Display in der Hand hektisch durch die Gänge liefen. Hatten sie einzelne Produkte aus dem Regal genommen, ging es nach einem Druck auf den Bildschirm schon weiter zum nächsten. Diese sogenannten Personal-Shopper gehörten zum US-Startup Instacart, über das Kunden online bestellen konnten. Der Online-Einkauf wurde von den Shoppern im Markt zusammengesucht und an einen Boten übergeben, der die Einkäufe nach Hause lieferte.

Als einen der ersten Schritte nach der Übernahme kündigte Amazon die Zusammenarbeit mit Instacart, behielt jedoch den Service bei. Amazon-Prime-Kunden können sich vom nächstgelegenen Whole Foods direkt beliefern lassen. Das dauert von der Bestellung bis zur Tüte vor der Tür rund zwei Stunden und ist für die Amazon-Abonnenten kostenlos. In einigen Großstädten sind die Lebensmitteleinkäufe auch schon innerhalb von 60 Minuten vor der Haustür. Wer dagegen noch etwas Markthallenflair genießen und etwa den Käse vor dem Kauf probieren will, kann auch eine Mischform wählen und Produkte »vorshoppen« lassen. Die werden dann vom Personal in großen gekühlten und mit dem Hinweis »Prime« markierten Schränken im Kassenbereich für die Käufer deponiert.

Die Amazon-Abonnenten haben nicht nur Zugang zum persönlichen Shopping-Dienst und Anrecht auf kostenlose Lieferung, sondern sie finden auch immer mehr eigens für sie preisreduzierte Angebote in den Regalen. Amazon vernetzt sein Angebot vom WorldWideWeb bis in den Markt um die Ecke. So weiß die Plattform am Ende, welche Sorte Chips zu welcher Serie des eigenen Video-Angebots auf dem Sofa gegessen und welcher Tee zu welcher Buchlektüre auf dem *Kindle* geschlürft wird. Die Welten des Online-Shoppings und Offline-Einkaufens verschwimmen zunehmend, die dabei entstehenden Datenmengen werden zu wertvollem Rohstoff.

»Die Nachfrage nach Hauszustellung hat ein noch nie da gewesenes Niveau erreicht, und wir tun alles, was wir können, um neue Wege zu finden, mehr unserer Kunden zu bedienen«, sagt Clodagh Moriarty, die Digitalchefin der britischen Supermarktkette Sainsbury's. Im Londoner Stadtteil Blackfriars eröffnete Sainsbury's einen sogenannten »Dark Store«. Das ist eine Art Lagerhalle mit Kühleinheit. Von hier will Sainsbury's rund 3.500 Kunden im direkten Umkreis von drei Kilometern mit rund vierhundert essenziellen Lebensmitteln und Haushaltsprodukten beliefern. Versprochen wird eine Lieferzeit von maximal einer Stunde. Radlerkuriere liefern die Waren dann aus. Bestellt wird – eigentlich kaum noch erwähnenswert – per App.

In den USA sind bereits Lieferroboter unterwegs, die Milch und viele andere Lebensmittel »austragen« – sie fahren autonom. Das Startup Nuro, gegründet von Ingenieuren, die zuvor für Google selbstfahrende Fahrzeuge entwickelten, bekam für den *R2* 2020 grünes Licht vom amerikanischen Verkehrsministerium. Das schick designte, etwa mannshohe, 1,10 Meter breite und 2,74 Meter lange Transportfahrzeug für Einkaufstaschen orientiert sich selbst mit Kameras und verschiedenen Sensoren auf der Straße. Erste Testauslieferungen fanden bislang in Houston und in Kalifornien statt.

Zu diesem Service von Amazon gehören elektronische Türschlösser, genannt *Key by Amazon*, die dem Lieferboten über vernetzte und elektronisch gesteuerte Schlösser Zugang zur Wohnung, der Garage oder dem Kofferraum des Autos ermöglichen. Auch Sprachassistent *Alexa* gehört dazu, mit dem jeder Amazon-Kunde per Zuruf aus der eigenen Wohnung heraus den Einkauf planen, auslösen und liefern lassen kann. Das war der Grund, weshalb man 2018 ganze Stapel der kleinen smarten Lautsprecher inmitten des sonst grünen und frischen Angebots der Whole-Foods-Märkte sehen konnte. Die neuen Vertriebskanäle für Biolebensmittel machten auf sich aufmerksam, auch wenn sie im Biosupermarkt damals etwas befremdlich wirkten. Doch sie machten deutlich: Die Verbindung von Bio-Produkten, Erlebniseinkauf, digitaler Bestellung und Lieferung ist ein Weltmarkt der Zukunft.

Im Jahr 1999 veröffentlichte der amerikanische Soziologe Ray Oldenburg, Professor an der Universität von West Florida, seine Studie *The Great Good Place: Cafés, Coffee Shops, Bookstores, Bars, Hair Salons, and Other Hangouts at the Heart of a Community*. Darin prägte er den Begriff des »dritten Orts«. Das sind jene Orte, an denen Leute zusammenkommen können, um das, was sie in der Arbeit oder zu Hause beschäftigt – oder vielleicht quält –, für eine Weile hinter sich zu lassen, wo sie entspannen, Spaß haben und sich austauschen können. Jeder kann dorthin kommen und gehen, wie es ihm passt. Diese Orte stehen allen offen, nivellieren soziale Unterschiede und bieten einen Rahmen für »Politik an der Basis«. Diese »dritten Orte« sind das soziale »Herz« einer Kommune und die Grundlage einer funktionierenden Demokratie, wie Oldenburg feststellte.

Außerhalb der wissenschaftlichen Diskussion machte man sich diesen Ansatz zuerst in der Gastronomie zu eigen. Denn den Wirten und Maîtres wurde nur bestätigt, was die meisten von ihnen ohnehin längst wussten oder zumindest ahnten: Ihre Gäste kamen nicht allein des Essens oder Trinkens wegen. Und wer seine Stammgäste halten oder deren Anzahl sogar steigern wollte – was ja das Ziel eines jeden Gastronomen sein dürfte, denn Stammgäste reduzieren die Marketing- und Vertriebskosten, sorgen für konstanten Umsatz ohne große Schwankungen und machen das Geschäft entspannter und planbarer –, begann sich mit diesem Ansatz zu beschäftigen: Wie kann ich dafür sorgen, dass Gäste sich wohlfühlen, sich gerne bei mir aufhalten und es sich zur Gewohnheit machen, regelmäßig wiederzukommen? Einfach gesagt: Wie kann ich zu einem großartigen Platz, zu einem »dritten Ort« werden?

Oldenburgs Ansatz hatte noch weitere Auswirkungen: Auch im Lebensmitteleinzelhandel begann man darüber nachzudenken, wie man ein positives »Einkaufserlebnis« kreieren und sich damit als »dritter Ort« positionieren könnte, um Kunden an sich zu binden.

Die Aldi-Filialen der ersten Generation waren in grelles Neonlicht getauchte Lagerhallen, in die man die Waren und Lebensmittel praktisch unausgepackt im Transportkarton und auf Euro-Paletten hineinschob. Für damalige Verhältnisse – wir sprechen von den späten 1970er- und frühen 1980er-Jahren – funktionierte das Konzept. Diese Art der »Nicht-Inszenierung« signalisierte die Botschaft: Wir verzichten auf alles Unnötige, was unsere Produkte teurer machen könnte, damit Sie preiswerte Lebensmittel einkaufen können. Das verfing in der Bonner Republik.

Die Frischware, die es ab Ende der 1990er-Jahre dann dort ebenfalls gab, kippte man auf »Wühltische«. Wer drin war, wollte möglichst schnell wieder hinaus, hatte dafür aber wenigstens das Gefühl, kein Geld für Sinnloses ausgegeben zu haben.

Doch mittlerweile hatte sich der Wettbewerb verändert. Die anderen Supermärkte hatten begonnen, ihre Waren positiv zu inszenieren. Sie arrangierten Gemüse und Obst vor schrägen Spiegeln, die ein unendliches, farbenprächtiges Angebot suggerierten, installierten Licht-konzepte und verschiedene Farbstimmungen, setzten Hintergrund-musik ein und versprühen künstliche Düfte. Nicht nur das Auge »isst mit«, auch die Nase und das Ohr. Mit Laufweg-Analysen wurden Ein-kaufsbesuche durchchoreografiert und ideale Griffhöhen definiert. Alles viel schöner als bei den ersten Aldi-Filialen. Doch bleiben, hin-setzen, sich gar wohlfühlen, also alles, was einen »dritten Ort« aus-zeichnet, das war noch nicht vorgesehen.

Jacques' Weindepot, eine 1974 gegründete Kette von Weinhand-lungen, dürfte als einer der ersten Einzelhändler hierzulande ein Kon-zept entwickelt haben, das der Idee eines »dritten Ortes« nahekam: Die Kunden durften Weine kostenlos und unverbindlich probieren – was nach leichtem Zögern auch gerne angenommen wurde. In den teilweise sehr hübschen, mit Karten der großen Weinanbaugebiete an den Wänden ausgestatteten Läden tranken sich vor allem Männer vorzugsweise samstags oft über Stunden vergnügt durchs Angebot, parlierten mit dem Filialleiter und kauften am Ende – oft nur eine Flasche.

Hier wurde die Grenze zwischen Ladengeschäft und Gastronomie schon durchlässig. Heute gibt es die Grenze praktisch nicht mehr, denn im Lebensmitteleinzelhandel gehört Gastronomie mittlerweile zur Basis-Komponente: seien es Cafés, die sich in Einkaufs-Malls mit Delis, Lebensmittelhandwerk, Minisupermärkten wie etwa Rewe City oder großen Supermarkt-Filialen abwechseln, seien es Filialen von Bäckereiketten, die erst mit kleinen Stehkaffee-Ecken, später mit großzügigen Café-Bereichen aufgerüstet haben, oder Markthallen mit Spezialitäten- und Feinschmecker-Ständen, in denen Snacks ver-speist und Proseccos geschlürft werden. Die stehende Verbindung hat den Namen *Grocerant* bekommen, also eine Mischung aus *grocery*, englisch für Lebensmittelgeschäft, und Restaurant.

In Barcelona, London, Kopenhagen, Berlin und etlichen anderen Metropolen wurden in den letzten zehn Jahren die alten, verlassenen Markthallen des 19. Jahrhunderts wiederentdeckt und ebenfalls zu Genusstempeln mit vielerlei Ständen zum Schauen und Schlemmen ausgebaut. »Es gibt schon länger eine neue Sehnsucht nach Erlebnis beim *Grocery Shopping*«, sagt die österreichische Ernährungswissenschaftlerin, Trendforscherin und Herausgeberin des *Food Reports* Hanni Rützler, »immer mehr Konsumenten wollen ihre Lebensmittel nicht nur verbrauchen, sondern erleben.« Und auf das wachsende Interesse, Herstellung und Qualität auch sinnlich erfahren zu können, reagieren Produzenten mit neuen Angeboten, die solche Begegnungen ermöglichen. Rützler nennt es »Meet Food«.

»Läden dienen nach wie vor dem entscheidenden Zweck, den Kunden das Produkt anfassen und fühlen zu lassen, Dinge zu probieren und zu sehen, wie die Artikel im wirklichen Leben aussehen. Dabei spielt die soziale Interaktion mit sachkundigen Mitarbeitern eine wichtige Rolle. Überzeugende Erlebnisse werden immer wichtiger, da die Kunden zusätzliche Gründe für einen Besuch im Geschäft benötigen«, schreibt Barbara E. Kahn, Professorin an der University of Pennsylvania in Philadelphia, in ihrem Buch *The Shopping Revolution*. Ein Beispiel dafür sei die Kette Eataly. Deren erklärte Mission sei es, »einen Ort zu schaffen, an dem man etwas über das Essen lernt und durch Essen etwas über das Leben«. So lautet auch das Motto des italienischen Lebensmittelhändlers: »Mangiare, comprare e imparare«, »essen, kaufen und lernen.«

Wer wenige Monate nach Eröffnung des ersten Eataly 2008 in Turin durch die rot geklinkerten Hallen ging, konnte erahnen, dass dem analogen Lebensmittelhandel eine gründliche Veränderung bevorstand. Oscar Farinetti, der Mann hinter Eataly, hatte sich im Austausch mit seinem Freund Carlo Petrini, dem Gründer von Slow Food, drei Jahre Zeit genommen, um das Konzept zu entwickeln, davor hatte er als Eigner von Unieuro Italiens größte Einzelhandelskette für Unterhaltungselektronik aufgebaut.

Das Eataly-Design ist hell und offen, die Materialien sind Holz und Naturstein. Neben zahlreichen Gastroständen gibt es auch ein großes Sortiment an Kochbüchern und Infotafeln zur Geschichte einzelner Spezialitäten, zur Saisonalität unterschiedlicher Gemüsesorten oder Probieranleitungen für Kaffee und Wein. Geschultes Personal berät und führt Verkostungen durch. Am Abend tummeln sich Kunden in den Eataly-eigenen Kochschulen oder nehmen an einer Weinprobe teil.

In einem Eataly präsentiert sich die italienische Esskultur in ihrer ganzen Fülle, und an jeder Ecke kann man Köstlichkeiten probieren, kunstvoll arrangiertes Gemüse, Schinken und Würste, die von der Decke hängen, und Käse in den vollverglasten Reiferäumen. Das alles regt die Sinne an und macht Appetit.

Eataly gibt es inzwischen in vielen Ländern, in Deutschland, der Türkei, den USA, in Brasilien, Dubai, Japan und sogar in Südkorea. Und es gibt auch kleine Restaurants, in denen man gute italienische Küche serviert bekommt.

»Anstatt zu versuchen, den Umsatz pro Quadratmeter zu maximieren, was die historische Erfolgsmetrik war, definiert sich Eataly über das Kundenerlebnis«, beschreibt Kahn das Einzelhandelskonzept. Hier ist der »dritte Ort« sozusagen serienmäßig integriert und es hat sich gezeigt, dass es vom Kunden angenommen wird.

Das Beispiel Eataly macht deutlich, wie sehr das Bedürfnis nach echtem, sinnlichem Zugang zu Lebensmitteln gewachsen ist und wie anonym und ungreifbar die digitale Welt dagegen wirkt. Wo kommen die Lebensmittel her? Wie werden sie produziert? Authentizität ist in diesem Zusammenhang das Stichwort, und die Händler zeigen im Laden per Smartphone die Websites und Social-Media-Profile ihrer Lieferanten, ihre Beete, Äcker und Ställe, ihre Gärbottiche oder Weinberge. Das ist ein Erfolgsfaktor, und er hat Auswirkungen auf den Einzelhandel: Es gehe nicht mehr darum, ein möglichst breites »anonymes« Angebot zur Verfügung zu stellen und den Kunden damit allein zu lassen. Auch gehe es in einer Welt des Überflusses nicht mehr darum, Neues zu erfinden, sondern das, was bereits da ist, neu zu kombinieren, zu »kuratieren«, schreibt der britische Autor Michael Bhaskar in seinem Buch *Kuratieren: Die Macht der Auswahl in einer Welt des Überflusses*.

Lebensmittel zu kuratieren wird in Zukunft im Einzelhandel immer wichtiger werden. Wie in der Welt der Kultur müssen sich auch hier Kurator*innen ihren Ruf erst erarbeiten. Doch die Frage ist: Wer sind die kulinarischen Kuratoren von morgen? Sind sie bereits sichtbar?

Wie Kuration den Onlinehandel attraktiver und interessanter machen kann, zeigt ein sympathisches und inspirierendes Modell, das Try Foods, ein Startup aus Berlin, betreibt. Man bekommt Probierpakete für einzelne Produktgruppen wie Olivenöl, Honig, Essig oder Salz geschickt plus die Geschichte ihrer Herstellung oder Herkunft und eine Verkostungsanleitung. Man könnte sagen, so wird Onlineshopping zu einem kuratierten, geführten Erlebnis.

In der digitalen Welt sind diejenigen Plattformen heute die erfolgreichsten, die von Kuration geprägt sind. Das sind Firmen wie Amazon, Spotify oder Netflix. Was zu Beginn des Internets und Onlinehandels noch Menschen erledigten, nämlich die besten Fundstellen oder Produkte im Netz zusammenzutragen, übernehmen heute längst selbstlernende Algorithmen, die aus unseren Vorlieben, unseren Seh- und Essgewohnheiten eine übersichtliche und attraktive Auswahl für uns arrangieren. Michael Bhaskar beschreibt diese Entwicklung: »Zwei frühe Mitarbeiter von Amazon veranschaulichen die wechselnden Geschicke der maschinellen und menschlichen Kuration. Greg Linden war 1997 ein 24-jähriger Experte für künstliche Intelligenz, der in Seattle lebte. Er bekam einen Job bei einem lokalen Startup-Unternehmen im Buchhandel. James Marcus war Kulturkritiker für die *Village Voice* und kannte sich in der Welt der Buchkultur aus. Wie Linden nahm er einen Job bei Amazon an und arbeitete dort als Redakteur. Damals stellte Amazon Leute ein, die Rezensionen verfassten und Empfehlungen aussprachen. Sie hatten, wie Marcus, einen literarischen Hintergrund. Marcus schrieb Hunderte von Rezensionen und edierte die Homepage, die täglich Millionen von Menschen erreichte. Er hatte eine Kolumne namens *Book Favourites*, die ein Publikum für lesenswerte Bücher aufbaute. Seine Aufgabe war es, Amazon der Welt der Leser nahezubringen und ihnen das Gefühl wie bei einem lokalen Buchladen zu vermitteln. Die Redakteure hatten echte Macht: Ihre Kuration konnte Büchern zum Durchbruch verhelfen. Amazon hatte schon Anfang 1997 eine sehr starke redaktionelle Stimme, die von Menschen geprägt war, berichtet Linden. Zu dieser Zeit war Amazon eigentlich nur ein Buchhändler und hatte Redakteure und Rezensenten, die ihre Website mitgestalteten, ähnlich wie die Rezensionen, die man sieht, wenn man heute auf die Website einer guten kleinen Buchhandlung geht. (...) Durch die Erfahrungen der Redakteure wusste Amazon, welche Produkte die Kunden kaufen. Damit drängte sich eine Frage auf: Könnte Amazon nicht auch automatisch Produkte empfehlen, die auf diesen Erfahrungen, auf diesem Datensatz basieren? Der Traum von Ingenieuren wie Linden war es, dem Kunden automatisch nur ein Buch anzubieten – das nächste Buch, das er kaufen wollte. Zuerst waren die Systeme grob und konnten nicht mit der von Redakteuren kuratierten Auswahl mithalten. Wenn man ein Kochbuch kaufte, bekam man nur noch Kochbücher vorgeschlagen. Das war nicht subtil. 1998 sah Linden eine Möglichkeit, die Daten effektiver zu nutzen. Man nannte es ›kollaboratives Filtern von Punkt zu Punkt‹. Es betrachtete nur die Beziehungen zwischen den Produkten. (...) Dieses System testeten sie anhand menschlicher Empfehlungen. Es gewann entscheidend.«

Noch einmal zusammengefasst: Mit den positiven Erfahrungen und den Daten aus der menschlichen Kuration wurden die automatischen Systeme trainiert, sodass sie die literarische Expertise der Redakteure imitieren und den Geschmack und die Interessen der Leser antizipieren, d. h. voraussehen konnten. So arbeiten die Empfehlungssysteme von Amazon heute. Und nach Büchern, Videos und Musik ist diese »Machine Driven Curation« nun auch beim Online-Lebensmittelverkauf angekommen. Die richtige Antwort auf das algorithmische Versprechen »Das könnte Dir auch schmecken ...« wird in Zukunft darüber entscheiden, wo wir gerne unsere Lebensmittel einkaufen und wo nicht.

Virtual Reality im Einkaufswagen

Am Rosenbergplatz im Stuttgarter Westen eröffnete Mitte 2019 das Startup smarkStores zusammen mit der Supermarktkette Real seinen ersten vollautomatischen Lebensmittelladen. Unter dem Namen *Emmas Enkel* werden rund fünfhundert Produkte angeboten. »Neben einem attraktiven Angebot an frischem Obst und Gemüse vom *Grünen Eck* und Backwaren von *Brotfreunde Grau* und *La Boulangerie* gibt es zudem allerhand Kaffeespezialitäten direkt zum Mitnehmen«, verkünden die Betreiber.

Der Kunde identifiziert sich mit seinem Handy. Der Einkauf erfolgt über zwei Bestellterminals vor Ort, wo man eingibt, welche Produkte man haben möchte. Das Terminal gibt einen Zettel mit einem Scanner-Code aus. Der wird dem Ausgabeautomaten vors Lesegerät gehalten, und die Maschine schiebt die Waren mit einem Laufband zum Kunden. Bezahlt wird mit der App.

Wer in Stuttgart mit der U-Bahn oder mit dem Bus unterwegs ist, kann seinen Einkauf bei *Emmas Enkel* auch von dort aus per Smartphone machen. Oder von zu Hause aus. Im Laden angekommen, hält er nur noch den Scanner-Code, den *Emmas Enkel* ihm auf sein Handy geschickt hat, ans Lesegerät, und der Ausgabeautomat präsentiert ihm seinen Einkauf.

Mittlerweile hat smarkStores noch weitere Produkte am Start: eine Einkaufs- und Abholstation für »Fast Moving Consumer Goods«, also Artikel des täglichen Bedarfs. Der mobile Laden ist so groß wie ein Frachtcontainer, also nach ISO-Standard 2,43 Meter breit und entweder 6,09 Meter oder 12,19 Meter lang, kann mit einem Sattelschlepper an jeden beliebigen Ort gebracht, dort abgesetzt und innerhalb weniger Minuten betriebsbereit gemacht werden: Bahnhofsvorplätze, ungenutzte Parkplätze oder Baulücken eignen sich in Großstädten dafür. »Die Station ist skalierbar und arbeitet autonom«, sagt Hersteller smarkStores. Der Sortimentsumfang ist natürlich alles andere als riesig, orientiert sich an Späties, an Kiosken und den früheren kleinen

Tante-Emma-Läden – täglicher Grundbedarf eben. Angeliefert wird im schnellen täglichen Takt. Ein Just-in-time-Algorithmus ermittelt den Bedarf. Der Zugang für die Kunden erfolgt über eine App auf dem Smartphone.

Auf Märkten, die immer dynamischer und volatiler werden, bietet das innerhalb weniger Stunden verfügbare System für die Lebensmittelindustrie und für die Handelsketten einen entscheidenden Vorteil: Sie werden reaktionsfähiger. Einen EU-Container im Neubaugebiet anzuschließen ist sehr viel einfacher als ein Marktneubau, der sich in Zeiten des Onlinehandels immer weniger rechnen wird. Die Dichte und das Warenangebot klassischer Lebensmittelgeschäfte und Supermärkte ließ sich bislang nicht beliebig vergrößern oder verkleinern. Eine Entscheidung über neue Standorte wurde deshalb stets extrem sorgfältig abgewogen. Bereits in den 2000er-Jahren analysierte Tchibo über fünfzig Einzelfaktoren, bevor sie sich für einen neuen Standort ihres Shops entschieden. Denn vom richtigen oder falschen Standort hing der Erfolg ab. Sowohl der Laden ums Eck als auch der Megastore auf der grünen Wiese waren darauf angewiesen, dass die Kundschaft sie auch fand. Wenn nicht, musste mit viel Marketing, Werbung, Sonderangeboten und Vergünstigungen nachgeholfen werden. Dieses Prinzip drehen Konzepte wie das von smarkStores um: Nicht der Kunde kommt zum Laden, sondern der Laden kommt zum Kunden.

Erkennen also die mittlerweile ebenfalls mit digitalen Analysen und Algorithmen künstlicher Intelligenz arbeitenden Marktforscher, dass in einem Stadtteil eine größere Nachfrage entsteht, kann sie innerhalb kürzester Zeit befriedigt werden. Flaut sie wieder ab, weil beispielsweise während der langen Semesterferien die Studenten aus einer Universitätsstadt in Richtung ihrer Heimatorte verschwinden, werden die Shopping-Container einfach umgesetzt und an einem anderen Standort in Betrieb genommen.

smarkStores ist nicht das einzige Startup, das automatisierte Einkaufslösungen anbietet. Einen Schritt weiter geht die 2015 im kalifornischen San Diego gegründete Firma Accel Robotics: Sie bietet sogenanntes »frictionless shopping«, also »reibungsloses Einkaufen« an, und das bedeutet, wie Brandon Maseda, CEO von Accel Robotics, sagt: »In unserer Einkaufsbox gibt es keine Kasse.« Kunden bekommen mit ihrem Handy jederzeit Zugang zum Geschäft, suchen sich drinnen ihren Einkauf zusammen und gehen wieder. Ein kamerabasiertes KI-System registriert, welche Artikel die Kunden auswählen, sendet kurz darauf eine Rechnung per Text- oder App-Benachrichtigung und bucht den Betrag von dem in den Kundendaten angegebenen Konto ab. Erste Prototypen mit einem Restaurant und einer Drogerie sind in Tokio und Buenos Aires gerade in Erprobung. Ende 2019 sammelte Accel Robotics für sein Produkt unter Führung des japanischen Finanziers SoftBank rund 30 Millionen US-Dollar Risikokapital ein.

Smarte Technologie in den Geschäften gibt es schon länger. Heute werden digital steuerbare Preisschilder, die aussehen, als seien sie aus Papier, zentral verändert und erhalten über WLAN die Informationen, die sie anzeigen sollen. Ladenroboter wie der des Startups Lowes Innovation Lab aus Kirkland im US-Bundesstaat Washington oder von Simbe Robotics aus San Francisco helfen beim Organisieren und prüfen, ob Regale aufgefüllt werden müssen und die Artikel an der richtigen Stelle stehen.

Es existieren aber auch bereits schlaue Regale, die melden, wann sie gefüllt sind und ob alle Waren ordentlich in Reih und Glied stehen. Das Regalsystem von AWM Smart Shelf erkennt den Kunden an seinen Handy, merkt sich sein Gesicht und analysiert es nach demografischen Daten wie Alter, Geschlecht, Hautfarbe. Es hält auch fest, wann welche Produkte besonders häufig gekauft werden, wann etwa Müsli-Riegel oder Softdrinks ihre Primetime haben, analysiert die Daten, gibt Optimierungsempfehlungen und steuert den Nachschub.

Die Formulierung »reibungsloses Einkaufen« stammt von Barbara E. Kahn, Professorin für Marketing an der University of Pennsylvania. Aus ihrer Sicht gibt es für den Einzelhandel vier Weiterentwicklungsmöglichkeiten, um im hart umkämpften und von der Digitalisierung veränderten Markt überlebensfähig zu bleiben: entweder über den Preis – also mit noch billigeren Angeboten –, über Vertrauen – also durch starke Markenausprägung, wie man am deutlichsten an den Marken-Stores bei Mode und Bekleidung sehen kann –, über Erlebnisorientierung, wie bereits beschrieben, und schließlich über das »reibungslose Einkaufen«. Dass diese Aspekte kombiniert werden können und bereits kombiniert werden, versteht sich von selbst.

Das durchdigitalisierte Supermarktkonzept des chinesischen Tech-Giganten Alibaba soll die perfekte Verbindung von On- und Offlineshopping für Lebensmittel bieten. So eröffnete der erste Hema-Supermarkt im Januar 2016 in Shanghai, 2018 waren es bereits 87 Standorte, in den nächsten drei bis fünf Jahren sollen 2.000 dazukommen, verkündet Alizila, das PR-Portal der Alibaba-Gruppe.

Die Preisschilder in den Hema-Supermärkten sind aus elektronischem Papier und können zentral verändert und mit der Alibaba-eigenen App gescannt werden – das kennen wir schon von vielen Media-Markt-Filialen. Hier erhält der Kunde Informationen über Herkunft, Anlieferung, Frische und Besonderheiten der Produkte. Hinzu kommen Informationen zu Inhaltsstoffen und Geschmacksprofilen, Rezepte und Bewertungen anderer Käufer. Wer nicht die ganze Zeit auf den kleinen Bildschirm seines Handys starren will, findet in vielen Regalreihen große Touchscreens mit Produktbeschreibungen und Hitlisten besonders populärer Produkte, einstellbar nach Altersgruppen.

Da die Hema-Märkte zur größten E-Commerce-Plattform Chinas gehören, können die Betreiber auf einen riesigen Datenschatz und eine gut ausgebaute digitale Infrastruktur zurückgreifen. Für frische Produkte wie Fleisch bietet die App noch weitere Angaben aus der Lieferkette: Informationen zum Herkunftsort, zum Produzenten und dem Tier, darunter das Geburtsdatum, Ankunftszeit des lebendigen Tieres am Schlachthof, Schlachtdatum, Logistik, Lieferstationen bis hin zur Kühltheke – alles sekundengenau.

Wer will, kann sich offizielle Qualitätsprüfungsunterlagen des Produzenten mit staatlichen Siegeln auf dem Smartphone anzeigen lassen.

Die Hema-Stores funktionieren darüber hinaus wie Showrooms für das Lebensmittelangebot auf der Alibaba-E-Commerce-Plattform. Hier können sich Kunden des Frische- und Transparenzversprechens von Alibaba vergewissern, und das dient der Kundenbindung auch online.

Gerne lässt sich Alibaba-Gründer Jack Ma bei offiziellen Besuchen in der großen Fischabteilung der Hema-Märkte filmen. In großen Wasserbassins oder auf Eis wird hier eine riesige Auswahl an frischem, in den letzten 72 Stunden gefangenem Fisch präsentiert. Kunden können sich den ausgesuchten Fisch von einem Boten in der Kühlbox nach Hause liefern oder direkt im Laden zubereiten und dann liefern lassen (oder selbst mitnehmen) oder vor Ort im Restaurant *Robot.He* genießen, wo ein kleiner Roboter nach digitalem Check-in mit dem dampfenden Fisch am Tisch angerollt kommt.

Kunden, die ihre Einkäufe selbst mitnehmen, können am Ausgang mit »pay by face«, also einem blitzschnellen Gesichtsscan, bezahlen. Bargeld ist nicht mehr nötig. Alles wird direkt über die konzerneigene Alipay-App gebucht, die Stand 2020 bereits rund 900 Millionen Chinesen nutzen.

Das Distributionssystem ist dabei in den Markt selbst integriert. Über den Regalen kann man Einkaufstüten an einer Art Seilbahn baumeln sehen. Ein Förderband bringt den Einkauf über die Köpfe der Kunden hinweg zum Abholort für Vorbesteller oder Lieferfahrer.

Sollte sich der Kunde für eine Lieferung nach Hause entschieden haben, ist diese in einem Radius von drei Kilometern um den Markt herum kostenlos und für Lebensmittel 24 Stunden am Tag möglich. Dreißig Minuten brauchen die Elektroroller-Fahrer vom hauseigenen Lieferservice Elle.me dafür maximal. Warme Gerichte liefern sie »nur« bis um ein Uhr nachts.

Die Verbindung von Einzelhandel, Gastronomie und Lieferdiensten boomt: Denn was uns Mitteleuropäern als selbstverständlich erscheint – dass jede Wohnung über eine Küche verfügt –, ist es aus globaler Perspektive nicht unbedingt. In vielen Wohnungen der Mittelschicht gibt es in chinesischen Metropolen nur noch eine Kochnische oder eine Kochecke. Küchen als abgeschlossener Raum, die wie selbstverständlich zu einer Wohnung zählen, findet man nur noch bei Besserverdienenden. Auch bei Neubauten ist das der Fall: In Shanghai entstehen immer mehr Wohnungen, in denen Küchen gar nicht mehr eingeplant sind.

Mehrere Untersuchungen zeigen das. So etwa die 2018 veröffentlichte Studie *A Study on Small Apartment Design in China: Evaluation on the Impressions of and Preferences for the Floor Plans* von Lei Sima, Professor am College of Architecture and Urban Planning an der Tongji University im chinesischen Shanghai.

Die Chinesen laden auch seltener Freunde oder Familienangehörige zum Essen nach Hause ein. Denn auch wenn es eine Miniküche geben sollte – die traditionelle Vielfalt einer Bewirtung lässt sich in den Kochnischen kaum bewerkstelligen. Dafür geht man lieber essen.

Hinzu kommt: Die wachsende chinesische Mittelschicht hatte im Wirtschaftsboom der letzten Jahre kaum mehr Zeit zum Kochen. Das muss dank Alibaba, dem Amazon Chinas, auch nicht mehr sein, dafür sind Service und Angebot zu gut. Denn die Tech-Giganten aus China sind, wie wir später sehen werden, ebenfalls ins Lebensmittelgeschäft eingestiegen.

Entsteht hier eine Blaupause für die Metropole der Zukunft? Megacitys mit fünf Millionen Einwohnern und mehr, kleine, mitunter winzige Wohnungen, die sogar für Normalverdiener kaum noch erschwinglich sind und praktisch keinen Platz mehr bieten für traditionellen Lebensstil? Kommt damit öffentlichen Einrichtungen und damit auch Einkaufsmalls, Supermärkten und Unterhaltungszentren eine neue Bedeutung zu?

Alibaba zeigt die nächste Dimension. Seine Outlets bieten Lösungen für jede Art von Shoppingpräferenz: Einkaufen ohne Schleppen, ohne den Geldbeutel zücken zu müssen, die Zutaten fürs Kochen selbst auswählen, vor Ort essen oder warm liefern lassen – Alibaba setzt nicht nur auf eines der vier Prinzipien von Barbara E. Kahn, sondern unterstützt sie alle. On- und Offline sind für den Tech-Giganten keine Kategorien mehr. Man spricht selbstbewusst von »New Retail«.

Dieses Konzept aus Supermarkt zum Anfassen, Restaurant und Distributionszentrum will man weltweit verkaufen.

Schon heute sind praktisch alle Supermärkte und großen Läden auf computergestützte Registrierkassen angewiesen, um Einkäufe zu verarbeiten. Stürzt der Computer oder das dahinterstehende Informationssystem einmal ab, können keine Waren mehr verkauft werden. In funktionaler Hinsicht gleicht der Raum dann keinem Supermarkt mehr, sondern einem vorübergehenden Lager. So beschreiben es Rob Kitchin and Martin Dodge in ihrem Buch *Code/Space, Software and Everyday Life*. Einrichtungen zur manuellen Zahlungsabwicklung wurden in den letzten Jahren weltweit immer stärker reduziert, an manchen Orten ganz eingestellt. Das Personal ist nicht mehr für die manuelle Bearbeitung der Waren geschult. Auch die Preise werden immer seltener auf die Etiketten der Artikel gedruckt. Der Supermarkt ist also funktionell von Computercodes abhängig, wie Kitchin und Dodge schreiben.

Eigentlich sind die Kassierer*innen schon heute lediglich eine Art menschliche Fassade im Supermarkt, die aber hilflos sind, sollte der »Code« einmal ausfallen – oder auch nur der Strom. Die digitalen Systeme aus Hard- und Software brauchen am Frontend, also an der Schnittstelle zum Kunden, »Wetware« – echte Menschen, die die Barcodes noch händisch scannen, spezielles Gemüse eintippen und ab und zu die Kasse neu starten. Kassierer*innen erledigen die Tätigkeiten, die gerade noch nicht automatisiert wurden: spezielle Handgriffe, die suggerieren, dass der Mensch die Kontrolle behält. Denn Menschen, die Maschinen bedienen, erhöhen die Technikakzeptanz beim Kunden. Doch damit begleiten die Kassierer*innen im Grunde nur »Übergangstechnologie«, bis sie in naher Zukunft ausgereift ist und autonom arbeiten kann. Und: Bis sich die Kunden an die neue Technik gewöhnt haben.

Alibaba macht daraus nun eine verbesserte Dienstleistung. Es geht nicht nur darum, ein digitales System menschlich zu verkleiden, sondern so stark zu integrieren und weiterzuentwickeln, dass für den Kunden neuer Nutzen entsteht. In China fällt diese Strategie auf fruchtbaren Boden. Die Aufbruchstimmung in der neuen digitalen Weltmacht sorgt für hohe Technikakzeptanz.

Ermöglicht wird das Ganze durch die Digitalisierung aller Prozessschritte, Konsum- und Einkaufsphasen und durch die Zusammenführung sämtlicher Kanäle zum Kunden.

Damit hat Alibaba nicht nur Offline- und Onlineshopping miteinander verbunden, sondern durch die konsequente Digitalisierung aller Einzelschritte auch den Weg zum modulhaften Aufbau kulinarischer Dienstleistungen freigemacht. Jede einzelne Phase kann beliebig mit jeder anderen Phase verknüpft werden: Auswählen, auschecken, online bezahlen, liefern lassen und selbst kochen. Oder auswählen, auschecken lassen, in Ghost Kitchens liefern lassen. Oder Rezept auswählen, alles komplett zubereiten und das Gericht liefern lassen. So werden aus den Einkaufs-Dienstleistungen Samples einzelner digitaler Bausteine. Und was »reibungslos« bedeutet, definiert nicht mehr der Händler, sondern der Kunde – und das digitale System, das seine Verhaltensprognosen errechnet.

»Bei der Einkaufsrevolution geht es nicht um den Wechsel von physischen Geschäften zum Onlineshopping, vielmehr erwarten die Verbraucher jetzt eine nahtlose Integration über alle Kanäle«, stellt Barbara E. Kahn in ihrem Buch *The Shopping Revolution* fest. Die Daten aus den Offline-, Mobil- und Online-Erfahrungen werden alle zusammengeführt. Fortschrittliche Einzelhändler werden sie nutzen, um ihre Shop-Erfahrungen in Echtzeit zu individualisieren. Die Käufer erwarten, dass sie online suchen und in den Geschäften abholen oder im Geschäft suchen und online einkaufen können. Kahn: »This is the new normal.« So sieht die neue Normalität rund um den Einkaufswagen aus.

Wenn der Supermarkt wie Netflix funktioniert

»Warum will Netflix eigentlich wissen, wann der Abspann läuft«, fragte der US-Blogger und Autor beim Onlinemagazin *entrepreneur.com*,

Zach Bulygo. Seine Antwort: Der Streaming-Anbieter will sehen, was die Zuschauer als Nächstes schauen.

Seit mehr als zehn Jahren setzt Netflix Personalisierungs-Algorithmen ein, rund tausend Programmierer arbeiten an deren permanenter Verbesserung. Aus zweitausend »Geschmacksgruppen«, in die sie ihre Kunden einteilen, sagen die Algorithmen voraus, was Benutzer als Nächstes sehen wollen. Je häufiger die mittlerweile weltweit rund 182 Millionen Kunden Netflix nutzen, desto besser werden die Einschätzungen, das ist wichtig für die Kundenbindung. »Wenn man jeden Nutzer dazu bringen kann, sich mindestens 15 Stunden pro Monat Inhalte anzusehen, ist die Wahrscheinlichkeit, dass er kündigt, um 75 Prozent geringer als unterhalb dieser Schwelle«, schreibt Zach Bulygo auf der Marketing-Website *neilpatel.com*. »Schaut er weniger als fünf Stunden im Monat, besteht eine 95-prozentige Wahrscheinlichkeit, dass er kündigt.«

Bei Serien versucht man dieses Problem mit »Post Play« zu lösen. Es startet automatisch die nächste Episode einer Serie, es sei denn, der Benutzer schaltet die Funktion aktiv aus. Bei Spielfilmen macht Netflix basierend auf der Bewertung des gerade gesehenen Films Vorschläge für weitere, die dann ebenfalls automatisch starten.

Der Nutzer soll auch nicht auf externe Quellen angewiesen sein, um neue Filme zu finden. Rund 75 Prozent der Zuschaueraktivitäten basieren auf diesen Vorschlägen. Der Empfehlungsalgorithmus scheint zu funktionieren, und zwar am besten dann, wenn er sich darauf bezieht, was Netflix-Nutzer tatsächlich in der Vergangenheit angeschaut haben – und nicht, wie sie es bewertet haben.

Genau dieses Prinzip zieht jetzt in den Lebensmitteleinzelhandel ein.

Stefan Genth, Hauptgeschäftsführer des Handelsverbands Deutschland (HDE), sagte am 9. Februar 2019 dem Berliner *Tagesspiegel*: »Die Sortimentsplanung ist schon jetzt vielfach durch künstliche Intelligenzen gesteuert. Algorithmen werden uns in Zukunft vermehrt helfen, Trends vorauszusagen, indem sie zum Beispiel soziale Netzwerke analysieren. Verkaufsberatung durch Hologramme ist möglich. Und künstliche Intelligenz und Roboter werden uns im Handel in Zukunft häufiger begegnen.«

»Um 22:00 Uhr laufen jeden Tag die Daten ein«, sagt Michael Feindt. Ab 23:00 Uhr werde dann gerechnet. Er ist Gründer und Chef der Karlsruher Firma Blue Yonder, eines der führenden Unternehmen für die sogenannte »Predictive Analytics« im Handel. 2018 stieg der US-Software-Konzern JDA bei Blue Yonder ein. Im Februar nannte er sich selbst in Blue Yonder um. Blue Yonder trifft jeden Tag Prognosen, wie viel Milch, Grillkohle, Fleisch, Wurst, Käse oder Schnittblumen übermorgen gekauft werden. Bei einem mittelgroßen Einzelhändler wie etwa Kaufland, der 40.000 Artikel in 500 Filialen anbietet, sind das 20 Millionen »Prognosen« pro Tag. Auf dieser Basis ermittelt das System, wie viel von welchem Artikel in welche Filiale geliefert wird.

Mehr als 200 Kriterien werden zur Berechnung herangezogen: Zahltage, Schulferien, Feiertage, Wetterprognosen, auch die aus der Vergangenheit – Blue Yonder verfügt über die historischen Wetterprognosen der letzten zehn Jahre –, dazu kommen die Abverkaufsdaten und die Verkaufshistorie für jedes Produkt, jeden Platz im Regal, jeden Filialstandort, wahrscheinlich ebenfalls seit den letzten Jahren oder seit der Installation der elektronischen Kassen.

Über seine Kunden spricht Michael Feindt nicht so gerne. Kaufland sei dabei, der Drogeriemarkt dm, die britische Einzelhandelskette Morrisons, Ikea Food und die Supermercados-Gruppe in Peru.

Wer trifft in Zukunft die besten Vorhersagen? Der Wettbewerb der KI-Systeme hat begonnen, und Systeme wie die von Blue Yonder begünstigen die großen Lebensmittelketten. Je mehr Filialen eine Kette habe, desto besser die Prognosen.

Seine Software prognostiziere den Bedarf um 40 Prozent besser als der Mensch, sagt Feindt. Man liege bereits zu mehr als 66 Prozent richtig. Und so müssten auch nicht mehr so viele Produkte, die gar nicht gekauft werden, in den Filialen vorgehalten werden. Das würde sich nicht nur positiv auf die Kapitalbildung auswirken, man habe auch weniger Abschreibungsbedarf und müsse weniger Lebensmittel wegschmeißen.

Der Kunde wird zunehmend in dieses System eingebunden. So können in den USA heute bereits 80 Prozent der Kassenbons zugeordnet werden. Damit wird das individuelle Verbraucherverhalten Teil der Prognose.

Diese Prognosen werden mittlerweile auch in die Vermarktungs-Software einbezogen, die berechnet, welches Verhalten für den einzelnen Kunden das wahrscheinlichste ist.

Bislang richteten die Marketingsysteme ihr Hauptaugenmerk darauf, ob der Kunde für gleichbleibenden Umsatz sorgt. War dies nicht mehr der Fall oder kündigte er etwa ein Abonnement oder ein anderes ähnliches Angebot wie zum Beispiel einen Telefon- oder Mobilfunkvertrag, starteten sogenannte Kundenrückgewinnungssysteme. Wenn etwa bei Jacques' Weindepot in den ersten Monaten eines Jahres ein Kunde für hohen Umsatz sorgte und dann – etwa ab April – dort nicht mehr kaufte, startete nach einiger Zeit das automatische Rückgewinnungsprogramm und informierte ihn per Postkarte, Brief oder Mail, dass eine Flasche Wein als Geschenk für ihn bereitstünde – abzuholen im nächsten Jacques' Wein-Depot. Die Qualität und das Preisniveau der Flasche hingen natürlich davon ab, auf welchem Preisniveau das System den jeweiligen Kunden einsortiert hatte. Diese Systeme sind »getriggert«, das heißt, sie reagieren bei Veränderung im Profil. Etwa: Seit vier Monaten wurde kein Kauf mehr getätigt.

Künftig sind solche Systeme lernfähig, sie versuchen aus den Kundendaten der Vergangenheit und – ähnlich wie bei Blue Yonder – aus allen möglichen anderen Daten eine Prognose für das Kundenverhalten der Zukunft zu errechnen. Dann ist natürlich Schluss mit der geschenkten Flasche Wein, weil das System gelernt hat, dass die Käufe zu Beginn eines jeden Jahres wieder anziehen.

Auch Payback-Karten, die dem Kunden einen Rabatt einräumen, sind keine »Geschenke«. Sie dienen den Handelsketten, die Kunden zu tracken, die immer noch stur mit Bargeld bezahlen. Das dürfte bald ein Auslaufmodell sein, denn moderne Systeme erkennen mittlerweile Vorgänge genauso gut wie Menschen.

Auch Ladendiebe werden es künftig schwerer haben. Denn der von künstlicher Intelligenz überwachte Einkaufswagen und Kunde sind bereits Realität. Das Berliner Startup Signatrix bietet eine Überwachung des Verkaufsraums: Sein Produkt *Signatrix Checkout* kontrolliert, ob alle Produkte aus dem Einkaufswagen auch auf der Scanner-Kasse landen. *Signatrix Entrance* hat den Eingangsbereich im Blick und meldet, wenn sich noch unbezahlte Produkte im Einkaufswagen befinden.

Das Startup Tiliter bietet eine automatische Produkterkennung für Self-Checkout-Kassen. Die smarte Kamera des Systems erkennt automatisch, ob Tomaten oder Paprika auf der Waage liegen. Produkte brauchen dadurch keinen Barcode und auch keine Verpackung mehr. Form und Farbe genügen der Kamera, die mit jedem Scanvorgang durch selbstlernende KI besser wird. Außerdem verkürze sich damit die Zeit an der Supermarktkasse um den Faktor 15, wirbt die Firma, die Standorte in Sydney, München und New York hat.

Es geht aber auch schon ganz ohne Warten: wenn man sich mit seinem Smartphone beispielsweise in einen Amazon-Go-Grocery-Store eincheckt, die Produkte einsammelt, die man haben möchte, und den kleinen Laden, der in seinen Ausmaßen an einen Berliner Spätkauf erinnert, wieder verlässt. Wer in diesen Stores den Blick nach oben an die Decke richtet, sieht neben vielen Kabeln eine Reihe kleiner, quadratischer schwarzer Kästen, die die Kunden und ihre Griffe ins Regal nonstop überwachen.

»Hallo Hendrik«, begrüßt einen die Amazon-Go-App, die jeder zwar herunterladen, aber nur dann benutzen kann, wenn man auch Amazon-Kunde ist und einen Amazon-Account hat. Sie zeigt einem die letzten Einkäufe ebenso wie das aktuelle Angebot des Go-Stores, den man gerade besuchen will. Den in der App erscheinenden individuellen QR-Code hält man beim Check-in über den Scanner, um die Türen zu öffnen. Wer »drin« ist, kann aus einem bunten, erstaunlich frischen Angebot wählen. Es gibt fertige Salate, Bowls, Antipasti-Boxen und vorgeschnittene Früchte aus regionaler Produktion in einfacher Amazon-Verpackung. Gedacht ist diese Auswahl für Leute, die auf dem Weg ins Büro noch schnell ihr Frühstück oder das Mittagessen einkaufen.

Diese Läden gibt es bislang in Chicago, New York, San Francisco und Seattle. Was auffällt: Schokoriegel, fettige und salzige Snacks findet man nur in geringer Anzahl und auch nicht prominent platziert. Gleiches gilt für stark gezuckerte Limonaden bekannter Marken. Auch für den Feierabend halten diese Shops ein Angebot vor, zum Beispiel ein »Dinner for 2« – Orecchiette mit Zucchini und Garbanzo-Bohnen. Die frischen Zutaten findet der Kunde vorgewogen und portioniert in einer Kochbox aus braunem Karton des »Amazon Meal Kits«. Wer nicht weiß, wie man dieses Gericht zubereitet, fragt zu Hause am besten *Alexa*. Das Sprachsystem kennt den Rezeptnamen, heißt es auf der Packung, und hilft gerne weiter.

Mit den Produkten unterm Arm wandert man dann einfach zur Tür, wirft noch einen Blick auf den 1,5 Meter großen Schriftzug »Good Food Fast« neben dem Ausgang und hat, noch bevor man den ersten Bissen seines »Curry Chicken Wrap« im Mund hat, die Push-Mitteilung mit dem digitalen Kassenbon und der verbrachten Zeit im Go-Store »12m 28s« auf dem Smartphone. Dass Amazon auch im stationären Lebensmittelhandel auf Expansionskurs ist, zeigte sich im Februar 2020 mit der Eröffnung seines ersten umfangreicheren Go-Supermarkts auf 966 Quadratmetern in Seattle. Für die alte Shoppingwelt und den Übergang zum warteschlangenlosen Einkaufen testet der Handelsriese Ende 2020 sogenannte *Dash Carts*, das sind um smarte Technologie erweiterte Einkaufswägen. Prime-Kunden können mit diesem »Amazon Go auf Rädern« ihren Einkauf erledigen und die Kasse am Ende einfach links liegen lassen.

Was für gehetzte Großstädter und Familienväter oder -mütter wie ein zeitsparender Segen klingen mag, sehen andere als weitere Verarmung menschlicher Begegnungen im Alltag. Die niederländische Supermarktkette Jumbo etablierte daher im Juli 2019 die sogenannten Plauderkassen namens *Kletskassa*. Das Konzept, das gemeinsam mit der Stiftung »Alles Voor Mekaar« (»Alles füreinander«) entwickelt wurde, sieht vor, dass die Kassierer*innen Zeit für einen Plausch mit ihren Kunden, vor allem mit Senioren haben sollen. Die Idee kam laut *Berliner Morgenpost* so gut an, dass Jumbo sie »in bis zu vierzig weiteren Filialen anbieten will«. Die *Ärzte Zeitung* schreibt: »Die Kletskassa soll insbesondere Älteren helfen, die bekanntlich auch in Deutschland oft vereinsamen und dadurch psychische Erkrankungen entwickeln. Deshalb hat der Markt auch eine Kaffee-Ecke eingerichtet, in der sich die älteren Bewohner mit jüngeren Nachbarn zum Plaudern treffen sollen, schreibt das Unternehmen auf seiner Webseite. In der Kaffee-Ecke stehen deshalb Freiwillige von der Stiftung ›Alles Voor Mekaar‹ bereit: Sie unterhalten sich mit den redewilligen Senioren, schenken ihnen Aufmerksamkeit und bieten auch bei Bedarf Hilfe an, so das Unternehmen weiter.«

Dieses Konzept kann aber nicht darüber hinwegtäuschen, dass künftig viele Arbeitsplätze wegfallen werden. Zum Beispiel werden Wachmänner oder Kaufhausdetektive ihre Augen nicht mehr auf Bildschirme richten und Kunden im Laden beobachten. Stattdessen übernehmen stets hellwache, hundertprozentig aufmerksame und lernfähige Systeme, denen keine Bewegung im Raum entgeht, die Überwachung. Die Supermärkte der Zukunft dürften zu den am intensivsten überwachten Räumen der Welt gehören.

Die Interessen von Kunden zu verfolgen, wie man es über die Daten im Onlinehandel kennt, wird dank Technologie nun auch offline möglich. Das Startup Shoppermotion bietet ein System für Kundentracking an, also für die digitale Verfolgung der Einkaufsgewohnheiten der Kunden in den Läden – etwa ob zuerst die Milch und dann der Käse aus dem Regal genommen werden, oder ob die Kunden auch tatsächlich den von Architekten und Verkaufspsychologen entwickelten Laufwegen folgen.

Die Firma Signals Analytics sammelt und verbindet externe Daten aus unterschiedlichen Datenquellen und Datentypen in einer konfigurierbaren Analyseplattform. Kooperationspartner sind Nestlé, Mars, Pepsico und KraftHeinz.

Doch das sind eher triviale Fähigkeiten. Es wird nicht mehr lange dauern, bis die Systeme der künstlichen Intelligenz menschliche Gefühle an den Gesichtern ablesen können. Vorstellbar ist, dass erkannt wird, ob ein Kunde Hunger hat. Unter dem Fachbegriff »Emotional AI« diskutieren Experten bereits erste Szenarien auf Fachkonferenzen. Denn die Gesichtserkennung kann bereits unterschiedliche Ausdrücke interpretieren und damit nicht nur Alter, Geschlecht und »Pflegezustand« erkennen, sondern auch positive oder negative Emotionen. Auch aus dem gesprochenen Wort können mittlerweile mithilfe der Analyse von Stimmfrequenzen, Obertönen, Vibrato, Atem- und Sprechrhythmen sogenannte Sentiments ermittelt werden und daraus die aktuelle Stimmung des Sprechers. Das Amazon-Fitness-Armband ist zu dieser Sprachanalyse bereits in der Lage. Doch aus Sicht der Verkaufsmanager gibt es noch Hürden: Gesichtsüberwachung ist in Deutschland durch den Gesetzgeber stark reguliert. Auch das Abhören, Aufnehmen und Abspeichern von Gesprächen ist nicht erlaubt, es ist sogar ein Straftatbestand.

Doch nicht nur der Shop überwacht den Kunden, das tut der mit Begeisterung manchmal auch selbst: Wir erinnern uns an das Armband des Londoner Startups DnaNudge, das den Träger mit rotem Licht warnt, wenn er im Laden ein Nahrungsmittel kaufen möchte, das für ihn laut seiner DNA-Struktur nicht bekömmlich ist.

So wie die Systeme dafür sorgen, dass alles einfacher und reibungsloser abläuft, also für die meisten Menschen attraktiver wird, können dieselben Systeme auch für Ausgrenzung sorgen. Wer kein Amazon-Konto hat, kann die Amazon-Go-Grocery-Stores nicht betreten. Wer anstatt eines Smartphones noch ein altes Handy hat, ebenfalls nicht. Die Kundenerkennung benötigt eine technische Mindestanforderung, damit sie funktioniert. Der digitale Türsteher lässt nur die Kunden in den Laden, die die neueste Version der App auf ihr Smartphone geladen haben.

Der Wochenmarkt auf dem Smartphone

»Unsere Gastgeber*innen sind Überzeugungstäter. Sie tun das, weil sie eine dezentrale Lebensmittelversorgung in ihrer Nachbarschaft aufbauen und gleichzeitig regionale Erzeuger unterstützen möchten«, erklärt Jacques Wecke, der Projektleiter Deutschland von Marktschwärmer in einem Interview mit uns. Das Projekt schafft regionale Netzwerke aus Erzeugern und Verbrauchern. »Unsere Ziele sind der direkte Zugang zu regionalen Lebensmitteln für alle und eine faire Bezahlung der Menschen, die sie machen. Marktschwärmer ist Teil der gesellschaftlichen Bewegung für eine zukunftsfähige Landwirtschaft und gerechteres wirtschaftliches Handeln.«

Rund 160 Bauernhöfe und Lebensmittelproduzenten sind in Deutschland mittlerweile an Marktschwärmer angeschlossen, weitere 150 in der Registrierungsphase. Das Ziel sind 2.000 Betriebe. Ihre Produkte werden derzeit an 94 Stationen geliefert, wo der Kunde sie abholen kann. Weitere 65 befinden sich im Aufbau.

Diese oft sympathisch improvisierten Locations nennt das Projekt »Schwärmereien«, deren Betreiber »Gastgeber*innen«. Geliefert wird, was im Online-Verkauf bestellt und bezahlt wurde. Für Bauern oder Gärtner bedeutet das: null Risiko.

»Wir bieten Erzeuger*innen einen neuen Absatzmarkt, der sehr planbar und durch die abendlichen Verteilungen in rund anderthalb Stunden sehr gut mit ihrem Arbeitsalltag vereinbar ist«, sagt Wecke. Landwirte und andere Betriebe können tagsüber ihre Wochenmärkte, Hofläden oder Liefertouren machen und am frühen Abend die »Schwärmereien« bedienen. »Immer in dem Wissen, dass alles, was sie zu den Schwärmereien bringen, bereits verkauft ist.«

Die Erzeuger erhalten rund 82 Prozent des Verkaufspreises, den sie selbst festlegen können. Von den 18 Prozent Differenz werden die Organisatoren der »Schwärmereien« bezahlt und die Kosten für den technischen und operativen Support der Plattform getragen, Zahlungsabwicklung, Öffentlichkeitsarbeit, Marketing etc.

Damit hat Marktschwärmer eine weitere digitale Version der Gemüsekiste geschaffen. Zwar organisieren sich auch viele traditionellen Gemüsekisten schon lange über E-Mail, aber *Marktschwärmer.de* bietet ein Geschäftsmodell, das dem Kunden große Flexibilität erlaubt und gleichzeitig das unternehmerische Risiko der Erzeuger* innen minimiert. Der Landwirt wird damit direkt an den Markt angeschlossen. Projekte wie Marktschwärmer sind ein smartes, plattformbasiertes Wochenmarkt-Modell der Zukunft.

Der Onlinesupermarkt Picnic funktioniert wie ein Supermarkt, der nach Hause kommt. Kunden bestellen über eine App, und die modernen »Milchmänner« bringen die Produkte an die Tür. Picnic wurde 2015 in den Niederlanden gegründet, seit 2018 gibt es eine Niederlassung in Nordrhein-Westfalen. Zwölf sogenannte Hubs, also Lieferzentren, von Picnic gibt es hier, davon allein sieben im Ruhrgebiet. Vom neuesten, rund 1.200 Quadratmeter großen Verteilzentrum in Kamen starten jeden Tag fünfzehn Elektro-Vans und zwanzig kleine E-Lieferwagen, die die Größe einer dreirädrigen Ape des italienischen Herstellers Piaggio haben – nur eben über vier Räder verfügen. Picnic wächst schnell. »Seit dem Start Anfang 2018 ist die Belegschaft von Picnic in Deutschland auf über tausend Mitarbeiter gewachsen«, sagt Gründer Joris Beckers, »zurzeit stellen wir über fünfzig neue Mitarbeiter pro Woche ein.«

Das Smartphone hat sich ohnehin zum Supermarkt in der Hosentasche entwickelt. So kann etwa die im zweiten Kapitel schon vorgestellte App *Whisk* aus Rezepten oder Zutatenlisten beliebiger Websites automatisch eine Einkaufsliste erstellen – und diese direkt digital an AmazonFresh oder an Walmart übergeben und bestellen. Das ist in etwa so, als ob der Autor eines Kochbuchs gleich den Einkauf für uns erledigt und die Zutaten vor unsere Tür stellt. Auf 500 Millionen »Food-Interactions« pro Monat bringe es die App mittlerweile, sagen ihre Macher. Gemeint sind schlicht: Nutzungen der App.

Kooperationspartner von *Whisk* sind die Großen der Branche: Mondelez, Kellogg's, Unilever, Heinz, Kraft, Miele, AmazonFresh, Tesco, Walmart und Instacart. *Whisk* sieht sich als »größtes Food-Ökosystem der Welt«.

Aber nicht nur das Smartphone, auch andere Geräte lassen sich als Vertriebsplattformen für den Lebensmitteleinzelhandel nutzen, und zwar in dem Maße, wie etwa Küchengeräte ans Internet angeschlossen werden. Aus Sicht des Handels und der Lebensmittelindustrie entsteht genau dort, nämlich in der Küche und beim Planen der Mahlzeiten, der Bedarf. Marketing-Experten sehen damit das Einkaufen nicht mehr als Einzelaktion, sondern als Teil einer Art Prozesskette, die von der Anregung oder der Idee über die Planung, Beschaffung, Verarbeitung und Optimierung beim Abschmecken oder Garnieren und Servieren bis hin zum Essen und zum Feedback führt und sogar bis zur Frage, ob man dieses Gericht noch einmal kochen soll. Der Händler, der am Beginn dieser ganzen Prozesskette steht, hat die größten Chancen, dass der Umsatz bei ihm landet. Anders formuliert: Die Chancen auf Umsatz steigen, je früher man sich in der Prozesskette bemerkbar macht. Aus diesem Grund werden die Schnittstellen für den Handel erfolgskritisch, und dank algorithmisch vernetzten Mixern, Kochplatten und Kühlschränken ergeben sich ganz neue Möglichkeiten. Einkäufer und Lebensmittelproduzenten schauen ihren Kunden heute mehr denn je über die Schulter.

Der Barcode schlägt zurück

Die Digitalisierung macht Kunden zu potenziellen Food-Aktivisten: Sie können per Handy sehen, wo das Produkt herkommt, und mühelos recherchieren, wie es beurteilt wird oder ob es sogar in der Vergangenheit Skandale gab, und er oder sie kann Kritik in Millisekunden mit einem weltweiten Netzwerk aus Interessierten teilen.

Dazu brauchen sie nicht einmal einen vom Hersteller oder Lieferanten zur Verfügung gestellten Code. Apps wie etwa *Buycott* genügt der Barcode, den auch die Scanner-Kasse nutzt: Die *Buycott*-App zeigt, welche Marken zu welchem Konzern gehören. Damit wird es einfacher, ein Unternehmen zu boykottieren oder sich Warnlisten vor bestimmten Marken oder Produkten anzuschließen, etwa »Sag Nein zu

Monsanto« oder »Für Gentechnik oder das Recht zu wissen, wo sie drin ist«. Die oft unübersichtlichen Firmenverflechtungen der Lebensmittelgiganten werden mithilfe der App nachvollziehbar. Sie kann sogar, sobald das Produkt eingescannt ist, eine Warnung anzeigen. So erfährt der Verbraucher beispielsweise, dass der Bio-Eistee *Honest Tea* vom Coca-Cola-Konzern produziert wird, den der typische Bio-Kunde eher nicht unterstützen möchte.

Mithilfe immer kleiner werdender Sensoren können auch falsche Produktversprechungen schnell entlarvt werden.

Telspec zum Beispiel ist ein handtellergroßes Gerät mit einem Sensor, der bei unverpackten Lebensmitteln den Kohlehydrat-, Zucker- oder Fettgehalt sowie den Kalorienwert feststellt und per Bluetooth ans Handy übermittelt.

Der Konsument kann sich schnell an Ort und Stelle informieren und dann entscheiden, ob er das entsprechende Produkt kaufen möchte. Da er auch etwas über Produktions- und Unternehmensstrukturen erfährt, kann er sich auch überlegen, ob er tatsächlich in dem Geschäft, in dem er sich gerade befindet, einkaufen möchte. Er bekommt also entscheidungsrelevante Informationen und kann vor allem unmittelbar handeln. Doch schon in absehbarer Zeit wird der engagierte Kunde auch den *Telspec*-Sensor nicht mehr benötigen, denn auch diese Technik wird immer kleiner und preiswerter in der Herstellung. Deshalb ist es absehbar, dass solche Funktionen von Extrageräten bald in die Kamera oder die Sensoren von Smartphones integriert werden.

Der Konsument von heute ist nicht nur informierter, er kann auch anders einkaufen, weil er unmittelbar handeln kann. Die neue Technik ermöglicht ihm, »schlauer« zu sein als die Produzenten und Händler – zumindest kann er deren falsche Versprechen leichter entlarven.

»Food-Activism-Apps« bezeichnen viele diese Art von Apps. Die Bewegung nennt sich folgerichtig und augenzwinkernd *Apptivism*. Neu daran ist: Viele dieser Apps zeigen an, wer gerade an einem Boykott teilnimmt, und ermöglichen so »vernetztes Handeln«.

Dass Verbraucher sich ihrer Macht bewusst wurden, begann in

den 60er-Jahren des vorigen Jahrhunderts. Die gemeinnützige Stiftung Warentest wurde 1964 gegründet und ist die bekannteste Verbraucherorganisation Deutschlands, die sich als erste auch mit der Qualität und den Inhaltsstoffen von Lebensmitteln befasste. Durch die in den 1970er-Jahren immer einflussreicher werdende Umweltbewegung, die zunehmend kritischere Betrachtung von Großkonzernen wie zum Beispiel McDonald's, die Gründung von Slow Food Deutschland 1992 oder auch durch Buchveröffentlichungen, beispielsweise *Die Suppe lügt – Die schöne neue Welt des Essens* des *Spiegel*-Journalisten Hans-Ulrich Grimm 1999, wurde erstmals deutlich, welche bedenklichen Zusatzstoffe und lebensmittelfremden Substanzen in Fertigprodukten enthalten sind, und es entstand ein neues kritisches Bewusstsein im Hinblick auf Lebensmittel und Ernährung ganz allgemein.

Spätestens seit den 2000er-Jahren informierten auch die Massenmedien kritischer über Lebensmittelindustrie und Fast-Food-Ketten. Dokumentarfilme wie *Food, Inc.* von Robert Kenner, der die Desinformation durch die Lebensmittelindustrie anprangert, oder *We feed the World* von Erwin Wagenhofer über die Massenproduktion von Nahrungsmitteln schärften das Bewusstsein der Verbraucher – ganz abgesehen von diversen Lebensmittelskandalen bei Eierproduzenten, in der Tierhaltung oder bei der Verwendung von Pflanzenschutzmitteln. Seit den 2000er-Jahren spricht man vor allem im internationalen Rahmen von einer »Food-Bewegung«, die vorher eher Teil der Umweltbewegung und des Anti-Fast-Foods war. Gesunde und nachhaltige Lebensmittel wurden zu einem großen Thema.

So wundert es nicht, wie Michelle Phillipov und Katherine Kirkwood in ihrem Buch *Alternative Food Politics: From the Margins to the Mainstream* deutlich machen, dass Apps und Online-Plattformen zu alternativen politischen Akteuren werden, denen sich Handel und Hersteller heute stellen müssen. Was früher die Plakate bei der Demo, die Flugblätter, Unterschriftslisten und -aktionen oder der empörte Leserbrief in der Lokalzeitung waren, das ist heute die App, ein sanfter Druck mit dem Finger oder ein Klick mit der Maus.

In Zukunft werden sich vermutlich weitere Apps wie *Buycott* etablieren und auf einen breiten Datenschatz aus der Food-Community zugreifen und damit die Verbraucher weiter stärken. Oder andere Einkaufs- und Food-Apps werden die Funktionen von *Buycott* in ihr eigenes Angebot integrieren. Wird daraus eine Massenbewegung, könnte durchaus sein, dass Onlinesupermärkte selbst solche Services integrieren werden: »Bei uns können Sie sehen, wer die Produkte hergestellt hat!«

Es gibt aber auch Lösungen, die auf konstruktive Zusammenarbeit zwischen Verbraucher und Handel setzen. Matthias Brunner hat beispielsweise mit dem Startup FreshIndex einen Echtzeit-Haltbarkeitsindikator entwickelt, der auf den Hygienedaten der Hersteller und den tatsächlichen Lagerbedingungen basiert. »Ein Drittel aller Nahrungsmittel der Welt wird verschwendet. Insbesondere verderbliche Güter wie Obst, Gemüse, Fisch, Fleisch und Milchprodukte sind davon betroffen, da die frische und sichere Lagerung und die Transportbedingungen eine große Herausforderung darstellen. Die Temperatur ist hier der Schlüsselfaktor«, sagt Brunner. Der FreshIndex wird nicht als fixes Datum auf die Lebensmittel aufgedruckt, sondern lässt sich per App auslesen sowie digital anzeigen, zum Beispiel auf digitalen Preisschildern und im Online-Lebensmittelshop. Dadurch bleibt das System dynamisch: Solange das Produkt temperaturüberwacht wird, aktualisiert sich der Index automatisch. »Der FreshIndex mit seinem dynamischen Haltbarkeitsdatum soll das statische Mindesthaltbarkeitsdatums nicht ersetzen, sondern als Ergänzung dienen und tatsächliche Produktfrische transparent machen«, erklärt Brunner.

Das Startup Wasteless aus San Francisco versucht das Problem der Lebensmittelverschwendung über den Preis zu regeln. Es entwickelte ein System für den Lebensmittelhandel, das den Preis einer Ware reduziert, je näher das Verfallsdatum rückt. Digitale Technologie ermöglicht dabei die Automatisierung, wodurch die Organisationskosten gering bleiben.

Auch künstliche Intelligenz kommt bei der Vermeidung von Lebensmittelverschwendung bereits zum Einsatz. Das Startup Afresh analysiert die Menge, die Rahmenbedingungen und den Zeitpunkt weggeworfener Nahrungsmittel und bietet Händlern eine Lösung, mit der sich Verfallsdaten besser managen lassen. Shelf Engine aus Seattle bietet eine ähnliche Lösung, die bereits bei über einem Dutzend Groß- und Einzelhändler in Betrieb ist, darunter Get Fresh, Molly's und Wellfound Foods.

In den 2000er-Jahren ließen sich Onlineshops noch vom Warenkorb oder dem Einkaufswagen der Supermärkte in ihrer Struktur und im Design inspirieren. Nun dreht sich die Richtung um. Heute müssen sich Supermärkte von der Plattformstruktur und dem personalisierten Design des Onlinehandels inspirieren lassen, weil in der Generation der Millennials kein Unterschied mehr besteht zwischen Offlineshopping, E-Commerce oder Onlineshop – für sie ist alles einfach nur »einkaufen«.

Der Verbraucher, der physisch im Laden vorbeikommen soll, möchte inspiriert werden, etwas erleben, etwas schmecken, riechen, anfassen. Aus dem »Point of Sale« ist der »Point of Experience«, der »Point of Communication«, der »Point of Trust« geworden.

Vertrauen in Produktqualität und Zutaten, Transparenz von Herkunft, Produktion und Herstellungsverfahren – ein persönliches Verhältnis zum Händler, wenn man so will: Beziehung, Verantwortung und eine klare Haltung zu Zukunftsfragen wie Klimawandel, Umweltzerstörung und Gesundheit sind heute Kernelemente der Esskultur.

Diese anspruchsvolle Haltung der Kunden wird auch Auswirkungen auf die Rolle des Personals im Laden haben: »Die Beschäftigten im Einzelhandel der Zukunft werden kreative Problemlöser sein, die Kunden unterstützen. Sie werden mit der Technologie vertraut sein, um Kunden fachkundig zu beraten und Empfehlungen zu personalisieren«, sagt Doug Stephens, Autor des Buches *Reengineering Retail: The Future of Selling in an Post-Digital World*. Sie werden aber auch Markenbotschafter sein, begeisterte Super-User ihrer eigenen Produkte, um mit den Kunden aus erster Hand sprechen zu können, meint Stephens: »Die ultimative Personifizierung der Marke.« So will man sich Erfahrungen mit Kult-Marken wie etwa Apple zunutze machen, für deren neue iPhone-Generation Menschen vor dem Apple-Store im Freien übernachteten, um beim Verkaufsstart am nächsten Morgen ganz vorn in der Schlange zu stehen. Doch es ist fraglich, ob es bei Lebensmitteln künftig überhaupt noch starke Marken geben wird.

»Dieses neue *Experience Shopping* erfordert von den Einzelhändlern nicht nur eine Qualifizierung, sondern auch eine Quantifizierung der von ihnen gelieferten Erfahrung«, fährt Doug Stephens fort. »Erfahrene Einzelhändler werden wissen müssen, wer in ihre Geschäfte kommt, ob es sich um einmalige oder wiederkehrende Besucher handelt, wohin sie gehen, womit sie sich wie lange beschäftigen und welche Aktionen sich aus ihrem Besuch ergeben. Sie werden nicht nur die Anwesenheit der Käufer messen müssen, sondern auch die Gesamtreaktion der Käufer auf das Erlebnis.«

Dabei werden neue Technologien einen kompletten Rundumblick ermöglichen: »Technologien werden eingesetzt, um wertvolle Verhaltensinformationen und Einstellungsdaten der Käufer zu erhalten, anstatt Angebote, Rabatte oder Werbeaktionen zu pushen. Im Gegensatz zu den stumpfen Instrumenten von heute wird der erfahrene Einzelhändler von morgen diese Technologien mit chirurgischer Präzision in seinen Verkaufsräumen einsetzen.«

Wenn man die eine Seite der Entwicklung betrachtet, erwartet uns beim Einkaufen in Zukunft eine ganz neue Erlebniswelt, die alle unsere Sinne anregt, nie da gewesene Transparenz ermöglicht, gleichzeitig höchst bequem ist und dabei sogar noch Ressourcen einspart. Auf der anderen Seite dürfte es dann in der digitalen Welt des Einzelhandels, um im Wettbewerb überhaupt mithalten zu können, fast zur Pflicht gehören, den Kunden auf Schritt und Tritt zu verfolgen und zu überwachen. Das wird selbst von Experten geraten, es wird wie eine Selbstverständlichkeit präsentiert. Kritisch betrachtet, begeben wir uns dadurch allerdings in eine Art Dauerüberwachung und geraten in die Abhängigkeit digitaler Monopolisten, die wir tagtäglich mit unseren privaten Daten füttern. Das könnte sehr gefährlich werden.

KAPITEL 8
DIE DIGITAL-GLOBALE ESS-GESELLSCHAFT

Welternährung per App: Die neue Weltordnung der Kalorien # FoodTech for Africa # Die Versprechen hungriger Datensammler # Brauchen wir Big Brother, um die Welt zu retten?

»Adipositas hat epidemische Ausmaße erreicht«, zitiert der von der französischen Tageszeitung *Le Monde* und der deutschen *taz* herausgegebene *Atlas der Globalisierung* 2019 das renommierte Institute for Health Metrics and Evaluation aus Seattle. Weltweit seien heute 2,2 Milliarden Menschen entweder übergewichtig oder sogar fettleibig. Fast jeder dritte Mensch auf der Erde sei zu dick. Diese Entwicklung ging nicht schleichend, sondern schnell und global vonstatten: Allein zwischen 1980 und 2015 habe sich der Prozentsatz fettleibiger Menschen in mehr als 70 Ländern verdoppelt.

Spitzenplätze unter den Nationen nehmen etwa Kuwait, Katar und Saudi-Arabien ein. Dort sind über 70 Prozent der Bevölkerung übergewichtig. In den USA sind es 67 Prozent, gefolgt von Neuseeland, Australien, Israel, Kanada und Großbritannien mit rund 65 Prozent übergewichtigen Einwohnern. In Deutschland liegt der Wert bei 57 Prozent. In insgesamt 113 Staaten dieser Erde sind die Übergewichtigen bereits in der Mehrheit.

Mit weitreichenden Folgen: Laut Weltgesundheitsorganisation WHO sterben jedes Jahr mindestens 2,8 Millionen Menschen an den Folgen von Übergewicht. Aus gutem Grund hat die WHO Adipositas daher bereits 1997 als globale Epidemie eingestuft, die es zu bekämpfen gilt.

Denn starkes Übergewicht sei nicht nur ein Risikofaktor für chronische Krankheiten wie Diabetes, Herz-Kreislauf-Erkrankungen, Arthrose oder Krebs, es verursacht auch immense Kosten. Für die Behandlung adipositasassoziierter Folgekrankheiten können schnell mehr als 100.000 Dollar pro Person anfallen. Selbst für die reichsten Länder der Welt könnten sich, so die Warnung von Gesundheitsexperten und Politikern, derartige Ausgaben angesichts steigender Patientenzahlen auf mittlere Sicht als unfinanzierbar erweisen.

Welternährung per App: Die neue Weltordnung der Kalorien

»In Mexiko zum Beispiel leiden laut der Organisation für wirtschaftliche Zusammenarbeit und Entwicklung (OECD) inzwischen knapp 16 Prozent aller Erwachsenen (und damit mehr als doppelt so viele wie im OECD-Durchschnitt) unter Diabetes. Allein für die Behandlung des Diabetes (...) müssen dort jährlich rund 4,8 Milliarden US-Dollar (bei einem Gesundheitsetat von etwa 76,5 Milliarden US-Dollar) bereitgehalten werden«, schreibt Heike Haarhoff, Gesundheitsredakteurin bei der *taz*, im bereits erwähnten *Atlas der Globalisierung* 2019. Die WHO, Verbraucherschützer, Ernährungswissenschaftler, Gesundheitsökonomen und Ärzte appellieren seit Jahren an Staat und Gesellschaft, gegenzusteuern. Sie fordern unter anderem die Besteuerung zucker- und kalorienreicher Getränke und Lebensmittel, höhere Gesundheitsstandards für Schulkantinen, eine genauere Kennzeichnung von Inhalten und Nährstoffen sowie ein Ende des aggressiven Marketings für ungesunde Lebensmittel.

In Mexiko, Ungarn und mehreren US-Bundesstaaten gibt es seit einigen Jahren Abgaben auf zuckerhaltige Softdrinks. In Chile gilt seit 2016 das weltweit strengste Lebensmittelkennzeichnungsgesetz: Produkte mit zu viel Zucker, gesättigten Fetten, Kalorien oder Salz müssen auf der Vorderseite deutlich gekennzeichnet sein. Zuletzt führte Großbritannien im April 2018 eine Steuer für Getränke ein, die mehr als fünf Gramm Zucker pro 100 Milliliter enthalten; Fruchtsäfte und Milchgetränke wurden von der Regelung allerdings ausgenommen. Langfristige Erfolge dieser Maßnahmen sind bisher noch nicht nachweisbar. »Die WHO jedenfalls beklagt regelmäßig, dass es noch keinem Land der Welt gelungen sei, den Trend zu Übergewicht und Adipositas umzukehren«, bilanziert Heike Haarhoff.

Die steigende Nutzung von Fitness-Apps, Armbändern, digitalen Diät-Ratgebern oder vernetzten Körperwaagen scheint dabei bislang keine nennenswerten Effekte auf die Entwicklungen in den Industrienationen zu haben. Auch wenn es heute, wie wir bereits gesehen haben, immer bessere Möglichkeiten gibt, problematische Zutaten oder versteckte Zusatzstoffe mit digitalen Hilfsmitteln aufzuspüren.

Für junge Startup-Gründer*innen wie Tobias Lorenz, Nora Mehl und Henrik Emmert ist diese Situation ein Ansporn. Ihr in Hamburg gegründetes Digital-Health-Startup aidhere bietet für Menschen mit starkem Übergewicht die App *zanadio* an. Wer sich *zanadio* im App-Store herunterlädt und ein Abo startet, bekommt »hochwertig aufbereitete E-Learning-Lektionen zu den Themen Ernährung und Bewegung« auf sein smartes Endgerät. Das digitale Coaching soll den Teilnehmern helfen, ihren Lebensstil bewusst anzupassen. Diese Art der Therapie basiert, so die drei Gründer*innen, »auf verhaltenspsychologischen und neurowissenschaftlichen Erkenntnissen sowie auf aktuellen Ansätzen aus der KI-Forschung«, in Zusammenarbeit mit der medizinischen Fakultät der Universität Leipzig. Ihr Ziel: ein wissenschaftlich geprüftes Medizinprodukt. Am 25. Oktober 2020 wurde das digitale Programm *zanadio* als »Digitale Gesundheitsanwendung (DiGA)« zur Behandlung von Adipositas vom Bundesinstitut für Arzneimittel und Medizinprodukte (BfArM) zugelassen und in die Liste verordnungsfähiger Produkte aufgenommen. *zanadio* gehört damit zu den ersten Apps auf Rezept, deren Kosten von den gesetzlichen Krankenversicherungen übernommen werden. Wer kein Rezept vom Arzt vorweisen kann, zahlt 199,99 Euro für den digitalen Ernährungscoach.

Das große Problem aber ist, dass den rund 2,7 Milliarden Übergewichtigen auf dieser Erde laut Welternährungsbericht der UN immer noch rund 822 Millionen hungernde und unterernährte Menschen gegenüberstehen. Zwar sank die Zahl der Hungernden in den letzten zwanzig Jahren kontinuierlich, doch seit 2019 steigt sie wieder an.

Mit der *Hunger Map LIVE* des World Food Programms der Vereinten Nationen versucht man, das Problem in den Griff zu bekommen. Wie bei einem Computerspiel kann man sich heute von jedem Rechner der Welt die momentane Hunger-Situation auf dieser Welt ansehen und an die rot gefärbten Hotspots heranzoomen. Die Karte führt sämtliche Datenströme von öffentlich zugänglichen Informationen und Quellen über Versorgungslage und -sicherheit, militärische und soziale Konflikte, Migrationsbewegungen, Klimawandel, Wetter und Wettervorhersagen zusammen.

Für den Direktor des World Food Programms David Beasley ist die *Hunger Map LIVE* »ein visueller Weckruf, der uns eine Momentaufnahme des Problems in Echtzeit zeigt und uns alle daran erinnert, dass wir mehr tun müssen, um den Hunger zu besiegen«.

Doch die *Hunger Map* soll noch mehr leisten: Denn die gesammelten und zusammengeführten Daten werden nicht nur dargestellt, sondern auch analysiert. Maschinelles Lernen und die Algorithmen der künstlichen Intelligenz sollen ermöglichen, Hungersnöte verlässlicher vorherzusagen, heißt es in der Pressemitteilung zum Start des Projekts im Oktober 2019.

Das Ziel: Keine Hungersnot soll mehr überraschend auftreten. Größere zeitliche Vorläufe sollen zudem dafür sorgen, dass Maßnahmen schneller eingeleitet und besser koordiniert werden können. Je früher eingegriffen werden kann, desto besser können die Probleme eingedämmt, eingegrenzt und klein gehalten werden. Außerdem erhofft man sich mehr Erkenntnisse über die Ursachen. Dazu ist man eine strategische Partnerschaft mit dem chinesischen Tech-Konzern Alibaba eingegangen, dessen selbstlernende Algorithmen die Vorhersagen der *Hunger Map* möglich machen. Hier zeigt sich wieder einmal, wie stark die Abhängigkeit staatlicher und überstaatlicher Institutionen von Technologie-Konzernen bei der Verarbeitung und der Analyse von Daten ist.

»Ernährungsunsicherheit wird normalerweise statisch gemessen, obwohl wir wissen, dass sie dynamisch ist, da sie sich ja ständig ändert. Mit der Anwendung dieser Technologie hat die Weltgemeinschaft Zugang zu täglichen Schätzungen der Ernährungsunsicherheit, und das ist revolutionär«, sagt der Chefökonom des WFP, Arif Husain. Doch entscheidend wird sein, welche politischen Handlungen und strukturellen Maßnahmen folgen.

Um den Hunger effektiv zu bekämpfen und global für Versorgungssicherheit zu sorgen, müsste man zuallererst die Lebensmittelverschwendung reduzieren. Auch dafür wäre eine interaktive Weltkarte sinnvoll, doch die gibt es bislang nicht.

Allein in Deutschland werden pro Jahr rund 13 Millionen Tonnen an Lebensmitteln weggeworfen, von denen laut Ernährungsreport des Bundesministeriums für Ernährung und Landwirtschaft etwa die Hälfte »prinzipiell noch genieß- und verwertbar« sei, den größten Anteil mache dabei frisches Obst und Gemüse aus, gefolgt von Gekochtem oder selbst Zubereitetem und Brot- und Backwaren. Die häufigsten Gründe für die Entsorgung eigentlich noch genießbarer Lebensmittel sind Haltbarkeitsprobleme, also verdorbene oder schlecht gewordene oder optisch unappetitliche Ware. Zweithäufigster Grund sind zu groß bemessene Portionen, gefolgt von einer falschen Mengenplanung beim Einkauf. Erst danach folgen mit sechs Prozent Produkte, deren Mindesthaltbarkeitsdatum überschritten ist. Nicht nur private Haushalte, sondern auch Restaurants und Supermärkte, Zwischen- und Sammellager sortieren viele genießbare Lebensmittel aus, die sie für nicht mehr verkaufbar halten oder die aus rechtlichen Gründen nicht mehr verkauft werden dürfen, weil das Mindesthaltbarkeitsdatum erreicht oder überschritten ist. Da abgelaufene Lebensmittel aber auch nicht verschenkt werden dürfen, etwa an Lebensmittel-Tafeln, landen sie im Müll.

Die öffentliche Debatte rund um das Thema Lebensmittelverschwendung hat in den letzten Jahren zu einer Vielzahl an Lösungsansätzen in Deutschland geführt, bei denen Technologie eine immer wichtigere Rolle spielt.

Die Initiative foodsharing, die seit 2012 auf ihrer digital organisierten Plattform übrig gebliebene Lebensmittel aus kleinen und großen Betrieben sowie privaten Haushalten sammelt und verteilt, ist nach eigenen Aussagen mittlerweile zu einer »internationalen Bewegung mit über 200.000 registrierten Nutzern*innen in Deutschland, Österreich, der Schweiz und weiteren europäischen Ländern herangewachsen«. Übrig gebliebene Lebensmittel, deren Standorte und Abholstationen werden digital kartiert und sind für angemeldete »Foodsaver« über Webseite oder App abrufbar.

Auf einer digitalen Karte kartiert auch Too Good To Go übrig gebliebene Lebensmittel in Restaurants, Bistros und anderen gastronomischen Betrieben, die sich in der App registriert haben. Nutzer können so zu stark rabattierten Preisen bei Abnahme der Reste zu Lebensmittelrettern werden. Eine »Win-win-win-Situation«, nennt das die Mitgründerin des jungen Unternehmens Mette Lykke, »für den Planeten, die Konsumenten und die Verkäufer«. Der Zahlenticker auf der Webseite des Startups zählt bereits mehrere Millionen geretteter Mahlzeiten, die bislang über 100.000 Tonnen an CO_2 eingespart hätten. Die kostenlose App ist mittlerweile in zwölf Ländern nutzbar. Registriert sind über 20.000 Betriebe. Mehr als 400 Angestellte arbeiten inzwischen für das von fünf Dänen gegründete Anti-Food-Waste-Startup. Seit einiger Zeit kooperieren auch Supermärkte wie Intermarché, Carrefour und seit Ende 2019 auch Kaufland in Deutschland mit der Lebensmittelretter-App.

Trotz der Erfolge sind solche Apps im Hinblick auf Lebensmittelverschwendung nur ein Tropfen auf den heißen Stein, doch immerhin ein Anfang. Oder besser gesagt: ein sinnvoller Ansatz für einen Teil der Lösung. Denn eine Maßnahme allein wird kaum ausreichen.

Der deutsche Dokumentarfilmer Valentin Thurn rechnete in seinen Filmen *Taste the Waste* und *Zehn Milliarden – Wie werden wir alle satt?* vor, dass wir heute alle Menschen satt bekommen könnten, wenn wir gesünder leben, die erzeugten Lebensmittel besser und gerechter verteilen und nicht so viel wegwerfen würden. Auch ein geringerer Fleischkonsum würde dazu beitragen. Um den Hunger zu besiegen, müssten wir unsere Essgewohnheiten ändern. Doch wie können wir das erreichen? Wie kann ein System aussehen oder geschaffen werden, dass dieses Ziel erreicht? Und vor allem, ohne Menschen vorzuschreiben, was und wie viel sie essen dürfen und was nicht.

»Preise müssen die ökologische Wahrheit sprechen«, forderte der Umweltwissenschaftler und SPD-Politiker Ernst Ulrich von Weizsäcker bereits vor mehr als zehn Jahren. Es bedeutet, dass nicht nur die direkten Entstehungs- oder Erzeugerkosten im Ladenpreis eines Lebensmittels enthalten sein müssen, sondern auch die Folgekosten der Produktion – etwa die verursachten Umweltkosten, wenn durch Überdüngung belastetes Grundwasser saniert werden muss, oder Kosten, die durch Maßnahmen gegen den Klimawandel entstehen, der auch durch den Transport von Futtermitteln um den halben Globus mitverursacht wird. Kosten entstehen auch bei Maßnahmen gegen die CO_2-Belastung durch intensive Tierhaltung und deren Folgen oder durch das mit der modernen Landwirtschaft ausgelöste Insektensterben. Irgendjemand wird sie übernehmen müssen. Heute sind es die Steuerzahler, mit deren Abgaben die Programme zur Reinhaltung des Wassers und zur Rettung der Bienen finanziert werden. Probleme, die aber erst in Zukunft richtig zum Tragen kommen, überlässt man künftigen Generationen. Also haben irreführende Preise auch falsches Verhalten zur Folge. Wer das Kilo Schweinenacken für zwei Euro im Supermarkt bekommt, glaubt, das sei schon in Ordnung so. Würde man aber die Kosten für die Beseitigung aller negativen ökologischen und sozialen Folgen der Fleischproduktion mit einberechnen, müsste es mindestens das Vierfache des heutigen Preises kosten.

Jedem kann man das heute klarmachen. Das Schweizer Startup Eaternity bietet eine voll aufgeschlüsselte digitale Nachhaltigkeitsberechnung von Speisen, Gerichten und Produkten an. Mitarbeiter von Infineon, die am Standort des Technologie-Unternehmens in München in der Kantine essen, können damit zum Beispiel in einer App sehen, wie hoch der CO_2-Wert und wie die Wasserbilanz ihres Mittagessens ist. Sodexo, ein Betreiber von zweihundert Kantinen und vierzig Großküchen mit rund 500.000 Gästen, ist Kooperationspartner des Schweizer Startups.

So lässt sich Bewusstsein für Umweltkosten schärfen – wichtige Voraussetzung für umweltbewusstes Handeln, das dann, wie wir bereits gesehen haben, digital unterstützt werden kann.

Intelligente Lieferketten und vorausplanende Algorithmen können die Waren auf ökologisch bestmögliche Art zum nächstgelegenen Markt transportieren und damit Ressourcen sparen. Die Probleme der Welternährung lassen sich sicher nicht mittels einer solchen App lösen, aber mithilfe digitaler Technologie vielleicht schneller und nachhaltiger angehen.

Resümierend lässt sich sagen, dass Digitalisierung auf drei wesentliche Arten helfen kann, für eine global gesündere und gerechtere Lebensmittelwelt zu sorgen:

1. Lebensmittel, deren übermäßiger Konsum im Verdacht steht, Gesundheitsprobleme zu erzeugen, könnten dank digitaler Technologie nicht nur über eine Art Steuer, sondern auch durch Verdeutlichung ihrer Folgekosten für unser Gesundheitssystem reguliert werden.
2. Neben Apps, die die Lebensmittelverschwendung im privaten Umfeld eindämmen helfen, könnten schlanke, digital optimierte Lieferketten den Ressourceneinsatz der gesamten Lebensmittelproduktion und -logistik reduzieren.
3. Sämtliche Folgekosten bei der Herstellung von Lebensmitteln könnten mit digitalen Mitteln aufgeschlüsselt und dargestellt werden, wären so für jeden transparent und könnten entsprechend eingepreist werden.

FoodTech for Africa

In Halle 5.2a der Grünen Woche 2019 in Berlin können die Besucher in die Anbaugebiete von Kakao, Kaffee und Cashewnüssen »reisen«. Sie erfahren, unter welchen Bedingungen ihre Lieblingsprodukte produziert werden und wie sie den Weg ins Supermarktregal finden. Ein »authentischer« afrikanischer Marktplatz lädt zum Probieren und Entdecken ein. Das Bundesministerium für wirtschaftliche Zusammenarbeit und Entwicklung (BMZ) präsentiert sich auf der Grünen Woche gemeinsam mit der Welthungerhilfe, dem World Wide Fund For Nature (WWF), Fairtrade, Brot für die Welt, Misereor und vielen weiteren Organisationen und engagierten Unternehmen. In dem mit Teppichen in hellen Erdtönen ausgelegten Messestand sieht man auf großen Fotowänden arme Bauernfamilien in der Kaffeeplantage arbeiten oder eine Frau in bunter, traditioneller afrikanischer Kleidung mit ihrer Hacke auf dem Acker. Das Thema ist Fair Trade. Wer probieren möchte, kann sich am blubbernden Schokobrunnen bedienen.

Afrika ist hier immer noch ein analoges Klischee. Technologie spielt in dieser Welt voller Stereotypen außer bei der Bespaßung der Messebesucher keine Rolle. Es gibt einen großen Multitouch-Scanner-Tisch, interaktive Vitrinen, 3-D-Brillen und einen Kassenscanner aus dem Supermarkt, mit dem die Besucher den Monatseinkauf einer siebenköpfigen Bauernfamilie nachvollziehen können. Neben Reis, Medikamenten und einer Glühbirne findet sich auch ein Smartphone unter den scanbaren Objekten. Kostenpunkt Kommunikation. Das ernüchternde Fazit des Spiels rund um faires Einkommen: Der Familie bleibt zu wenig zum Leben.

Noch immer muss Afrika einen Großteil seines Lebensmittelbedarfs importieren und kann sich trotz gewaltiger Bodenschätze und riesiger Mengen an fruchtbaren Feldern nicht selbst versorgen. Viele Felder liegen brach. Die Gewinne und Margen des Rohstoffgeschäfts werden ins Ausland abgezogen oder fallen erst außerhalb des Kontinents an. Jedes Jahr wächst die Zahl der Arbeitssuchenden um zwölf Millionen Menschen.

Andererseits werden nach Schätzung des Technical Center for Agricultural and Rural Cooperation (CTA) im Jahr 2025 praktisch alle afrikanischen Bauern ein Smartphone besitzen. Das CTA spricht von rund vierhundert digitalen Landwirtschaftsprojekten, die von afrikanischen Gründer*innen entwickelt wurden und heute schon 33 Millionen Landwirte erreicht haben. Sein Fazit: Digitalisierung macht Landwirtschaft für viele wieder attraktiv.

Plattformen wie zum Beispiel Twiga organisieren direkte Lieferketten und verbinden Bauern mit Abnehmern in ganz Kenia. EZFarming hilft afrikanischen Landwirten bei der Finanzierung ihrer Betriebe und dabei, Käufer für ihre Produkte zu finden. Oft verlieren Landwirte etwa 40 Prozent ihrer Einnahmen, wenn sie ihre Produkte an die wenigen Zwischenhändler verkaufen, haben keinen Zugang zu Bankkrediten und sind nicht selten gezwungen, Geld zu Wucherzinsen aufzunehmen. Seit seiner Gründung hat EZFarming daher mehr als 600 Mikrokredite an 120 Kleinbauern vermittelt, insgesamt rund 600.000 Dollar. Das mag angesichts von rund 150 Millionen Bauern und 50 Millionen bäuerlicher Betriebe in Afrika gering erscheinen, aber es ist ein Anfang.

Lima Links bindet als Non-Profit-Organisation sambische Landwirte an den Markt an. Die Plattform Rubi vermarktet online landwirtschaftliche Produkte von Bauern aus Ostafrika. Viele Landwirte produzieren nur kleine Mengen und haben deshalb keinen Zugang zu profitablen Märkten, die Mindestmengen voraussetzen. Deshalb bündelt Rubi die Ernten zu größeren Einheiten und verschafft den Bauern auf diese Weise Zugang. Auch bietet die Plattform digitale Ausschreibungsverfahren, die wie Versteigerungen funktionieren, und ermöglicht den Erzeugern damit, bessere Preise zu erzielen. Zowasel, ein Online-Marktplatz für Getreide in Lagos, Nigeria, löst das Liquiditätsproblem der Erzeuger, indem es das Getreide bereits 24 Stunden nach Lieferung bezahlt anstatt der üblichen Wartezeit von dreißig bis neunzig Tagen. TruTrade in Nairobi, Kenia, richtet Netzwerke von Dorfagenten ein, die ein Lieferkettenmanagement ermöglichen, das die Preisgestaltung und Verfolgung der Produkte von der Abholung bis zur Lieferung und der Zahlungen vom Käufer bis zum Landwirt bietet. Das Startup Farm in a Box bietet Landwirten die komplette Infrastruktur für eine kleine Farm oder eine kleine Gärtnerei. Ein handelsüblicher Frachtcontainer, den man mit dem Lkw schnell an seinen Bestimmungsort transportieren kann, ist mit Kühlraum, Arbeitsbereich, Solaranlage mit Wechselrichter und einer Steuerung für ein Schlauch-bewässerungssystem ausgestattet. Menschen sollen sich auch mit geringem Investitionsaufwand zum großen Teil selbst versorgen können. Auch Online-Marktplätze für Endkonsumenten etablieren sich gerade: Bei Pricepally können Familien und private Einkaufsgemeinschaften Großgebinde von Gemüse, Gewürzen, Fleisch, Früchten oder Nüssen zu Großhandelspreisen kaufen.

Afrika scheint auf dem Weg zu einem Innovationsstandort zu sein, wenn es um die Verbindung von Technologie und Lebensmitteln geht. Auch die Veranstalter einer der wichtigsten Food-Tech-Konferenzen, Seed & Chips in Mailand, kommen zu dieser Einschätzung: Wäre Corona nicht dazwischengekommen, hätte Seed & Chips 2020 ein erstes Innovationsforum in Ruandas Hauptstadt Kigali durchgeführt.

»Das heutige Afrika ist wie China vor zwanzig Jahren«, schreibt Alibaba-Gründer Jack Ma in einem Gastbeitrag auf *theafricareport. com* im Januar 2020. »Ich bin überzeugt, dass Afrikas Zukunft seinen Startup-Gründern gehört, diesen unermüdlichen Träumern, für die jedes Problem eine Chance darstellt. Ich habe keinen Zweifel daran, dass all diese jungen Menschen die künftigen Helden des Kontinents sein werden. Und ich habe mir selbst versprochen, dass ich alles tun werde, um ihnen zu helfen, ihre Ziele zu erreichen.«

Afrika sei reif für einen radikalen Wandel. Die Welt befinde sich in einer digitalen Revolution, die zu Veränderungen von beispiellosem Ausmaß führen wird. »Alles, was sie jetzt brauchen, ist ein Smartphone, um einen Kredit aufzunehmen und ein Unternehmen zu gründen. Mobil- und Internettechnologien ermöglichen jedem den Zugang zu einer sehr breiten Palette von Produkten und Dienstleistungen«, sagt Ma.

Das ahnen auch andere Konzerne: Tobias Menne, Chef der Abteilung »Digitale Landwirtschaft« und Mitglied beim Führungskreis »Executive Leadership Team« bei BASF Agricultural Solutions, sieht einen großen Zukunftsmarkt für digitale Agrartechnologien in Afrika. Auch Autozulieferer Bosch sieht das so: »Unsere Verpackungstechnik hat das Wachstum des Verarbeitungssektors für Kaffee in Äthiopien und für Maniok in Nigeria ermöglicht.« Man überprüfe die Möglichkeiten von Big Data und künstlicher Intelligenz bei der Transformation der Landwirtschaft. »Wir haben mit der Entwicklung digitaler Lösungen begonnen, bei denen Algorithmen auf Basis von Fotos die Bewertung von Pflanzen, Insekten und Unkräutern ermöglichen. Damit wollen wir Landwirte über eine bessere Nutzung der Betriebsmittel und landwirtschaftliche Methoden informieren.«

Google unterstützt seit einigen Jahren eine Vielzahl von Startups in Afrika mit dem dreimonatigen Programm »Startups Accelerator Africa«. Es bietet Zugang zu Mentoren, zu Finanzierung und PR-Unterstützung.

Der chinesische IT-Konzern Alibaba ist mit der *Alibaba Cloud*, dem Online-Shop *Alibaba.com* und dem Logistik-Unternehmen AliExpress in allen 54 afrikanischen Ländern für jeden, der eine Internetverbindung hat, verfügbar, und die »TMall Global«, die E-Commerce-Webseite von Alibaba, organisiert afrikanische Exporte nach China.

Zusammen mit dem globalen Landtechnikhersteller AGCO, zu dem unter anderem auch der deutsche Traktorproduzent Fendt gehört, baute Alibaba in China bereits ein umfassendes System für Landwirtschaft und Lebensmittelindustrie auf. Genau diese Strategie verfolgt Alibaba jetzt auch in Afrika. »Ist das Afrikas Superplattform-Zukunft?«, fragt sich das Technische Zentrum für Zusammenarbeit in der Landwirtschaft der EU (CTA) in seinem Report über die Digitalisierung der afrikanischen Landwirtschaft 2019.

Was auf der einen Seite gerade afrikanischen Kleinbauern eine Möglichkeit bietet, ihre Waren dank digitalem Weg zum ersten Mal direkt an Märkte, Kunden und Investoren zu bringen, birgt gleichzeitig die Gefahr eines neuen digitalen Kolonialismus. Denn die Systeme der investierenden Digital-Konzerne sind meist so gestaltet, dass die Erzeuger vor Ort von den Daten und deren Verarbeitung abgeschnitten sind bzw. sie nur dann nutzen können, wenn sie Kunde des jeweiligen Konzerns werden.

Ein zusätzliches Problem könnte auch dadurch entstehen, dass die umstrittene Data-Mining-Firma *Palantir*, zu deren Kunden auch Geheimdienste gehören, das Welternährungsprogramm der UNO (WFP) bei der Analyse seiner Daten im Rahmen einer neuen Partnerschaft im Wert von 45 Millionen Dollar unterstützen wird, wie beide Organisationen Anfang 2019 ankündigten. Dabei geht es um 90 Millionen Menschen in achtzig Ländern. Die Ankündigung löste sofortige Kritik bei Datenschützern aus. Sie befürchten, das Projekt könnte »hochsensible« Daten über Millionen von Nahrungsmittelhilfeempfängern gefährden.

Das in Kalifornien ansässige Unternehmen, das vor allem für seine Arbeit im Bereich des Geheimdienstes und der Durchsetzung von Einwanderungsbestimmungen bekannt ist, wird dem UN-Nahrungsmittelhilfswerk über einen Zeitraum von fünf Jahren Software und Fachwissen zur Verfügung stellen, um die enormen Datenmengen zu bündeln und Kosteneinsparungen zu erzielen. Auf einer Pressekonferenz in Genf im Februar 2019 erklärte Enrica Porcari, Chief Information Officer des WFP, es sei geplant, noch mehr Daten zusammenzuführen, auch solche über die Verteilung von Geldbeträgen an Begünstigte – natürlich, betonte sie, keine persönlich identifizierbaren Daten. »Fließen alle Daten zusammen«, sagte sie, »kann das System wie eine Bank funktionieren, deren Algorithmen ungewöhnliche Kreditkartenaktivitäten markieren und Anomalien dort erkennen, wo Verhaltensweisen von Begünstigten auf Missbrauch schließen lassen.«

Im Internet of Food entstehen gigantische Überwachungsapparate, die immer tiefer in die globale Lebensmittelwelt eindringen. Der Zusammenfluss der Daten wird dabei immer umfassender, und um deren Nutzung zu rechtfertigen, operieren viele Konzerne mit dem Versprechen einer besseren, nachhaltigeren, individualisierteren und gerechteren Welt. Dieses Versprechen lohnt es sich genauer anzuschauen.

Die Versprechen hungriger Datensammler

»Welche Micro-Moments haben eure Kunden?«, fragt uns die Seminarleiterin zu Beginn des Workshops. »In welcher Situation stecken sie gerade?« Es geht bei der Zukunftswerkstatt in Googles *YouTube Space* in der Berliner Tucholskystraße um »Das 1 x 1 des Online-Marketings«. Rund ein Dutzend Teilnehmer haben sich wenige Tage nach Neujahr 2020 in der Berliner Zentrale von Google eingefunden. Im Seminarraum sitzen unter anderem ein Fahrradbastler mit eigenem Onlineshop, selbstständige Illustratorinnen, aber auch ein interessierter Schüler mit eigenem YouTube-Kanal.

Wir sind ja alle »always online«, wird uns von der Leiterin des Seminars erklärt, und würden daher »in sogenannten Micro-Moments« leben. Das heißt nichts anderes, als dass jeder jederzeit zum Smartphone greifen kann und dort entweder ein Rezept für einen Kuchen oder ein Back-Tutorial anschauen, die Zutaten für den Kuchen ordern oder sich gleich den ganzen Käsekuchen vom Café um die Ecke liefern lassen kann. Für Inhaber eines Geschäfts, ob groß oder klein, gehe es darum, in diesen wichtigen Micro-Momenten relevant zu sein, sich im sogenannten »Relevant Set« des potenziellen Kunden zu platzieren.

Am Beispiel Lisa, die über den Sprachassistenten von Google nach einem guten Café sucht, soll uns klar werden, wie das geht: Da Google durch ihre letzten Suchanfragen und die Bewegungsdaten ihres *Android*-Telefons weiß, welche Cafés sie zuletzt besucht hat, was dort angeboten wurde und ob sie sich da wohlfühlte, ist Google ihr perfekter Partner, erfahren wir.

Nun wird uns in der Präsentation die »Customer Journey«, also Lisas Weg zur Entscheidung für dieses Café aufgezeigt: Welche Websites schaut sie vorher an? Lässt sie sich Videos anzeigen? Nutzt sie ein Online-Routing-System? Wie gut also, dass zum Google-Imperium auch YouTube und die Google-Maps-App gehören. Und sollte sich Julia dort Videos über glutenfreies Backen anschauen oder auf der Karte nach dem Weg zur U-Bahnstation in unserer Nähe erkundigen, könnten das für unser Café auch wertvolle Hinweise sein. Mit Google kann ich als Unternehmer nämlich meine Werbung auf 90 Prozent der deutschen Websites platzieren. Google ist Marktführer bei der Bannerwerbung. Viele Möglichkeiten also, Lisa auf der Suche nach ihrem nächsten Café-Besuch virtuell zu verfolgen. Bei einem perfekten Verlauf haben wir Lisa am Ende auf drei verschiedenen Geräten »erwischt«, wie die Seminarleiterin sagt. Google erkennt auch, wenn Lisa unterschiedliche Geräte benutzt, und kann die Browserverläufe von Smartphone, Tablet und Desktop-Rechner miteinander verbinden. Wir haben sie gekonnt über Analysedaten »getargeted« und ihre digitale Lebenswelt gezielt mit unserem Angebot »penetriert«. Was jetzt noch fehlt, ist die passende Google-Anzeige. Dabei sollten wir nicht zu knauserig sein, wie uns empfohlen wird. Die Firma Starbucks investiert angeblich 1.400 Dollar pro Neukunden, wird uns erzählt.

Und Google ist immer dabei: Etwa 44 Prozent der gesamten Online-Werbeausgaben dieser Welt landet bei Google.

Eine Teilnehmerin resümiert am Ende der vorgestellten »Journey« nachdenklich: »Das ist ja total gruselig. Das heißt ja, dass Google für mich denkt ... Man verlernt ja total, ein selbstständiger Mensch zu sein.« Die Seminarleitern versucht daraufhin zu relativieren, Google gehe mit den Daten doch relativ moderat um. Andere seien wesentlich übergriffiger: »Bei Facebook kann ich Personen targeten, die gerade ein Baby bekommen haben, und zwar schon genau drei bis fünf Monate vorher.« Perfekt für Anbieter passender Babykleidung oder von Babybrei. Die Kursteilnehmerin beruhigt das nur wenig: »Das läuft doch auf eine Gesellschaft hinaus, die keine Werte mehr hat. Ihr, also eure Generation, werdet ja keine eigene Meinung mehr haben.«

»Eine Münze hat immer zwei Seiten«, lautet die Antwort der Expertin. »Das muss jeder für sich selbst entscheiden.« Doch wer dieses Data-Driven-Marketing nicht akzeptiert, »kann sein Smartphone eigentlich gar nicht mehr nutzen«.

Die amerikanische Wirtschaftswissenschaftlerin und emeritierte

Professorin für Betriebswirtschaftslehre der Harvard Business School in Cambridge, Massachusetts, Shoshana Zuboff kommt in ihrer Analyse des »Überwachungskapitalismus« zu dem Schluss, dass die Versprechen der hungrigen Datensammler immer gleich lauten: »Wir brauchen deine Daten nur, um dir bei deiner Internetsuche dein absolutes Lieblingscáfe zeigen zu können, wir brauchen sie nur, um die Anzeigen, die du bei deiner Suche nach dem Rezept für Käsekuchen siehst, noch passender zu machen.« Für Zuboff sind das vorgeschobene Gründe: »In Wirklichkeit geht es um die Vermarktung der Erkenntnisse an jeden, der dafür bezahlen kann.«

Konzerne wie Google und Facebook fanden schon vor geraumer Zeit heraus, dass sich die enormen Datenmengen, die sich bei ihnen ansammeln, nicht nur zur Optimierung ihrer Services oder Dienstleistungen nutzen lassen.

Wurde in der U-Bahn auf einem Smartphone nach dem Café gesucht oder zu Hause in der Küche am Laptop? Wurde dabei vielleicht noch nach einem besonderen Angebot wie »glutenfrei« gesucht und anschließend nach Kaffeefiltern für eine spezielle Kaffeemaschine? Zuboff nennt solche Daten einen Verhaltensüberschuss, aus dem Unternehmen wie Google gnadenlos Kapital schlagen.

Da bei Google nicht nur Datenströme aus dem Suchfeld, sondern auch aus diversen anderen Quellen – vom smarten Thermostat über den WLAN-Backofen bis hin zur in der App registrierten Gefriertüte – zusammenfließen, wird der Einblick in die Lebenswelt des Suchenden immer tiefer. Und weil sich Daten beliebig kombinieren lassen und mithilfe heutiger Rechenpower und künstlicher Intelligenz auch im undurchsichtigsten Datensatz Muster erkennbar werden, sind auch immer genauere Vorhersagen für das menschliche Verhalten möglich. Diesen Markt der Vorhersagen eröffnen Google und andere ihren Werbekunden. Ihr Versprechen: Wir wissen am besten, wann Menschen wie Lisa Lust auf dein Café mit glutenfreiem Angebot haben, und können dir genau sagen, wo und wie du sie digital erreichst.

So kann der Bäcker mithilfe von Google den Kuchen schon backen, während Julia noch »äthiopischen Bohnenkaffee« ins Suchfeld tippt.

Zuboff hält das für perfide Manipulation, die Nutzer unbemerkt zu gewünschten Verhaltensweisen verführen. Die Computeringenieure der großen Digitalkonzerne sind für Zuboff daher zu sozialen Ingenieuren geworden, die mit ihren auf Überwachung ausgelegten Algorithmen heute Gesellschaftsprozesse und das Verhalten der Menschen verändern und manipulieren. Sie sieht durch die im Verborgenen stattfindenden Prozesse den freien menschlichen Willen bedroht. Ihr kämpferisches Fazit: Es braucht Sand im Getriebe, um die in ihren Augen »modernen Raubritter« des Überwachungskapitalismus zu stoppen.

Am Ende der Zukunftswerkstatt und der Diskussion mit der aufgebrachten Teilnehmerin empfiehlt die Google-Seminarleiterin schließlich den Inkognito-Modus des Chrome-Browsers, der angeblich privates Surfen ohne Datensammlung im Netz ermöglicht. Wenn es um sensible Themen oder eine ehrliche Preisabfrage für Produkte geht, sei dies die beste Wahl, erfahren wir. Sie nutze ihn selbst beispielsweise beim Buchen von Flügen. Bleibt nur die Frage, wie wir auch diese »inkognito surfenden« Nutzer mit unserem gerade erlernten »Data Driven Marketing« dann noch erreichen.

Beim Aufschließen des Fahrrads vor dem Haupteingang ploppt nach dem Seminar eine Mail auf. Das Seminar »Digital Wellbeing: Einen gesunden Umgang mit Technologie entwickeln«, das nächste Woche in der Google-Zukunftswerkstatt stattfinden sollte, muss leider entfallen.

Ein paar Wochen später läuft der Berliner Künstler Simon Weckert mit einem Bollerwagen auf einer mitten am Tag leer gefegten Straße an der Google-Zentrale vorbei. Im Bollerwagen, den er hinter sich herzieht, hat er 99 auf Google Maps angemeldete Smartphones gestapelt. Der Algorithmus von Google registriert 99 sich sehr langsam bewegende Smartphones im Auto-Navigationsmodus und folgert, es müsse sich um einen Stau handeln. Auf der digitalen Straßenkarte wird deshalb allen Autofahrern eine völlig verstopfte und rot markierte Straße angezeigt.

Weckert kann seine Performance entspannt mitten auf der Straße durchführen. Unsere fiktive Kundin Lisa, die vielleicht mit ihrem Auto gerade auf dem Weg zu unserem Café wäre, würde wie die anderen Autofahrer auch an diesem Tag umgelenkt.

Ein paar Monate später, im Juni 2020, reichen US-Anwälte eine Milliardenklage gegen Google ein »wegen Missachtung der Privatsphäre von Nutzern«. Kern des Anstoßes ist die nach ihrer Ansicht geheim stattfindende Sammlung von Daten durch den Tech-Konzern – in genau jenem Inkognito-Modus des Chrome-Browsers.

Brauchen wir Big Brother, um die Welt zu retten?

Zu den größten Datensammlern der Welt gehört Clive Humby. 1989 gründete der britische Mathematiker zusammen mit seiner Frau Edwina Dunn die Firma Dunnhumby. Sechs Jahre später startete ihre Firma die *Tesco Clubcard*. Tesco zählt mit 6.800 Märkten und mehr als 440.000 Mitarbeitern zur größten Supermarktkette Großbritanniens und betreibt auch Filialen in Irland, Polen, Tschechien, der Slowakei, Ungarn, Thailand und in Malaysia. Die von Humby entwickelte Karte war das weltweit erste kundenspezifische Massen-Treueprogramm. Doch sie sollte die Kunden nicht nur mit einem Treueprogramm binden, indem sie fleißiges Einkaufen und hohe Umsätze mit Rabatten und anderen Vorteilen belohnte. Sie zeichnete auch systematisch auf, was wann und in welchen Mengen eingekauft wurde. Tescos Ziel: Verbrauchertrends und -verhaltensweisen verstehen. Mittlerweile zählen Kundenkarten zum Standardrepertoire im Einzelhandel. Über 31 Millionen Deutsche besitzen etwa eine Payback-Karte. Über 680 Firmen setzen sie ein – von Aral über Burger King, Nordsee, Real, Rewe bis zu TeeGschwendner.

Im Jahr 2006 prägte Humby den Satz: »Daten sind das neue Öl.« Und genauso wie Rohöl müssen sie veredelt werden. »Wenn Daten sozusagen unraffiniert sind, können sie nicht wirklich verwendet werden. So wie Öl in Gas, Plastik, Chemikalien usw. umgewandelt wird, um etwas Wertvolles zu schaffen, mit dem sich profitabel wirtschaften lässt; daher müssen Daten aufgeschlüsselt und analysiert werden, damit sie einen Wert haben.«

Humby und Dunn verkauften 2011 Dunnhumby an Tesco und gründeten ein Jahr später H&D Ventures, ein Wirtschaftsunternehmen, das die Möglichkeiten von Telekommunikations- und Finanzdienstleistungsdaten erforscht. 2013 wurden sie Investoren von Purple Seven, einem Theater- und Kunstanalyse-Unternehmen, deren Ziel die Analyse des kulturellen Verhaltens von 19 Millionen britischen Verbrauchern war. Wiederum ein Jahr später schloss sich H&D Ventures mit der Firma Starcount zusammen, einem Beratungsunternehmen, darauf spezialisiert, aus Daten »Erkenntnisse über das Kundenverhalten zu extrahieren«, wie die Manager von Starcount es formulieren.

Noch in den 1990er-Jahren konzentrierte sich die Verarbeitung von Verbraucherdaten darauf, möglichst marketinggerechte Gruppen und Teilgruppen zu bilden, die man dann gezielt bewerben konnte. Im Fachjargon hieß das Zielgruppen-Segmentierung. Doch dieser Ansatz änderte sich in den 2000er-Jahren schlagartig: Plötzlich standen Daten von Online-Einkaufstouren, Online-Produktrecherchen, digitalen Zahlungsvorgängen und Kaufhistorien zur Verfügung. Sie ließen sich miteinander in Beziehung setzen. Große Speicher- und Rechnerkapazitäten ermöglichten es mit den Algorithmen künstlicher Intelligenz, sie zu analysieren, und die überall entstandene digitale Infrastruktur sorgte außerdem dafür, dass die riesigen Datenmengen selbstständig in die Systeme einflossen, wo sie praktisch in Echtzeit be- und verarbeitet werden konnten.

So warb etwa das Analyseunternehmen Evergage kürzlich noch mit folgendem Text: »Die Echtzeit-Personalisierungs- und Kundendatenplattform (CDP) von Evergage bietet Unternehmen die Macht der Eins. Nutzen Sie maschinelles Lernen, um jeden Kunden und Interessenten zu verstehen und mit ihm zu interagieren – jeder für sich, in Echtzeit und auf die richtige Weise –, um Ihren Kunden ein wirklich individuelles Erlebnis auf allen Verkaufs- und Servicekanälen zu bieten.«

Anfang 2020 kaufte der US-Softwarehersteller Salesforce die Firma Evergage. Salesforce mit Hauptsitz in San Francisco ist der Weltmarktführer für Software, mit denen Unternehmen Vertrieb, Marketing, Werbekampagnen, Kundenservice und ihre Beziehung zum Kunden insgesamt organisieren können. Bislang bot Salesforce dafür praktisch nur die Funktionalität für das Organisieren dieser Tätigkeiten und Abläufe an, ähnlich wie etwa ein Programm wie Microsoft Word die Funktionalität für das Erstellen von Texten bietet.

Dunnhumby und Starcount, Evergage und Salesforce sind nicht die einzigen Firmen, die Verbraucherdaten sammeln. Auch die weltweit agierende McDonald's Corporation hat sich dafür ein hoch spezialisiertes Unternehmen zugelegt: »Dynamic Yield bietet die KI-gestützte Personalisierungsplattform *Anywhere™*, die individualisierte Erfahrungen an jedem Kundenkontaktpunkt bietet: Web, Anwendungen, E-Mail, IoT, in der Filiale und im Callcenter«, heißt es bei der Burger-Kette. Dynamic Yield ist heute eine hundertprozentige Tochtergesellschaft von McDonald's. Neben Dynamic Yield kaufte McDonald's Corporation auch die KI-Experten Plexure und Apprente.

Wenn man bei Google noch an eine Suchmaschine und bei Amazon an einen Online-Bücherladen denkt, hat man übersehen, wie enorm diese Technologiekonzerne in viele andere Geschäftszweige expandiert haben. Allein Google, das unter dem Namen Alphabet Inc. an der Börse notiert ist, hat in den letzten fünf Jahren über fünfhundert Firmen und Startups gekauft. Aus allen diesen Quellen können heute die Daten zusammenfließen.

Der profitabelste Geschäftszweig von Amazon ist nicht der Onlinehandel, sondern der firmeneigene Datenspeicherservice *AWS (Amazon Web Services)*. Wer zum Beispiel eine Reise mit Expedia plant, eine AirBnB-Wohnung mietet oder sich ein Uber-Taxi kommen lässt, nutzt bereits diesen Cloud-Service, denn weder Expedia, noch Uber, noch AirBnB besitzen eigene Serverfarmen, sie mieten sie über *AWS* von Amazon. Auch in der Lebensmittelwelt werden die Cloud-Dienste genutzt.

Wer sich etwa bei Anbietern digitaler Landwirtschaftsservices umhört, erfährt, dass die meisten *AWS* oder *Azure* – so heißt die Alternative von Microsoft – nutzen. Die digitalen Angebote für die Landwirtschaft von BASF oder Bayer funktionieren ebenfalls nicht ohne die Cloud von Amazon. Bayer nutzt *AWS*, um die vielen Millionen Datensätze der Geodatenplattform aus dem Monsanto-Erbe, bestehend aus Boden- und Höhenschichten, Karten und digitalen Luftbildern von Bauernhöfen, zu speichern und zu verarbeiten. »Die globale Präsenz der *AWS* erleichtert es dem Konzern, in der ganzen Welt zu expandieren«, erklärte Vishnu Alavur Kannan auf *amazon.com*, der damals noch bei Monsanto beschäftigt war, bevor er für eineinhalb Jahre als Program Director Data Science Engineering zu IBM ging und sich dann mit einem Startup selbstständig machte.

Für die rasche und gewinnbringende Verarbeitung der enormen Datenmengen aus allen Lebensbereichen haben die Tech-Konzerne IBM und Google in den letzten Jahren massiv in die Entwicklung immer größerer Rechenzentren und die Entwicklung des Quantencomputers investiert. Öffentliche Projekte oder Open-Source-Alternativen können da, so wie es aussieht, nicht mithalten.

Wenn wir einerseits aber diese neuen High-End-Technologien brauchen, um die immer größeren Datenmengen zu verarbeiten und verfügbar zu halten, diese Technologien aber andererseits nur von einer Handvoll Unternehmen beherrscht und gestaltet werden können, entsteht die Gefahr, dass Know-how-Monopole entstehen.

Staatliche Behörden, kommunale Verwaltungen, NGOs, kleine und mittelgroße Unternehmen wären auf sie angewiesen, wenn sie weiter funktionieren wollen – und das nicht zu eigenen, sondern zu den Bedingungen der Technologie-Anbieter und -Provider. Ein erstes Wetterleuchten dieser Problematik zeigte sich am Fall der Frankfurter Polizeibehörde, als sich herausstellte, dass vertrauliche Videos und Überwachungsdaten bei *Amazon Web Services (AWS)* gehostet wurden.

Als am Mittwochabend, dem 26. November 2020, um 21 Uhr deutscher Zeit, im Osten der USA eine Serverfarm von *AWS* ungeplant ihren Dienst einstellte, verweigerten laut *Süddeutscher Zeitung* im ganzen Land die Staubsauger-Roboter ihre Arbeit. Eine Reihe von Zeitungen, darunter *The Washington Post*, *The Philadelphia Inquirer* oder *Tampa Bay Times,* waren offline oder konnten nicht produzieren. Einige Apps waren nicht verfügbar. »Der Dienst *AWS* ist so mächtig, dass er zu einer Art Rückgrat des Internets geworden ist«, bilanzierte die *Süddeutsche Zeitung*. Dass sich unsere Daten und deren Auswertung bei wenigen privaten Firmen bündeln, kritisieren Datenschützer schon seit Langem und fordern staatliche Regulierung.

Eine schlagkräftige europäische Antwort fehlt bislang. Mit GAIA-X will die EU eine öffentliche Alternative für eine vernetzte Dateninfrastruktur schaffen, aber dieses Projekt steht noch in den Startlöchern.

Uns sollte klar sein: Wenn alle unsere Einkäufe, Kochvorgänge und am Ende jeder einzelne Bissen, jede zu uns genommene Kalorie digital gespeichert sind, werden diese Informationen auch für andere lesbar. Solche, die wir vielleicht gar nicht im Sinn hatten, die sich illegal Zugang dazu verschafft haben – wie etwa Hacker – oder Neu-Eigentümer, die auf einmal darauf zugreifen können, weil das Startup verkauft wurde, dem wir unsere Daten anvertraut haben. Vergangene Skandale zeigten oft genug, wie schnell es passiert, dass Datenprofile geleakt werden oder Fehler im Food-Code für unerwartete Besuche Dritter genutzt wurden. Was bei Kreditkarten möglich ist, kann auch bei Küchenmaschinen, Kühlschränken und Fitness-Armbändern passieren. Das sollte uns einmal mehr bewusst machen, wie vorsichtig wir bei den Versprechen der Tech-Giganten sein sollten.

Drei Versprechen sind es, die Datensammler gerne machen, um an noch mehr Daten von uns zu kommen:

1. Das Optimierungsversprechen
   Sei es bei der Rezeptsuche oder bei Vorschlägen für Restaurants oder Lebensmitteln – mehr Daten optimieren die Dienste.
2. Das Besser-für-dich-Versprechen
   »Gibst du uns alle deine Daten, dann können wir für dich ganz persönlich noch besser herausfinden, was du willst.« Das Zauberwort von der Personalisierung.
3. Das »Wir machen die Welt besser«-Versprechen
   Mehr Zugang zu Daten heißt mehr Nachhaltigkeit, weniger Res-

sourceneinsatz, mehr CO2-Ersparnisse und weniger Lebensmittelverschwendung.

Die Informationen, die man im Vertrauen auf solche Versprechen den
Unternehmen zur Verfügung stellt, haben in der Regel jedoch einen
viel größeren Wert für die Plattformen und Software-Betreiber als für
den Nutzer. Man sollte deshalb prüfen, ob der jeweilige Daten-Deal
mit der App, der Plattform oder der Webseite sich wirklich lohnt und
wie transparent er sich gestaltet.

»Auch zwanzig Monate nach Inkrafttreten der DSGVO, der europäischen Datenschutz-Grundverordnung, werden die Verbraucher
immer noch allgegenwärtig online verfolgt und profiliert und haben
keine Möglichkeit zu erfahren, welche Stellen ihre Daten verarbeiten
und wie man sie stoppen kann«, wurde in der Studie *Out of Control* des
Norwegischen Verbraucherrates Forbrukerrådet im Januar 2020 festgestellt. Die Online-Werbeindustrie arbeite mit einer außer Kontrolle
geratenen Datenweitergabe und -verarbeitung.

Ein langer Weg ist darüber hinaus die Lektüre aller Datenschutz-
bestimmungen, die einem über das Jahr verteilt im Netz begegnen.
Um alle Seiten des berühmten »Kleingedruckten« aufmerksam und
bewusst durchzulesen, würde man 76 Tage im Jahr brauchen, rechne-
ten die Forscherinnen Aleecia M. McDonald und Lorrie Faith Cranor
von der Carnegie Mellon University in Pittsburgh schon 2012 aus. Hinzu kämen in Zukunft noch die vielen Bestimmungen, die mit all den
neuen vernetzten Geräten rund um uns herum verbunden sind. Alleine für den Funktionsumfang eines smarten Kühlschranks könnte so
einige Zeit an Datenschutz-Lektüre anfallen, bevor man das erste gekühlte Bier überhaupt mit ruhigem Gewissen öffnen kann.

Damit stellen sich neue Fragen wie etwa die, wer entscheidet, was
mit meinen Lieblingsrezepten aus meiner Koch-App wird, wenn ich
dort nicht mehr Kunde sein will. Kann ich die Rezepte dann mitnehmen? Künftig wird die Industrie versuchen, ihre Produkte in möglichst umfassende Systemlösungen zu überführen, die einen Wechsel
zu einem Wettbewerbsprodukt möglichst schwer machen oder viel-

leicht sogar ganz verhindern. Im schlechtesten Fall funktionieren bei einem Wechsel sämtliche Küchengeräte nicht mehr oder nur noch eingeschränkt. Oder sie müssen einzeln mit dem neuen Service verbunden werden.

Doch auch wer alle seine Daten bei einem Anbieter hat, wird sich den Wechsel sehr gut überlegen müssen. Im schlechtesten Fall muss er bei einem neuen Anbieter wieder ganz von vorne anfangen. Das mag einem bei einer Handvoll Lieblingsrezepten, der Einkaufs- oder Koch-Historie vielleicht banal erscheinen, doch künftig werden dort mit großer Sicherheit auch die perfekte Einstellung für den Kühlschrank, wichtige Bezugsquellen, vereinbarte Konditionen wie Nachlässe und Rabatte, Lieferfrequenzen, Drop-Zones, wann der Nachbar erreichbar ist, Passwörter für andere Anwendungen oder persönliche Allergielisten und Medikationen liegen. Praktisch sämtliche kulinarischen und gesundheitlichen Gewohnheiten und Vorlieben bilden sich dort ab, mit anderen Worten: die ganz persönliche, intime Grundeinstellung zur eigenen Ernährung. Der Lebensdatensatz.

Haben wir einen Anspruch darauf, alles mitzunehmen, was wir auf solchen Plattformen hinterlegt haben? Wir erinnern uns an die Debatte, ob die Mobilfunknummer uns oder dem Netzbetreiber gehört, und es hat einige Jahre gedauert, das Gesetz in Kraft zu setzen, das Mobilfunkkunden den Anspruch zubilligt, bei einem Anbieterwechsel die Handynummer mitnehmen zu dürfen. Wem gehören also die persönlichen Daten, Browserverläufe, Passwörter, die Einstellungen aller möglichen Geräte? Gibt es ein Grundrecht auf unseren eigenen Browserverlauf? Und was ist mit selbst gemachten Bildern, selbst erfundenen Rezepten und anderen kreativen Leistungen, die Nutzer auf die Plattformen oder Apps hochgeladen haben? Erhalten Plattformoder App-Betreiber automatisch ein unwiderrufliches Nutzungsrecht, ganz so, wie es heute bereits mit Fotos und Texten bei Facebook geschieht? Möchte man eine kreative Gesellschaft, deren digitale Möglichkeiten auch schöpferische Selbstverwirklichung erlauben? Und müssen diese individuellen Inhalte dann nicht auch genauso geschützt werden wie etwa persönliche Nutzerdaten?

KAPITEL 9
DER WEG IN EINE GENIESSBARE ZUKUNFT

New Food Work: Die große Chance auf kulinarische Kreativität # Wie wir in der digitalen Welt den Spaß am Essen nicht verlieren # Wie wir die Kontrolle über unsere Lebensmittel behalten # Regulierungsbedarf im Internet-of-Food: Wo Politik jetzt handeln muss

Am 18. Januar 1918 stand in der *New York Times*: »Ein Traktor ist eine viel zu gute Maschine, um sie schlechten Fahrern zu überlassen, und für den Käufer ist es oft das größere Problem, erstklassige Traktorfahrer zu bekommen als die Maschine selbst.« Bauern, so das Fazit, seien für diese filigrane Technik doch viel zu grob und deswegen für den Fahrersitz nicht geeignet, obwohl in den 1910er-Jahren bereits 246.139 Traktoren über die nordamerikanischen Felder tuckerten. Allerdings waren auch noch 17 Millionen Pferde auf den amerikanischen Farmen im Einsatz.

Schon zehn Jahre später war der Traktor zum Symbol für die moderne Landwirtschaft geworden, und niemand hatte auch nur den leisesten Zweifel, dass Bauern einen Traktor verlässlich und effektiv und durchaus auch virtuos steuern können.

Durch den Traktor – oder besser gesagt generell durch die Motorisierung – wurden zwar Arbeitsplätze in der Landwirtschaft vernichtet, auf der anderen Seite aber enorme Einsparungen erzielt. Für das Jahr 1954 betrugen sie, wie die Ökonomen Richard Steckel und William White in ihrer Studie *Farm Tractors and Twentieth Century U.S. Economic Welfare* aus dem Jahre 2012 feststellten, mehr als acht Prozent des Bruttosozialprodukts der USA. Die Bauern konnten sich dadurch größere und neue Märkte für ihre Produkte erschließen.

So wie sich zu Beginn des 20. Jahrhunderts in der Landwirtschaft vieles grundsätzlich veränderte, stehen wir auch heute durch die Digitalisierung vor einer ähnlich fundamentalen Veränderung.

In ihrer Studie *The Future of Employment: How Susceptible are Jobs to Computerization* aus dem Jahr 2013 prognostizieren der Wirtschaftswissenschaftler Carl Benedikt Frey und Michael A. Osborne, Professor für »Machine Learning« an der Universität Oxford, dass durch Digitalisierung, Automatisierung und künstliche Intelligenz 47 Prozent aller heutigen Jobs verschwinden könnten. 2017 wurde die Studie aktualisiert und kam zu ähnlichen Ergebnissen. Die Berufe im Agrarsektor, in der Lebensmittelindustrie und in der Gastronomie hätten das höchste Risiko, generell sei aber auch der unternehmerische Mittelstand bedroht.

Nach den Zahlen im Jahresbericht der International Federation of Robotics, dem Dachverband der internationalen Robotik-Verbände, ist die Automatisierung mit Robotern in der Food-Branche 2018 um 32 Prozent gestiegen und verzeichnete damit den größten Zuwachs noch vor der Automobil- oder Chemieindustrie oder dem Metall- und Maschinenbau.

Was künftig gebraucht wird, schreibt Benedikt Frey, seien Hochqualifizierte auf der einen und »Low Skill«-Jobs auf der anderen Seite, für die man keine besondere Ausbildung haben muss. Dazu gehören Fleischzerleger, Spargelstecher, Obstpflücker, Lieferfahrer, Delivery-Biker oder Fahrradkuriere – jene also, die die letzte Meile zum Kunden überbrücken, in der Nacht die Elektroroller zur Aufladestation bringen, die Lebensmittel in die Großmarkthalle schaffen, den Müll wegfahren oder die Tankstellen, Raststätten, Spätis, Restaurants und Fast-Food-Outlets in Betrieb halten – zumindest noch so lange, bis ein Roboter die Arbeit macht.

Gleichzeitig entwerten sich manche Berufe, für die man bestimmte Qualifikationen benötigte. Profiköche etwa wurden in den letzten Jahren zu Bedienern von Konvektomaten, den heute in der Gastronomie üblichen, digital ferngesteuerten, automatisierten Multifunktionsöfen, oder sind, wenn man es drastisch ausdrücken will, Fertigsoßentütenaufreißer. Der Mensch in der Küche muss nur noch die in Plastik verschweißten Gerichte, von der Lebensmittelindustrie vorgegart oder tiefgefroren geliefert, in den Kombidämpfer schieben und darf nur nicht vergessen, sie nach der angegebenen Zeit wieder herauszunehmen. Dass in naher Zukunft auch noch viele der Low-Skill-Jobs durch Automatisierung wegfallen, beispielsweise durch autonomes Fahren, ist schon abzusehen.

Und wenn in der Mc-Donald's-Filiale der Chefkoch-Roboter einem Kunden um fünf Uhr morgens einen Hamburger mit den individuell gewünschten Zutaten brät, werden auch Öffnungszeiten kein Thema mehr sein. Roboter fordern keinen Achtstundentag, keine Nachtschichtzulage etc. Ihre Dienstleistung steht rund um die Uhr zur Verfügung.

New Food Work: Die Chance auf kulinarische Kreativität

Wer in Zukunft von einem Menschen bedient werden möchte, wer auf persönliche Beratung Wert legt, der wird diesen Service als eigenes Produkt präsentiert bekommen. Sie wollen mit einem Menschen sprechen, ein Gesicht sehen, von einem wirklichen Koch bekocht werden? Gerne, aber das kostet extra. Je virtueller die Welt wird, desto wichtiger wird Authentizität.

Die aber muss sich anders zeigen als bisher. Denn mit schlecht oder lediglich im Überreden geschulten Mitarbeitern wie in Callcentern geht das nicht. Wer dafür bezahlt, kann auch verlangen, entsprechend bedient zu werden, das heißt, von einem Personal, das auf Fachkenntnis ebenso viel Wert legt wie auf gute Umgangsformen, auf Aufmerksamkeit, Empathie und Zuwendung. Das darf dann ruhig auch einmal ein authentisch schlecht gelaunter Berliner Kellner sein.

Hier ließe sich einwenden, es handle sich dabei nur noch um die bezahlte Simulation sozialer Umgangsformen. Aus Sicht der Arbeitnehmer wäre es aber eine Aufwertung und eine Chance. So entstehen neue Berufsbilder. Kreativität ist in diesem Zusammenhang nicht nur gefragt, sondern notwendig in einer Welt, die zunehmend von Maschinen und Algorithmen beherrscht wird.

Neue Food-Berufe durch Digitalisierung

- Gesundheits-App-Berater
- Advanced-Chef (Menschlicher Koch, der mit einer KI zusammenarbeitet)
- Drohnen-Operator
- Personal Supermarkt-Shopper
- Indoor-Farmer
- Küchen-Robot-Manager
- Agrarrobotic-Programmierer
- Field-Data-Analyzer
- Food-Style-Interpreter
- Digital-Food-Kurator
- Food-Data-Analyst
- Robo-Mechatroniker
- Humansensor-Entwickler
- Big-Data-Gesundheitsberater
- Datenschutz-Berater
- Personal Food Data Manager

Zu den Hochqualifizierten, die vom digitalen Wandel profitieren, gehören die Technologie-Experten, KI-Entwickler, Programmierer, Softwareentwickler, Netzwerk-Administratoren, Konzeptioner, aber auch ideenreiche Chefköche und Gastronomen, Marketingexperten, Werber und Designer. Die Verbindung zwischen technischer Intelligenz und Kreativität wird auch in der neuen Food-Economy entscheidend sein.

Auch die Rollenbilder werden eine weitere Veränderung erfahren. War noch in den 1980er-Jahren das Kochen zu Hause reine Frauensache, so hatten in der Gastronomie die Männer, die »Profis«, das Sagen, deren Rollenverständnis war ganz und gar patriarchal und machohaft. Von Paul Bocuse, dem französischen Sternekoch, stammt der Satz: »Frauen gehören ins Schlafzimmer, nicht in die Profiküche«, und sein amerikanischer Kollege Anthony Bourdain sagte: »Wer keine Hitze verträgt, hat in der Küche nichts zu suchen. It's a man's world.« Heute gibt es diese Trennung – zu Hause kochen die Frauen, im Restaurant die Männer – nicht mehr, das letzte Biotop der Männer ist vielleicht noch der Weber-Grill auf der Terrasse. Die »Foodies« sind begeisterte Köch*innen, Botschafter*innen guten Essens, Kämpfer*innen für die Qualität von Lebensmitteln, Blogger*innen und Aktivist*innen. Sie entwickeln neue Konzepte, neue kulinarische Formate und auch ein neues Selbstverständnis: Dinner Clubs, Pop-up-Restaurants, Vertical Farming, Grocerants etc. Auch als Quereinsteiger hat man heute bessere Chancen. Insgesamt lässt sich sagen: Wer eine Idee hat, kann sie heute durch die Möglichkeiten der Digitalisierung leichter umsetzen.

Wie wir in der digitalen Welt den Spaß am Essen nicht verlieren

»Jeden Morgen gehe ich auf den Markt und schlendere zwischen den Ständen und den Auslagen umher – das ist eine Tradition in Lyon, die ich schwerlich entbehren könnte. Nur wenn ich die Waren selbst aussuche, weiß ich, dass der eine Bauer hervorragende Kardonen anbietet, der andere den besten Spinat anbaut und jener heute Morgen seinen vorzüglichen Ziegenkäse auf den Markt gebracht hat. Oft weiß ich nicht einmal, was ich zu Mittag kochen werde. Der Markt entscheidet – und dies, so glaube ich, macht die wirklich gute Küche aus.« Das schreibt Paul Bocuse im Vorwort zu seinem 1976 erschienenen Kochbuchklassiker *Die Küche des Marktes*.

Leben wie Gott in Frankreich – diese Redewendung drückte aus, dass die französische Küche, die »Haute Cuisine«, als die beste der Welt galt, zumindest der westlichen. Die deutsche Küche dagegen hatte bis in die 1970er-Jahre keinen besonderen Ruf. Viele Deutsche hielten den von einem Fernsehkoch populär gemachten »Toast Hawaii« für eine kulinarische Errungenschaft. Von Maggi und Salz abgesehen, waren Gewürze praktisch unbekannt. Laut einem Bericht des *Spiegel* vom 1. 12. 2016 »hatten die ersten deutschen Restaurants vor 51 Jahren ihren ersten Stern bekommen. Zwei Sterne gab es erstmals 1974 und drei Sterne 1980«.

Die 1970er-Jahre können als das Jahrzehnt gelten, in dem die Deutschen die internationale Küche schätzen und lieben lernten, sich italienische, griechische, jugoslawische, spanische und asiatische Restaurants rasant in der Bundesrepublik verbreiteten und ein breites Bewusstsein für gutes Essen, für Geschmack und Qualität von Lebensmitteln entstand. Und mit Wolfram Siebeck hatte das Land auch seinen ersten Gourmet-Kritiker, der die Nation in allen Fragen des Essens und der Kulinarik nicht nur beraten, sondern auch »erzogen« hat.

In diesem Jahrzehnt entstand auch eine Gesundheitsbewegung, die u.a. unsere Ernährungsgewohnheiten kritisch in den Blick nahm.

Seit den 1970er-Jahren ist viel geschehen. Ernährung, unterschiedliche Ernährungsstile, Genuss und Gastronomie haben sich ausdifferenziert. Heute kennt man Slow Food und Fast Food, Fitness-Kult und Fat-Activism, Astronautennahrung und bei Mondschein geerntete Äpfel – um nur einige Beispiele für die Vielfalt in jede erdenkliche Richtung zu nennen.

Gesundheit war schon immer ein wichtiges Thema. Heute kommt jedoch dazu, dass sie in einer erfolgsorientierten Gesellschaft selbst zum Erfolgsfaktor wird, für den jeder Einzelne auch selbst verantwortlich ist. So ist es sicher kein Zufall, dass es viele Apps gibt, die die Kalorien zählen, die wir zu uns nehmen, oder unsere Schritte, die die richtige Diät vorgeben und überwachen oder Ähnliches. Das Versprechen vieler Startups lautet, nur mit der richtigen Technologie lasse sich das gesundheitlich richtige Maß halten. Schokolade gibt es nur noch, wenn sie eine berechenbare Funktion hat, Chips werden völlig außen vor gelassen. Der digitalisierte, wenngleich vielleicht ökologisch korrekte Esstisch droht zu einem Ort zu werden, an dem jeder Bissen kontrolliert wird und das Essen selbst, die damit verbundene Sinnlichkeit und der Genuss ins Abseits geraten. Die permanente elektronische Eigenüberwachung könnte statt in optimaler Gesundheit in Dauer-Askese, permanentem Stress und schlechter Laune enden.

Essen ist aber mehr als Nahrungsaufnahme, es hat – wie wir gezeigt haben – auch eine soziale und kulturelle Komponente. Genuss und Kontrolle sind eigentlich unvereinbare Gegensätze. Kein Wunder, dass sich bei vielen Menschen ein regelrechtes Ausbruchsverhalten bemerkbar macht. Unter dem Hashtag #cheatdays, also Schummeltage, werden in den sozialen Medien Ausnahmetage von Diäten bzw. vom gesunden Ernährungsstil regelrecht zelebriert, und beim *Mukbang* genannten Trend schauen Zehntausende anderen beim Vertilgen von Unmengen an Lebensmitteln zu, was man durchaus als kulinarische Pornografie in Zeiten digital kontrollierter Selbstzüchtigung interpretieren kann.

Es liegt an uns, dass die Frage, was und wie wir essen, durch die Digitalisierung nicht nur »mediziniert« und »vergesundheitlicht« wird. Und wir brauchen auch keine App für Völlerei, wenn wir ein Recht auf unquantifizierbaren Genuss behaupten.

Um genießen zu können, sollten wir lernen zu unterscheiden, was uns wirklich zusammenbringt und was lediglich der Organisation oder der Zutaten-Beschaffung hilft.

Eve Turow-Paul bringt in ihrem Buch *Hungry: Avocado Toast, Instagram Influencers, and Our Search for Connection and Meaning* die Gedankenwelt der jungen Foodies, der »digital generation« auf den Punkt: »Ich habe keine Ahnung, ob ich jemals in der Lage sein werde, ein Haus oder ein Auto zu kaufen oder meine Schulden zu begleichen. Ich weiß nicht, ob ich gehackt worden bin, ob mir Passwörter gestohlen wurden oder wie ich mich vor diesen Dingen schützen kann. Ich verbringe nicht genug Zeit mit Freunden oder der Familie, weil ich immer arbeite. Aber es gibt einen Bereich in meinem Leben, wo ich ohne Frage Autorität haben sollte: Ich sollte die volle Kontrolle darüber haben, was ich zu mir nehme.«

Wir müssen darauf achten, dass auch im digitalen Zeitalter der sinnliche Bezug zu den Lebensmitteln, zu unsrem Essen erhalten bleibt. Dass dies ein Bedürfnis ist, sehen wir etwa am Boom, das eigene Brot zu backen, inklusive lustvollen Teigknetens, oder an den Hands-on-Fermentationskursen, in denen junge Menschen Sauerkraut stampfen – die sind angesagter als klassische Kochkurse. Auch die Markthallen, in denen man hier und da Einblicke in das Lebensmittelhandwerk erhält, sind Zeichen dieser Sehnsucht nach dem Konkreten, Haptischen. Es müssen auch die regionalen Eigenheiten und Verfahren, die alten Gemüse- und Obstsorten in ihrer Vielfalt erhalten bleiben.

Kurz, es geht darum, dass die von Algorithmen getriebenen Technologien gerade im Hinblick auf Lebensmittel und Lebensmittelproduktion Möglichkeitsräume offen halten.

Wie Paul Bocuse am Ende seines Vorworts schreibt: »Einer unserer Moralisten sagte, der Tisch sei ein Altar, nur dazu gedeckt und geschmückt, um darauf den Kult der Freundschaft zu zelebrieren. Der Koch/die Köchin sollte diesen Grundsatz nie aus den Augen verlieren: Wenn er oder sie aus Freude und Liebe kocht, werden ihm/ihr die hier beschriebenen Gerichte sicherlich gelingen.« Ein vielleicht etwas kitschiger Schluss dieses Abschnitts, aber ein schöner.

Wie wir die Kontrolle über unsere Lebensmittel bekommen und behalten

»Industrie 4.0 ist eine Vernetzung von autonomen, sich situativ selbst steuernden, sich selbst konfigurierenden, wissensbasierten, sensorgestützten und räumlich verteilten Produktionsressourcen (Produktionsmaschinen, Roboter, Förder- und Lagersysteme, Betriebsmittel) inklusive deren Planungs- und Steuerungssysteme.« So definierte der Arbeitskreis Industrie 4.0 aus Vertretern von Wissenschaft und Industrie des Bundesministeriums für Bildung und Forschung (BMBF) sein Forschungsthema und legte im April 2018 seinen Abschlussbe-

richt *Umsetzungsempfehlungen für das Zukunftsprojekt Industrie 4.0*
vor.

Der Begriff Industrie 4.0 ist eine deutsche Wortschöpfung. Er
bringt Wirtschafts- und Technologiegeschichte zusammen und soll
den tiefgreifenden Technologiewechsel deutlich machen, in dem wir
uns mit der digitalen Vernetzung von Maschinen und Geräten, mit der
Entwicklung der Algorithmen, der künstlichen Intelligenz als neuer
Basistechnologie und von Big Data befinden.

Industrie 4.0 geht davon aus, dass Industriegeschichte durch
deutliche technologische Sprünge gekennzeichnet ist. Die erste industrielle Revolution (Industrie 1.0) begann mit der Mechanisierung
durch Wasser- und Dampfkraft, dafür stehen die Erfindung des mechanischen Webstuhls und der Dampfmaschine. Industrie 2.0 bezeichnet den Sprung, der durch die Einführung elektrischer Energie
gemacht wurde, und mit der Erfindung des Fließbands, das Massenproduktion ermöglichte. Ende der 1990-Jahre sorgte dann die digitale
Revolution (Industrie 3.0) mit der Digitalisierung und dem Internet
dafür, dass praktisch alle zentralen wirtschaftlichen Vorgänge digital
gesteuert und abgewickelt werden können. Es standen offene digitale
Standards zur Verfügung, die jeder nutzen konnte. Dadurch entwickelten sich der Onlinehandel, die Social-Media-Portale etc.

Nun sind wir im Prozess Industrie 4.0, einem Technologiewechsel, in dem sich auf der Basis standardisierter digitaler Kommunikation, weltweiter Vernetzung und preiswerter Rechenkapazitäten ein
Internet of Things und ein Internet of Bodies etablieren, in denen die
Mehrheit der Geräte, Maschinen und Menschen vernetzt ist und Daten liefert, Prozesse und Abläufe von Algorithmen und künstlicher Intelligenz gesteuert und die gigantischen Datenmengen durch KI analysiert werden.

Doch wie bei jeder industriellen Revolution hat der sogenannte
Fortschritt auch negative Folgen. Auf die können wir hier nicht im
Einzelnen eingehen, man kann sie in zahlreichen Büchern nachlesen,
einige davon finden sich im Literaturverzeichnis. Als Stichpunkte sei-
en nur die Endlichkeit der Ressourcen genannt, Umweltverschmut-

zung, Klimawandel – Folgen, die zukünftige Generationen zu tragen haben.

Was bedeutet das für Food 4.0? Wir haben gezeigt, dass die neuen Technologien es ermöglichen, die Lebensmittelerzeugung nachhaltiger zu machen, uns darin unterstützen, bei den Lieferketten Ressourcen und Energie einzusparen, Lebensmittelverschwendung zu reduzieren und für gesündere Lebensmittel zu sorgen, weil Verbraucher schnell problematische Zusatzstoffe erkennen und darauf reagieren können. Sie können uns auch darin unterstützen, Verfahren transparenter und demokratischer zu machen, weniger anfällig für Manipulation, denn sie geben Verbrauchern und NGOs neue Werkzeuge zur Kontrolle und Überprüfung an die Hand und werden damit auch zu Ermächtigungs- und Emanzipations-Technologien.

Andererseits drohen Risiken und Gefahren durch Monopolisierung, durch nicht mehr durchschaubare, extern kontrollierbare Verfahren und Abläufe, die unsere Freiheit auf den Tellern, als Verbraucher, Kunde oder Gast und die Lebensmittelvielfalt sowie den Genuss ganz allgemein weiter einschränken könnten.

Um Äpfel an der Supermarktkasse zu erkennen, muss jeder auch noch so technisch ausgefeilte Algorithmus zunächst einmal »geschult« werden. Dafür werden ihm zu Beginn seines maschinellen Lernens Trainingsdaten zur Verfügung gestellt. Diese werden in den meisten Fällen händisch zusammengesucht und vorab kategorisiert, damit der Algorithmus eine erste Orientierung und gute Startbedingungen hat. Für die Bilderkennung – beispielsweise eines Apfels – gibt es inzwischen große Datenbanken wie ImageNet, die Millionen, in Tausende Kategorien eingeordnete Bilder enthalten. Spricht man mit Menschen aus der Tech-Szene, erfährt man, dass diese langwierige händische Click-Arbeit, die die Grundlage bildet für die Algorithmen, inzwischen auch nach Indien oder Südamerika outgesourct wird.

Die KI-Forscherin Janelle Shane berichtet in ihrem sehr unterhaltsamen Buch *You Look like a Thing and I Love You – How Artifical Intelligence works and Why it's Making the World a Weirder Place* unter anderem, wie Forscher der Universität Tübingen eine KI trainierten, damit sie einen unter Anglern beliebten Speisefisch, die Schleie, automatisch erkennt. Zum maschinellen Lernen wurden dabei jede Menge Fotos dieses karpfenartigen Süßwasserfischs verwendet. »Als die Forscher prüften, welche Teile der Bilder ihre KI zur Identifizierung der Schleie benutzte, zeigte sich, dass sie vor einem grünen Hintergrund nach menschlichen Fingern suchte«, schreibt Shane. Warum? Weil die meisten Trainingsfotos die Fische in den Händen stolzer Hobbyangler zeigten, die ihren Fang auf dem Rasen neben dem Fluss in die Höhe hoben. Die so trainierte künstliche Intelligenz könnte man vielleicht dazu nutzen, um Angler mit ihren Trophäen auf Fotos zu erkennen, wäre aber für die Speisefischerkennung völlig ungeeignet. »Die Gefahr von KI ist nicht«, sagt Shane, »dass die Technik gegen uns rebellieren wird, sondern dass sie genau das tut, was ihr aufgetragen wurde. Nur anders, als wir uns das vorgestellt haben (...) Die Frage wird daher sein, wie wir die Probleme formulieren, die die KI lösen soll (...) Und es ist wirklich sehr einfach, der KI das falsche Problem vorzugeben. Den Fehler merken wir dann oft erst, wenn es bereits zu spät ist.«

Wir sollten uns also klarmachen, wie ernst die Folgen schlecht trainierter KI in Zukunft sein könnten. Ernteausfälle, Lebensmittelverschwendung, Vergiftungen wären nur einige davon, die man sich lieber nicht vorstellen möchte. Dabei ist es häufig so, wie Charles Pépin in *Die Schönheit des Scheiterns* schreibt: »Erst wenn etwas nicht funktioniert, fangen wir an, uns zu fragen, wie etwas wirklich funktioniert.«

»Wir Menschen müssen lernen, mit KI zu kommunizieren. Dazu müssen wir wissen, was sie kann und was nicht«, sagte Shane in ihrem TED-Vortrag in Vancouver 2019. Die Vorstellung einer allwissenden künstlichen Intelligenz, wie wir sie aus Science-Fiction-Filmen kennen, würde da nur bedingt weiterhelfen, denn die KIs von heute wären schon verrückt genug.

Ein anderes Beispiel für eine Algorithmenfehlfunktion zeigte sich in der Corona-Pandemie. Während des Lockdowns funktionierten einige Lieferketten nicht mehr optimal. Ihre Voraussagesysteme waren auf »normale« Märkte trainiert. Wie sich Bedarf und Nachfrage unter Corona-Bedingungen verändert haben, lag buchstäblich außerhalb ihrer ›Welt‹, also prognostizierten sie den Bedarf wie immer.

In der Literatur zum Thema künstliche Intelligenz wird immer wieder auf die negativen Folgen fehlgeleiteter Entscheidungen selbstlernender Computercodes hingewiesen. Dabei geht es meist um Diskriminierung bei Bewerbungen, Rassismus bei der Gesichtserkennung oder um ethische Konflikte bei Unfällen selbstfahrender Autos. Was es für Folgen im Hinblick auf die Lebensmittelwelt haben könnte, wird bislang nicht thematisiert.

Lebensmittelproduktion, Kochen und Essen sind jedoch äußerst komplexe Sachverhalte, die geradezu prädestiniert sind für Fehlfunktionen oder das Galoppieren in die für uns falsche, für den Algorithmus aber völlig richtige Richtung. Wie stellen wir also sicher, dass KI richtig trainiert wird? Was sind gute kulinarische Trainingssets?

Wir haben dargestellt, dass Lieferketten immer stärker von KI gesteuert werden und dabei auch optische Systeme zum Einsatz kommen, die Obst und Gemüse erkennen – oder eben auch nicht. Werden sie auf das Obst geschult, das in den westlichen Ländern am liebsten verzehrt wird, erkennen sie andere Sorten nicht. Werden sie auf bestimmte »schöne« Äpfel geschult, fällt der »weniger schöne« Apfel durch. Die Folge ist, dass solche Früchte gar nicht erst »verarbeitet«, gelagert, ausgeliefert und verkauft werden können. Sie verschwinden aus dem Angebot.

Das betrifft besonders alte Gemüsesorten, »autochthones« Obst oder Gemüse, das nur in bestimmten Regionen vorkommt.

Wie falsch die »Realität« der Algorithmen sein kann, zeigt die Recherche von Kate Crawfords und Trevor Paglens *Excavating AI*, die die Datenbank ImageNet, aus der viele der Bilder zum Trainieren von Algorithmen bezogen werden, genau unter die Lupe nahmen. Das Ergebnis war erschreckend. Neben unproblematischen Kategorien wie »Trompeter« oder »Tennisspieler« fanden sich auch rassistische und frauenfeindliche Begriffe.

So wird im Zusammenhang unserer Thematik zum Beispiel der

Begriff »Foodie« (Genießer, Feinschmecker) in dieselbe Gruppe eingeordnet wie die Begriffe »Playboy« oder »Schwanzlutscher«, und alle Begriffe finden sich in der Oberkategorie »Sensualist«, also »sinnlicher Mensch«. »Bisexuelle«, sollte man das überhaupt auf einem Foto erkennen können, fallen in dieselbe Kategorie. Dabei muss man wissen, dass ImageNet ein Projekt der Stanford University ist, an der viele einflussreiche Computerwissenschaftler*innen lehren und forschen. Auf diese Datenbank greifen Forscher weltweit bei der Entwicklung von KI zu und man kann sich Crawford und Paglen nur anschließen, wenn sie schreiben: »Es steht viel auf dem Spiel, wenn es um die Architektur und die Inhalte der in der KI verwendeten Trainingssets geht. Sie können fördern oder diskriminieren, genehmigen oder ablehnen, sichtbar oder unsichtbar machen, urteilen oder durchsetzen. Und deshalb müssen wir sie untersuchen – denn sie werden bereits verwendet, um uns zu untersuchen – und über die Folgen eine breite öffentliche Diskussion führen, anstatt sie nur in akademischen Korridoren zu halten.«

»In jede Technologie, in jede Technik, in jede technische Ausdrucksweise gehen Normen und Werte ihrer menschlichen Schöpfer*innen ein«, schreibt die Philosophin Janina Loh in ihrem Buch *Roboterethik: Eine Einführung* und führt als Beispiel den Esstisch an, ein einfaches technologisches Artefakt. Seine jeweilige Form spiegele bereits soziale und politische Strukturen: Ist er rechteckig, drückt er durch die Form bereits klare hierarchische Strukturen aus, ist er rund, sitzen alle gleichberechtigt am Tisch. Es sei eine »kontinuierliche Aufgabe technikphilosophischer Analyse«, schreibt sie, sich über Gestaltung und Ziel Gedanken zu machen, und fordert einen breiten gesellschaftlichen Diskurs hinsichtlich der Ethik im Zusammenhang mit der Entwicklung dieser Technologie. Unternehmen sollten verpflichtet sein, ihre Mitarbeiter, ihre Ingenieure ethisch zu schulen, Urteilskraft und Verantwortungsbewusstsein auszubilden. Es sollten auch Ethikgremien eingerichtet werden, die die technologische Entwicklung begleiten, denn hier handele es sich nicht um Naturgesetze.

Der Studiengang Sozioinformatik der TU Kaiserslautern »beschäftigt sich vorrangig mit der Analyse und Modellierung der Wechselwirkungen von Gesellschaft und Informatik, der Co-Evolution von gesellschaftlichen Normen und Prozessen, und der Software, die sie dabei unterstützt«. So steht es auf der Website der Hochschule, und sieht man sich genauer an, welches Wissen hier vermittelt werden soll, dann geht es um die Grundlagen der Informatik, um Methoden der empirischen Sozialforschung, um mikroökonomische und spieltheoretische Modelle der Wirtschaftswissenschaft, um ein Verständnis der Rechtslage und »einen profunden ethischen Standpunkt im Dialog mit der Philosophie«. Hier sind die Vorstellungen von Janina Loh schon angekommen, so sieht es jedenfalls aus.

Wir müssen diese neuen technologischen Prozesse und den Übergang, bei dem viel auf dem Spiel steht, mitgestalten, sonst gestaltet er uns. Die Weichen werden immer gestellt, bevor der Zug kommt, nicht wenn er bereits vorbeigefahren ist.

Food Literacy muss heute mit *Tech Literacy* verbunden sein, wollen wir die Kontrolle über unsere Ernährung behalten. Doch das ist gar nicht so einfach, denn künstliche Intelligenz sickert langsam und unbemerkt in unsere kulinarische Lebenswelt, über den Code auf der Gefriertüte oder die Analyse des Fotos von unserem letzten Essen, das wir auf Instagram gepostet haben. Zwar sehen wir keinen Grund, warum künstliche Intelligenz nicht zur Optimierung von Lieferketten oder zur Reduzierung von Lebensmittelverschwendung eingesetzt werden sollte, aber es geht um das Wie. Wir sollten, gerade wenn es um unsere Ernährung und ganz allgemein um unser Essen geht, darauf bestehen, dass wir die Akteure bleiben.

Regulierungsbedarf im Internet of Food

Wir haben gesehen, dass Digitalisierung Land- und Lebensmittelwirtschaft nachhaltiger machen kann und auch produktiver. Wir haben gesehen, dass neue Technologien mehr Transparenz für die Konsumenten ermöglichen und eine direkte und faire Beziehung zu denen, die Lebensmittel anbauen, verarbeiten und kochen.

Wir haben auch gesehen, dass durch vernetztes Wissen digitaler Technik auch eine größere Vielfalt möglich ist, nicht nur im Hinblick auf alte Sorten, etwa bei Obst und Gemüse, sondern auch auf kleinteiliges Lebensmittelhandwerk, auf innovative Gründungen in der Lebensmittelwirtschaft, individuelle Wege von Gründer*innen und Berufseinsteiger*innen in die Lebensmittelwelt und auf individuelle Bedürfnisse von Kunden.

»Die Innovationen sind da. Die Technik ist da. Die Bereitschaft der Landwirte und Startup-Gründer*innen ist da, was fehlt, sind Kapital, Vernetzung und politische Unterstützung, um in Europa Food-Tech für mehr Nachhaltigkeit und Bio 4.0 möglich zu machen«, sagt Julia Köhn, Vorständin der German AgriFood Society, eines Vereins, in dem sich Akteure entlang der Lebensmittelwertschöpfungskette zusammengeschlossen haben, Startups, aber auch Förderer aus Wissenschaft und Wirtschaft.

Vergessen wir aber nicht: Bei all den Möglichkeiten, die sich durch die Digitalisierung entlang der Lebensmittelkette auftun, sollte uns immer die Gefahr bewusst sein, dass heute schon Großkonzernen enorme Datenmengen über unsere Äcker und unsere Essgewohnheiten zur Verfügung stehen und fast ausschließlich sie allein über die Rechenkapazitäten verfügen, die Daten zu speichern, zu verarbeiten und zu nutzen. Daraus entstehen Abhängigkeiten und Wettbewerbsverzerrungen. Hinzu kommt, dass längst nicht jede*r über einen Zugang zum Internet und die neuen digitalen Möglichkeiten verfügt, wodurch sich die gesellschaftliche Kluft zwischen Arm und Reich noch mehr vertieft. Abgesehen davon, dass die Funktionen von Apps, vernetzten Küchengeräten oder Landmaschinen – wie wir gesehen haben – so gesteuert werden können, dass es zu einer kulinarischen Bevormundung führt, zu »digitalem Paternalismus«, zu einer Einschränkung von Freiheit anstatt zu ihrer Ausweitung. Und die Hoffnung auf größere Vielfalt wird ständig durch technologische Optimierung der Prozesse entlang der Lebensmittelkette bedroht, wenn

Lebensmittel, die der Algorithmus als unrentabel, weil selten nachgefragt einstuft, nicht mehr berücksichtig werden. Dann entsteht nicht »mehr von allem«, sondern »mehr vom Gleichen«.

Von September 2018 bis Oktober 2020 tagte in Berlin die Enquete-Kommission des Deutschen Bundestages, die zu gleichen Teilen aus Mitgliedern des Deutschen Bundestages und aus externen Expert*innen besteht und über die technischen, rechtlichen und ethischen Fragen rund um die Entwicklung und den Einsatz künstlicher Intelligenz beraten soll. Die insgesamt 25 Sitzungen fanden nur zum Teil öffentlich statt. Vorträge von Experten konnten besucht und online verfolgt werden, Diskussionen der Kommission und die Sitzungen der Arbeitsgruppen waren nicht öffentlich. Im Januar 2020 sprach der Bundesbeauftragte für Datenschutz und Informationsfreiheit Ulrich Kelber, Diplominformatiker und Abgeordneter der SPD, über »KI made in Europe«. Von »Vertrauen als Währung der Digitalisierung« und Datenschutz als Alleinstellungsmerkmal und Innovationsmotor war die Rede. Schaut man sich die online abrufbare Übersicht der Arbeitsgruppen an, stellt man fest, dass in die Gruppe »KI und Mobilität« das Aufgabenfeld Umweltschutz, Energie und Logistik fällt, Themen wie Landwirtschaft oder Ernährung sucht man vergebens. Das verwundert umso mehr, da es in der Selbstbeschreibung der Aufgaben der Kommission um »gesellschaftliche Verantwortung und wirtschaftliche, soziale und ökologische Potenziale« der KI gehen soll.

Auch wenn man mit Kommissionsmitgliedern spricht, gewinnt man den Eindruck, diese Themen spielten keine Rolle. »Mir ist nicht bekannt, dass das in der Diskussion irgendwo vorkam«, sagte uns ein Mitglied der Kommission und merkte an: »Ich habe auch keine Lobby gesehen, die sich darum kümmert.« Und die Fraktion »Die Linke« beklagt im Abschlussbericht der Enquete-Kommission im Oktober 2020: »So haben wir keine Landwirtschaft 4.0 debattiert und weder über die Potenziale von KI, den Ressourceneinsatz zu senken oder das Tierwohl zu verbessern, noch über die Problematiken, die sich rund um die Frage der damit verbundenen Datenhaltung, Monopolisierungstendenzen und neuen Abhängigkeiten ergeben, diskutiert.«

Auch in der »Zukunftskommission Landwirtschaft«, an deren erster Sitzung sogar die Bundeskanzlerin teilnahm, sitzen keine Vertreter der digitalen Zukunft auf dem Acker oder Startup-Gründer*innen der New Food Economy.

Es sieht so aus, dass die Diskussion um die Zukunft der Technologie weitgehend ohne ihre Auswirkungen auf Landwirtschaft und Ernährung stattfindet. In der Lebensmittelwirtschaft wird das Thema nur auf einigen wenigen Fachkonferenzen branchenintern diskutiert. Weite Blicke über den Tellerrand fehlen. Die Diskussion bleibt anscheinend in alten Echokammern und Grabenkämpfen stecken.

Der grundlegende Wandel der Lebensmittelwelt vom Acker bis zum Teller, den wir in diesem Buch beschreiben, muss aber von einer gesamtgesellschaftlichen Diskussion begleitet und als demokratischer Gestaltungsprozess begriffen werden. Wenn wir alle – Erzeuger, Hersteller, Händler und Verbraucher von Lebensmitteln – verhindern wollen, dass sich die neue Technologie verselbstständigt und sich möglicherweise gegen das wendet, was wir wertschätzen und erhalten wollen, ist es dringend geboten, in die Debatte über die Zukunft unserer Ernährung einzusteigen und die in die Pflicht nehmen, die uns politisch vertreten. Dieses Buch soll dazu ein Anfang sein.

GROSSEN DANK AN

Saim Rolf Alkan, Christoph Backes, Alexander Berlin, Benedikt Bösel, Christian Bock, Matthias Blodig, Alon Chen, Alessio D'Antino, Dieter Dänzer, Chantal Deininger, Lara Deininger, Sophie Eagan, Maike Ehrlichmann, Valérie Eiseler, Koral Elci, Claudia Emmert, Dominik Ewald, Michael Feindt, Michael Geffken, Danielle Gould, Sina Grizuhn, Christian Hamerle, Wolfgang Hildesheim, Christian Höing, Henrik Holkenbrink, Jörn Kabisch, Moritz Kirschner, Julia Köhn, Daniel Kotter, Jens Krüger, Andreas Krüger, Jan Kuhlen, Holger Klein, Antje Kunstmann, Matthias Lech, Tim Leberecht, Matthias Lech, Elke Löw, Christa Luedke, Hans Paul Mattke, Sui Dschen Mattke, Anika Mester, Alexandra von Michel, Stevan Paul, Carlo Petrini, Jan Georg Plavec, Christian Pretzlaw, Martin Pretzlaw, Stephan Rammler, Hanni Rützler, Guido Ritter, Alexander Schaefer, Andreas Schäfler, Eva Schulz, Claudia Specht, Kara Swisher, Joni Sare, Henrik Tesch, Johannes Tomm, Eve Turow-Paul, Billy Wagner, Michael Wedell, Jacob Vicari, Jacques Wecke, Rainer Winter, Peter Wippermann, Fabio Ziemßen

BÜCHER

Agrawal, Ajay, Joshua Gans, und Avi Goldfarb. *Prediction Machines: The Simple Economics of Artificial Intelligence*. Boston, Massachusetts: Ingram Publisher Services, 2018.Agrawal, Ajay, Joshua Gans, und Avi Goldfarb. *Prediction Machines: The Simple Economics of Artificial Intelligence*. Boston, Massachusetts: Ingram Publisher Services, 2018.

Aoun, Joseph E. *Robot-Proof: Higher Education in the Age of Artificial Intelligence*. The MIT Press, 2017.

Arthur, W. Brian. *The Nature of Technology: What It Is and How It Evolves*. London: Penguin, 2010.

Baecker, Dirk. *4.0 oder Die Lücke die der Rechner lässt*. Leipzig: Merve, 2018.

Bär, Christian, Thomas Grädler, und Robert Mayr. *Digitalisierung im Spannungsfeld von Politik, Wirtschaft, Wissenschaft und Recht: 1. & 2. Band: Politik und Wirtschaft*. Berlin: Springer Gabler, 2018.

Barber, Dan. *The Third Plate: Field Notes on the Future of Food*. Abacus, 2016.

Barlösius, Eva. *Soziologie des Essens: Eine sozial- und kulturwissenschaftliche Einführung in die Ernährungsforschung*. Weinheim München: Beltz Juventa, 2011.

Baron, Stefan, und Guangyan Yin-Baron. *Die Chinesen: Psychogramm einer Weltmacht*. Berlin: Econ, 2018.

Beck, Ulrich. *Risikogesellschaft. Auf dem Weg in eine andere Moderne*. Frankfurt am Main: Suhrkamp, 2015.

Belasco, Warren. *Meals to Come: A History of the Future of Food*. 1 edition. University of California Press, 2006.

Bernardi, Paola De, und Danny Azucar. *Innovation in Food Ecosystems: Entrepreneurship for a Sustainable Future*. Springer, 2019.

Bhaskar, Michael. *Curation: The Power of Selection in a World of Excess*. Piatkus, 2016.

Bloom, Paul. *How Pleasure Works: The New Science of Why We Like What We Like*. New York: Norton & Company, 2011.

Bocuse, Paul, und Bernd Neuner-Duttenhofer. *Das Paul-Bocuse-Standardkochbuch*. München: Heyne, 1998.

Bostrom, Nick. *Superintelligence: Paths, Dangers, Strategies*. Oxford, United Kingdom; New York, NY: Oxford University Press, 2016.

Bourdieu, Pierre. *Die feinen Unterschiede. Kritik der gesellschaftlichen Urteilskraft*. Übersetzt von Bernd Schwibs und Achim Russer. Frankfurt am Main: Suhrkamp, 1987.

Bridle, James. *New Dark Age: Technology and the End of the Future*. London ; Brooklyn, NY: Verso, 2018.

Briscione, James, und Brooke Parkhurst. *The Flavor Matrix: The Art and Science of Pairing Common Ingredients to Create Extraordinary Dishes*. New York: Houghton Mifflin Harcourt, 2018.

Castells, Manuel. *Der Aufstieg der Netzwerkgesellschaft: Das Informationszeitalter. Wirtschaft. Gesellschaft. Kultur. Band 1*. Wiesbaden: Springer VS, 2017.

Cheney-Lippold, John. *We Are Data: Algorithms and the Making of Our Digital Selves*. New York: Combined Academic Publ., 2017.

Choudary, Sangeet Paul, Marshall W. Alstyne, und Geoffrey Parker. *Die Plattform-Revolution im E-Commerce: Von Airbnb, Uber, PayPal und Co. lernen: Wie neue Plattform-Geschäftsmodelle die Wirtschaft verändern*. Frechen: mitp, 2017.

Clark, Duncan. *Alibaba: The House That Jack Ma Built*. New York: Ecco, 2016.

Clark, Jennifer. *Uneven Innovation: The Work of Smart Cities*. New York: Columbia University Press, 2020.

Crouch, Colin. *Postdemokratie*. Übersetzt von Nikolaus Gramm. Frankfurt am Main: Suhrkamp Verlag, 2008.

Danaher, John. *Automation and Utopia: Human Flourishing in a World without Work*. Harvard University Press, 2019.

Devlin, Kate. *Turned On: Science, Sex and Robots*. Bloomsbury Sigma, 2018.

Dignum, Virginia. *Responsible Artificial Intelligence: How to Develop and Use AI in a Responsible Way.* Springer, 2019.

Egan, Sophie. *Devoured: From Chicken Wings to Kale Smoothies – How What We Eat Defines Who We Are.* William Morrow, 2016.

Ertel, Wolfgang. *Grundkurs Künstliche Intelligenz: Eine praxisorientierte Einführung.* Wiesbaden: Springer Vieweg, 2016.

Fannin, Rebecca. *Tech Titans of China: How China's Tech Sector Is Challenging the World by Innovating Faster, Working Harder & Going Global.* Boston, MA; London: Nicholas Brealey Publishing, 2019.

Foroohar, Rana. *Don't Be Evil: How Big Tech Betrayed Its Founding Principles and All of Us.* New York: Currency, 2019.

Freeman, June. *The Making of the Modern Kitchen: A Cultural History.* Illustrated Edition. Oxford; New York: Berg Publishers, 2004.

Frey, Carl Benedikt. *Technology Trap: Capital, Labor, and Power in the Age of Automation.* Princeton, New Jersey: Princeton Univers. Press, 2019.

Frier, Sarah. *No Filter: The Inside Story of Instagram.* New York: Simon & Schuster, 2020.

Fritzen, Florentine. *Gemüseheilige: Eine Geschichte des veganen Lebens.* Stuttgart: Franz Steiner Verlag, 2016.

Fry, Hannah. *Hello World: How to Be Human in the Age of the Machine.* London New York Toronto Sidney Auckland: Doubleday, 2018.

Fukuyama, Francis. *Identity: The Demand for Dignity and the Politics of Resentment.* London: Profile Books, 2018.

Furrow, Dwight. *American Foodie: Taste, Art, and the Cultural Revolution.* Rowman & Littlefield Publishers, 2016.

Gallace, Alberto, und Charles Spence. *In Touch with the Future: The Sense of Touch from Cognitive Neuroscience to Virtual Reality.* OUP Oxford, 2014.

Galloway, Scott. *The Four: The Hidden DNA of Amazon, Apple, Facebook, and Google.* New York, New York: Portfolio, 2018.

Goodhart, David. *Head, Hand, Heart: Why Intelligence Is Over-Rewarded, Manual Workers Matter, and Caregivers Deserve More Respect.* New York, Free Press, 2020.

Goodhart, David. *The Road to Somewhere: The Populist Revolt and the Future of Politics.* London: HURST & CO, 2017.

Graeber, David. *Bullshit Jobs: Vom wahren Sinn der Arbeit*. Übersetzt von Sebastian Vogel. Stuttgart: Klett-Cotta, 2019.

Greenfield, Adam. *Radical Technologies: The Design of Everyday Life*. London New York: Verso, 2018.

Grossarth, Jan. *Die Vergiftung der Erde: Metaphern und Symbole agrarpolitischer Diskurse seit Beginn der Industrialisierung*. Frankfurt: Campus Verlag, 2018.

Grossarth, Jan. *Future Food. Die Zukunft der Welternährung*. wbg Theiss in Wissenschaftliche Buchgesellschaft, 2019.

Han, Byung-Chul. *Im Schwarm: Ansichten des Digitalen*. Berlin: Matthes & Seitz Berlin, 2013.

Han, Professor Dr Byung-Chul. *Vom Verschwinden der Rituale: Eine Topologie der Gegenwart*. Berlin: Ullstein Hardcover, 2019.

Harari, Yuval Noah. *21 Lessons for the 21st Century*. Vintage, 2019.

Harari, Yuval Noah. *Homo Deus: A Brief History of Tomorrow*. Harper, 2016.

Hinterholzer, Thomas. *Facebook, Twitter und Co. in Hotellerie und Gastronomie: Ein Handbuch für Praktiker*. Springer Gabler, 2013.

Hirschfelder, Gunther. *Europäische Esskultur: Eine Geschichte der Ernährung von der Steinzeit bis heute*. Frankfurt/Main: Campus Verlag, 2005.

Iansiti, Marco, und Karim R. Lakhani. *Competing in the Age of AI: Strategy and Leadership When Algorithms and Networks Run the World*. Harvard Business Review Press, 2020.

II, B. Joseph Pine, und James H. Gilmore. *The Experience Economy*. Boston, Mass: Harvard Business Review Press, 2011.

Jahraus, Oliver, Armin Nassehi, Mario Grizelj, Irmhild Saake, Christian Kirchmeier, und Julian Müller. *Luhmann-Handbuch: Leben – Werk – Wirkung*. Stuttgart: J.B. Metzler, 2012.

Johnston, Josee, und Shyon Baumann. *Foodies: Democracy and Distinction in the Gourmet Foodscape*. Routledge, 2014.

Kahn, Barbara E. *The Shopping Revolution: How Successful Retailers Win Customers in an Era of Endless Disruption*. Philadelphia: Wharton School Press, 2018.

Kaliouby, Rana el. *Girl Decoded: My Quest to Make Technology Emotionally Intelligent – and Change the Way We Interact Forever*. Penguin Business, 2020.

Keese, Christoph. *Silicon Germany: Wie wir die digitale Transformation schaffen*. München: Albrecht Knaus Verlag, 2016.

Keese, Christoph. *Silicon Valley: Was aus dem mächtigsten Tal der Welt auf uns zukommt*. München: Albrecht Knaus Verlag, 2014.

Kerry, Joseph, und Paul Butler. *Smart Packaging Technologies for Fast Moving Consumer Goods*. Chichester, England; Hoboken, NJ: Wiley-Blackwell, 2008.

Kersting, Kristian, Christoph Lampert, und Constantin Rothkopf. *Wie Maschinen lernen: Künstliche Intelligenz verständlich erklärt*. Springer, 2019.

Kitchin, Rob, und Martin Dodge. *Code/Space: Software and Everyday Life*. Software Studies. Cambridge, Mass.: MIT Press, 2011.

Kogan, Felix. *Remote Sensing for Food Security*. New York, NY: Springer, 2018.

Kucklick, Dr Christoph. *Die granulare Gesellschaft: Wie das Digitale unsere Wirklichkeit auflöst*. Berlin: Ullstein Taschenbuch, 2016.

Lanier, Jaron. *Ten Arguments For Deleting Your Social Media Accounts Right Now*. London: Bodley Head, 2018.

Lanier, Jaron. *You Are Not a Gadget: A Manifesto*. New York: Knopf, 2010.

LeBesco, Kathleen, und Peter Naccarato, Hrsg. *The Bloomsbury Handbook of Food and Popular Culture*. Bloomsbury Publishing Plc, 2018.

Lee, Kai-Fu. *AI-Superpowers: China, Silicon Valley und die neue Weltordnung*. Übersetzt von Jan W. Haas. Campus Verlag, 2019.

Leer, Dr Jonatan, und Karen Klitgaard Povlsen. *Food and Media: Practices, Distinctions and Heterotopias*. London ; New York, NY: Taylor & Francis Ltd, 2016.

Lemke, Harald. *Ethik des Essens: Eine Einführung in die Gastrosophie*. Berlin: Akademie Verlag, 2007.

Lemke, Harald. *Politik des Essens: Wovon die Welt von morgen lebt*. Bielefeld: Transcript, 2012.

Lenzen, Manuela. *Künstliche Intelligenz: Was sie kann & was uns erwartet*. München: C.H.Beck, 2019.

Levine, Yasha. *Surveillance Valley: The Secret Military History of the Internet*. Illustrated Edition. New York: PublicAffairs, 2018.

Levy, Steven. *Facebook: The Inside Story*. Penguin, 2020.

Lewis, Robin, und Michael Dart. *The New Rules of Retail: Competing in the World's Toughest Marketplace*. Revised, Update edition. New York: Macmillan Education, 2014.

Lexcellent, Christian. *Artificial Intelligence versus Human Intelligence: Are Humans Going to Be Hacked?* Springer, 2019.

Lindstrom, Martin. *Buyology: Warum wir kaufen, was wir kaufen*. Übersetzt von Brigitte Hilgner. Frankfurt/Main: Campus Verlag, 2009.

Lisdorf, Anders. *Demystifying Smart Cities: Practical Perspectives on How Cities Can Leverage the Potential of New Technologies*. Apress, 2019.

Lobo, Sascha. *Realitätsschock: Zehn Lehren aus der Gegenwart*. Köln: Kiepenheuer&Witsch, 2019.

Lovink, Geert. *Sad by Design: On Platform Nihilism*. Pluto Press, 2019.

Luca, Michael, und Max H. Bazerman. *The Power of Experiments: Decision Making in a Data-Driven World*. Cambridge, Massachusetts: The MIT Press, 2020.

Lupton, Deborah. *Digital Food Cultures*. Aingdon, Oxon; New York: Routledge, 2020.

Maksimović, Mirjana, Enisa Omanović-Mikličanin, und Almir Badnjević. *Nanofood and Internet of Nano Things: For the Next Generation of Agriculture and Food Sciences*. Springer, 2019.

Marcus, Gary, und Ernest Davis. *Rebooting AI: Building Artificial Intelligence We Can Trust*. New York: Pantheon, 2019.

Mayer-Schonberger, Viktor, und Thomas Ramge. *Reinventing Capitalism in the Age of Big Data*. London: John Murray, 2018.

McAfee, Andrew. *More from Less: The Surprising Story of How We Learned to Prosper Using Fewer Resources and What Happens Next*. New York: Scribner, 2019.

McAfee, Erik, und Andrew Brynjolfsson. *The Second Machine Age: Wie die nächste digitale Revolution unser aller Leben verändern wird*. Kulmbach: Plassen Verlag, 2018.

McClements, David Julian. *Future Foods: How Modern Science Is Transforming the Way We Eat.* Copernicus, 2019.

McEntire, Jennifer, und Andrew W. Kennedy. *Food Traceability: From Binders to Blockchain.* Springer, 2019.

McNeil, Joanne. *Lurking: How a Person Became a User.* New York: MCD, 2020.

Meyer, Danny. *Setting the Table: The Transforming Power of Hospitality in Business.* New York: Ecco, 2008.

Morozov, Evgeny. *To Save Everything, Click Here: Technology, Solutionism, and the Urge to Fix Problems That Don't Exist.* London: Penguin, 2014.

Nassehi, Armin. *Muster: Theorie der digitalen Gesellschaft.* München: C.H.Beck, 2019.

Nestlé Zukunftsforum, Maria Angerer, Sunbul Dubuni, Thomas Ellrott, Meike Gebhard, Birgit Gebhardt, Andreas Hacker, u.a. *Wie is(s)t Deutschland 2030?* 1. Edition. Frankfurt am Main: Deutscher Fachverlag, 2015.

Ocejo, Richard E. *Masters of Craft: Old Jobs in the New Urban Economy.* Princeton University Press, 2017.

O'Neil, Cathy. *Weapons of Math Destruction: How Big Data Increases Inequality and Threatens Democracy.* New York: Crown, 2016.

Otto, Walter F., und Allesandro Stavru. *Dionysos: Mythos und Kultus.* Frankfurt am Main: Klostermann, Vittorio, 2011.

Pépin, Charles. *Die Schönheit des Scheiterns: Kleine Philosophie der Niederlage.* Übersetzt von Caroline Gutberlet. Carl Hanser Verlag GmbH & Co. KG, 2017.

Phillipov, Michelle, und Katherine Kirkwood. *Alternative Food Politics: From the Margins to the Mainstream.* Abingdon, Oxon ; New York, NY: Taylor & Francis Ltd, 2018.

Piatti, Cinzia, Simone Graeff-Hönninger, und Forough Khajehei. *Food Tech Transitions: Reconnecting Agri-Food, Technology and Society.* Springer, 2019.

Piketty, Thomas. *Capital in the Twenty-First Century.* Übersetzt von Arthur Goldhammer. Harvard University Press, 2017.

Pollan, Michael. *Kochen. Eine Naturgeschichte der Transformation.* München: Verlag Antje Kunstmann, 2015.

Precht, Richard David. *Künstliche Intelligenz und der Sinn des Lebens*, Goldmann-Verlag 2020.

Ramge, Thomas. *Who's Afraid of AI?: What to Fear and How to Love the Dawning Robot Age*. Translation edition. New York: Workman Publishing, 2019.

Reckwitz, Andreas. *Die Gesellschaft der Singularitäten: Zum Strukturwandel der Moderne*. Suhrkamp Verlag, 2019.

Rifkin, Jeremy. *Der globale Green New Deal: Warum die fossil befeuerte Zivilisation um 2028 kollabiert – und ein kühner ökonomischer Plan das Leben auf der Erde retten kann*. Übersetzt von Bernhard Schmid. Campus Verlag, 2019.

Rosa, Hartmut. *Resonanz: Eine Soziologie der Weltbeziehung*. Berlin: Suhrkamp Verlag, 2019.

Rosa, Hartmut. *Unverfügbarkeit*. Wien Salzburg: Residenz, 2018.

Ruhlman, Michael. *Grocery: The Buying and Selling of Food in America*. New York, NY: Abrams & Chronicle Books, 2017.

Rushkoff, Douglas. *Team Human*. New York: Norton & Company, 2019.

Russell, Stuart. *Human Compatible: AI and the Problem of Control*. Allen Lane, 2019.

Sautoy, Marcus du. *Creativity Code*. Fourth Estate Ltd, 2019.

Sax, David. *Die Rache des Analogen: Warum wir uns nach realen Dingen sehnen*. Salzburg Wien: Residenz, 2017.

Schneider, Tanja, Karin Eli, Catherine Dolan, und Stanley Ulijaszek. *Digital Food Activism*. Routledge, 2017.

Schwab, Klaus. *The Fourth Industrial Revolution*. London, UK u. a: Portfolio Penguin, 2017.

Schwab, Klaus, und Nicholas Davis. *Shaping the Future of the Fourth Industrial Revolution: A Guide to Building a Better World*. Penguin, 2018.

Schwägerl, Christian. *Die analoge Revolution: Wenn Technik lebendig wird und die Natur mit dem Internet verschmilzt*. München: Riemann Verlag, 2014.

Sennett, Richard. *Handwerk*. Übersetzt von Michael Bischoff. Berlin: Berlin Verlag Taschenbuch, 2009.

Shane, Janelle. *You Look Like a Thing and I Love You*. Wildfire, 2019.

Shapiro, Paul, und Yuval Noah Harari. *Clean Meat: How Growing Meat Without Animals Will Revolutionize Dinner and the World*. Gallery Books, 2018.

Sieber, Armin. *Dialogroboter: Wie Bots und künstliche Intelligenz Medien und Massenkommunikation verändern*. Wiesbaden: Springer VS, 2019.

Skala, Agnieszka. *Digital Startups in Transition Economies: Challenges for Management, Entrepreneurship and Education*. Palgrave Pivot, 2019.

Snowden, Edward. *Permanent Record*. Macmillan, 2019.

Srnicek, Nick. *Platform Capitalism*. Cambridge, UK; Malden, MA: Polity, 2016.

Srnicek, Nick, und Alex Williams. *Inventing the Future: Postcapitalism and a World Without Work*. Brooklyn, NY: Verso, 2015.

Staab, Philipp. *Digitaler Kapitalismus: Markt und Herrschaft in der Ökonomie der Unknappheit*. Frankfurt am Main: Suhrkamp Verlag, 2019.

Steel, Carolyn. *Hungry City: How Food Shapes Our Lives*. London: Vintage, 2013.

Stephens, Doug, und Joseph Pine. *Reengineering Retail: The Future of Selling in a Post-Digital World*. Figure 1 Publishing, 2017.

Susskind, Daniel. *World without Work*. New York, N.Y: Macmillan USA, 2020.

Susskind, Jamie. *Future Politics: Living Together in a World Transformed by Tech*. Oxford University Press, 2020.

Susskind, Richard, und Daniel Susskind. *The Future of the Professions*. Oxford: Oxford University Press, 2017.

Tarabella, Angela. *Food Products Evolution: Innovation Drivers and Market Trends*. Springer, 2019.

Tegmark, Max. *Life 3.0: Being Human in the Age of Artificial Intelligence*. London: Penguin, 2018.

Toffler, Alvin. *Future Shock*. Reissue edition. New York Toronto London: Bantam, 1984.

Toffler, Alvin. *The Third Wave: The Classic Study of Tomorrow*. New York Toronto London Sydney Auckland: Bantam, 1984.

Topol, Eric. *Deep Medicine: How Artificial Intelligence Can Make Healthcare Human Again*. New York: Basic Books, 2019.

Turner, Fred. *From Counterculture to Cyberculture: Stewart Brand, the Whole Earth Network and the Rise of Digital Utopianism*. Chicago: University of Chicago Pr., 2006.

Turner, Jacob. *Robot Rules: Regulating Artificial Intelligence*. New York, NY: Palgrave Macmillan, 2018.

Turow-Paul, Eve. *Hungry: avocado toast, instagram influencers, and the modern search for connection and meaning*. Dallas: BenBella Books, 2020.

Vise, David A., und Mark Malseed. *The Google Story*. Bantam, 2005.

Voßkamp, Wilhelm, Martin Roussel, und Günter Blamberger. *Möglichkeitsdenken. Utopie und Dystopie in der Gegenwart*. München: Wilhelm Fink Verlag, 2013.

Wallman, James. *Stuffocation: Living More with Less*. Penguin Life, 2017.

Webb, Amy. *Die großen Neun: Wie wir die Tech-Titanen bändigen und eine Künstliche Intelligenz zum Wohle aller entwickeln können*. Übersetzt von Petra Pyka. Plassen Verlag, 2019.

Wiener, Anna. *Uncanny Valley: A Memoir*. Harper Collins UK, 2020.

Wirth, Karl, und Katie Sweet. *One-To-One Personalization in the Age of Machine Learning: Harnessing Data to Power Great Customer Experiences*. Bookbaby, 2017.

Wischmeyer, Thomas, und Timo Rademacher. *Regulating Artificial Intelligence*. Springer, 2019.

Wurgaft, Benjamin Aldes. *Meat Planet: Artificial Flesh and the Future of Food*. Oakland, California: University of California, 2019.

Zuboff, Shoshana. *The Age of Surveillance Capitalism: The Fight for a Human Future at the New Frontier of Power*. New York: PublicAffairs, 2019.

Zuse, Konrad, Friedrich L. Bauer, und H. Zemanek. *Der Computer – Mein Lebenswerk*. Berlin Heidelberg: Springer, 2010.

Zweig, Katharina. *Ein Algorithmus hat kein Taktgefühl: Wo künstliche Intelligenz sich irrt, warum uns das betrifft und was wir dagegen tun können*. Originalausgabe edition. Heyne Verlag, 2019.

Wissenschaftliche Publikationen & Studien

acatech - Deutsche Akademie der Technikwissenschaften. »*Acatech Horizonte - Nachhaltige Landwirtschaft*«, 2019.

Accenture. »*How COVID-19 will permanently change consumer behavior*«, 2020.

Accenture. »*Technology Vision 2020*«, 2020.

Accenture, Kurt Salmon. »*The Future of Food - New Realities for the Food Industry*«, 2017.

AgFunder. »*AgFunder - Report 2018-2020*«, 2020 2018.

AI Now Institut, NYC University. »*AI Report 2019*«, 2019.

Aleecia M. McDonald & Lorrie Faith Cranor. »*The Cost of Reading Privacy Policies*«, 2008.

Andrea M. Matwyshyn. »*The Internet of Bodies*«, 2019.

Andreas Kamilaris, Agusti Fonts, Francesc X. Prenafeta-Bold. »*The Rise of Blockchain Technology in Agriculture and Food Supply Chains*«, 2019.

ATKearney. »*Agriculture is fertile Ground for Digitization*«, 2016.

Bertelsmann Stiftung. »*Megatrend-Report #01: The Bigger Picture*«, 2019.

Bitkom e.V. »*Positionspapier - Digitalisierung Landwirtschaft*«, 2016.

Bitkom e.V., Bundesvereinigung der deutschen Ernährungsindustrie (BVE). »*Ernährung 4.0 - Status Quo, Chancen und Herausforderungen*«, 2019.

Prof. Dr. Holger Bonin. »*Übertragung der Studie von Frey/Osborne (2013) auf Deutschland*«. Bundesministerium für Arbeit und Soziales Referat Ia 4, 2015

Boston Consulting Group (BCG). »*Die Zukunft der deutschen Landwirtschaft nachhaltig sichern - Denkanstöße und Szenarien für ökologische, ökonomische und soziale Nachhaltigkeit*«, 2019.

Bourdieu, Pierre. »*Ökonomisches Kapital, kulturelles Kapital, soziales Kapital*«. In *Handbuch Bildungs- und Erziehungssoziologie*, herausgegeben von Ullrich Bauer, Uwe H. Bittlingmayer, und Albert Scherr, 229–42. Bildung und Gesellschaft. Wiesbaden: VS Verlag für Sozialwissenschaften, 2012.

BUND, ABL, Brot für die Welt, CIR, Demeter, fdcl, FIAN, Forum Umwelt und Entwicklung, Germanwatch, INKOTA, Misereor, Naturland, PECO, Schweisfurth-Stiftung, SOS, Slow Food Deutschland e.V., Weltladen Dachverband, GLS Treuhand. »*Positionspapier Landwirtschaft 4.0*«, 2020.

Bundesministerin für Ernährung und Landwirtschaft. »*Diskussionspapier – Ackerbaustrategie 2035 / Perspektiven für einen produktiven und vielfältigen Pflanzenbau*«, 2019.

Bundesministerium für Umwelt, Naturschutz und nukleare, und Sicherheit (BMU). »*Umweltpolitische Digitalagenda*«. 2020

Bundesverband Digitale Wirtschaft (BVDW) e.V. »*Digitale Nutzung in Deutschland*«, 2019.

Bundesvereinigung der Deutschen Ernährungsindustrie (BVE), Ebner Stolz Management Consultants. »*Digitalisierung in der Ernährungsindustrie*«, 2019.

Capgemini Nederland B.V. »*Feeding 10 billion people in 2050: Debunking the digital myths in agriculture*«, 2017.

Charly Heberer. »*Die deutsche Agrarpolitik im Zeichen der Agenda 2030: ›Green State‹ oder ›Governing from a distance‹?*« Westfälische Wilhelms-Universität Münster, 2016.

Colin Campbell. »*The Craft Consumer*«. The University of York, 2005.

ComScore. »*ComScore – Mobile Report*«, 2017.

Critero. »*Generation Z – der Report*«, 2018.

CSB-System AG. »*Vom Hype zur Handlung: Digitalisierung in der Lebensmittelindustrie*«, 2020.

Davies FT and Garrett B. »*Technology for Sustainable Urban Food Ecosystems in the Developing World: Strengthening the Nexus of Food – Water – Energy – Nutrition*«, 2018.

Deborah Lupton. »*›Both Fascinating and Disturbing‹: Consumer Responses to 3D Food Printing and Implications for Food Activism*«. UNSW Sydney, 2016.

Deborah Lupton. »*›I Just Want It to Be Done, Done, Done!‹ Food Tracking Apps, Affects, and Agential Capacities*«. UNSW Sydney, 2018.

Deutscher Bundestag. »*Bericht der Enquete-Kommission Künstliche Intelli-*

genz – Gesellschaftliche Verantwortung und wirtschaftliche, soziale und öko-logische Potenziale – Drucksache 19/23700«, 28. Oktober 2020.

Deutscher Bundestag. *»Künstliche Intelligenz – Gesellschaftliche Verantwor-tung und wirtschaftliche, soziale und ökologische Potenziale – Literaturaus-wahl«*, 2018.

Deutscher Bundestag. *»Strategie Künstliche Intelligenz der Bundesregie-rung«*, 19. November 2018.

Deutscher Fruchthandelsverband e.V. *»Sieht so der Fruchthandel 2030 aus? – 6 mögliche Szenarien«*, 2019.

DLG e.V., und Fachzentrum Lebensmittel. *»My Food – Personalisierung beim Lebensmitteleinkauf und Ernährungs-Apps«*, 2019.

Dr. Karl-Heinz Fezer. *»Repräsentatives Dateneigentum – Ein zivilgesell-schaftliches Bürgerrecht«*, 2018.

Dr. Margareta Büning-Fesel. *»Food Literacy: Die Förderung von Selbstbe-stimmung und Ent- scheidungskompetenz im Ernährungshandeln«*. aid In-fodienst Bonn, 2008.

EHI Retail Institute, Microsoft. *»EHI-Whitepaper: Künstliche Intelligenz im Store«*, 2020.

Euromonitor International. *»2020 Industry Insights«*, 2020.

Euromonitor International. *»Disrupted or distracted – Understanding insur-gent brands and new business models in food«*, 2019.

Euromonitor International. *»Megatrends in global food«*, 2019.

Food and Agriculture Organization of the United Nations (FAO). *»Reali-zing the potential of digitalization to improve the agri-food system: Propo-sing a new International Digital Council for Food and Agriculture. A con-cept note.«*, 2020.

Food Drink Europe. *»Data & Trends – EU Food & Drink Industry 2019«*, 2019.

FOODBOOM GmbH. *»Zukunftsreport 2021 – Coming Home«*, 2020.

Forbrukerradet. *»OUT OF CONTROL - How consumers are exploited by the online advertising industry«*, 2020.

Forschungsinstitut für biologischen Landbau FiBL. *»Entwicklungsperspek-tiven der ökologischen Landwirtschaft in Deutschland«*, 2020.

Forward Fooding. *»Europe FoodTech Trends – H1 2020 Report«*, 2020.

Frauenhofer IAO. »*International Perspectives and Research on the ›Future of Work‹*«, 2019.

Gartner Inc. »*Top 10 Strategic Technology Trends for 2020*«, 2020.

Georg-August-Universität Göttingen Ernst & Young GmbH, Marketinggesellschaft der niedersächsischen, und Land- und Ernährungswirtschaft e.V. »*Konjunkturbarometer Agribusiness in Deutschland 2020*«, 2020.

Handelsverband Deutschland (HDE). »*Online Monitor 2019*«, 2019.

Hanni Rützler, zukunftsinstitut. »*Food Report 2014 – 2020*«, 2014 – 2020.

HAVAS Worldwide. »*Eaters Digest – The Future of Food*«, 2016.

Hortec – Hospitality Europe. »*Shedding light on the ›Meal-Sharing‹ Platform Economy*«, 2018.

implement Consulting Group. »*Future Business Trends: Six global trends shaping tomorrow's business strategies*«, 2020

Institute for the future (Palo Alto). »*Seeds of Disruption*«, 2013.

Jobst Gödeke, Jens Karl Wegener, Dieter von Hörsten & Christian Höing. »*Entwicklung einer Robotik-Lösung zur Schneckenbekämpfung im Ackerbau*«, 2019.

Karsten Lau. »*Nachhaltigkeitsmanagement in Zeiten der Digitalisierung Potenziale der künstlichen Intelligenz als Werkzeug des betrieblichen Nachhaltigkeitsmanagements*«. Centre for Sustainability Management (CSM) Leuphana Universität Lüneburg, 2018.

Konferenz der unabhängigen Datenschutzaufsichtsbehörden des Bundes und der Länder Hambacher Schloss. »*Hambacher Erklärung zur Künstlichen Intelligenz*«, 3. April 2019.

KPMG. »*Controlling AI – The imperative for transparency and explainability*«, 2020.

KPMG, BitkomResearch. »*Wie Sie mithilfe von künstlicher Intelligenz die Customer Experience gezielt verbessern können*«, 2019.

Le Monde diplomatique. »*Atlas der Globalisierung 2019*«, 2019.

Lei Sima. »*A Study on Small Apartment Design in China: Evaluation on the Impressions of and Preferences for the Floor Plans*«, 2018.

Marie-Agnes Jouanjean. »*Digital Opportunities for Trade in the Agriculture and Food Sectors*«. OECD, 2019.

Marlin Ulmer. »*Same-Day Delivery with Pickup Stations and Autonomous Vehicles*«. Technische Universität Braunschweig, o. J.

McKinsey Global Institute. »*Digital Europe: Pushing the Frontier, capturing the benefits*«, 2016.

McKinsey Global Institute. »*Sector Digitization Index*«, 2015.

McKinsey Global Institute. »*The Bio Revolution – Innovations transforming economies, societies, and our lives*«, 2020.

Microsoft Germany, und Ernst & Young GmbH. »*Artificial Intelligence in Europe – How 307 Major Companies Benefit from AI – Outlook for 2019 and Beyond*«, 2019.

Morag Kobez. »*Restaurant reviews aren't what they used to be: Digital disruption and the transformation of the gastronomic field*«. Queensland University of Technology, Australia, 2019.

Neeti Sharma, und Jyoti Mathur. »*MEMS Devices Used in Agriculture – A Review*«. Department of Bioscience and Biotechnology, Banasthali University, Rajasthan, India, 2019

Patricia Müller, Markus Schmid. »*Intelligent Packaging in the Food Sector: A Brief Overview*«. Faculty of Life Sciences, Albstadt-Sigmaringen University, 2019.

Sybille Krämer. »*Kulturgeschichte der Digitalisierung*«, 2020.

Syngenta Foundation for Sustainable Agriculture. »*How can digital solutions help to feed a growing world?*«, 2019.

The Food and Agriculture Organization of the United Nations. »*Gender and ICTs: Mainstreaming gender in the use of information and communication technologies (ICTs) for agriculture and rural development*«, 2018.

The Technical Centre for Agricultural and Rural Cooperation (CTA). »*The Digitalisation of African Agriculture – Report 2018 – 2019*«, 2019.

UN Secretary – General's High-level Panel. »*The Age of Digital Interdependence – Report of the UN Secretary – General's High-level Panel on Digital Cooperation*«, 2019.

United Nations (UN). »*Digital Economy Report 2019*«, 2019.

Verband der Internetwirtschaft e.V. und Arthur D. Little. »*Künstliche Intelligenz – Potentiale und nachhaltige Veränderung der Wirtschaft in Deutschland*«, 2019.

Wissenschaftlicher Beirat der Bundesregierung, und Globale Umweltveränderungen (WBGU). »*Der Umzug der Menschheit: Die transformative Kraft der Städte*«, 2016.

World Bank Group. »*Future of Food: Harnessing digital technologies to improve food system outcomes*«, 2019.

World Economic Forum (WEF). »*Shaping the Future of Global Food Systems: A Scenarios Analysis*«, 2017.

World Economic Forum (WEF), McKinsex & Company. »*Innovation with a Purpose: The role of technology innovation in accelerating food systems transformation*«, 2018.

Yelena Mejova, Sofiane Abbar. »*Fetishizing Food in Digital Age: #foodporn Around the World*«. Qatar Computing Research Institute, Qatar – Queen Mary University of London, UK, 2016.

Yves Cabannes, und Cecilia Marocchino. »*Integrating Food into Urban Planning*«. University College London, The Food and Agriculture Organization of the United Nations, 2018.

Zurich Institute of Business Education AG, Horgen, Switzerland (CEIBS Zurich). »*How to Feed the World in 2050*«, 2018.